爱的旅程

如何建立与保持长久的
亲密关系

[美]乔纳·莱勒
(Jonah Lehrer) 著

徐英 译

中信出版集团｜北京

图书在版编目（CIP）数据

爱的旅程：如何建立与保持长久的亲密关系 /（美）乔纳·莱勒著；徐英译. -- 北京：中信出版社，2021.10
书名原文：A Book about Love
ISBN 978-7-5217-3063-0

Ⅰ. ①爱… Ⅱ. ①乔… ②徐… Ⅲ. ①爱情－通俗读物 Ⅳ. ①C913.1-49

中国版本图书馆CIP数据核字(2021)第087536号

A Book about Love
Copyright©2021, Jonah Lehrer
Simplified Chinese translation copyright © 2021 by China CITIC Press
ALL RIGHTS RESERVED
本书仅限中国大陆地区发行销售

爱的旅程——如何建立与保持长久的亲密关系

著　　者：［美］乔纳·莱勒
译　　者：徐英
出版发行：中信出版集团股份有限公司
　　　　　（北京市朝阳区惠新东街甲4号富盛大厦2座　邮编　100029）
承 印 者：三河市科茂嘉荣印务有限公司

开　　本：880mm×1230mm　1/32　　印　张：10.25　　字　数：250千字
版　　次：2021年10月第1版　　　　　　印　次：2021年10月第1次印刷
京权图字：01-2019-3752
书　　号：ISBN 978-7-5217-3063-0
定　　价：59.00元

版权所有·侵权必究
如有印刷、装订问题，本公司负责调换。
服务热线：400-600-8099
投稿邮箱：author@citicpub.com

……为了印证/我们的一丝直觉几近真实:爱将让我们永存。

——菲利普·拉金,《一座阿伦德尔墓》

上帝一次又一次地让你心碎,直到你的心门被打开。

——哈兹拉特·伊纳亚特·汗

目录

1   引　言　习惯化与持久的爱

9   第一章　依恋关系：人们生活的动力

60   插　曲　痴恋的假象

65   第二章　爱与奉献

109	第三章	婚姻计划
165	插　曲	离婚
173	第四章	信仰的力量
209	插　曲	失爱
215	第五章	回忆：关于爱的故事
248	插　曲	爱的对立面

253　第六章　坚毅：如何让爱持久

285　尾　声　爱是无限的

291　参考文献

引言

习惯化
与持久的爱

众所周知,爱需要不断再创造。
——兰波[1]

1

人的一生中主要受两个心理规律支配。这两个心理规律相互对立。

2

第一个心理规律是习惯化（habituation）。习惯化规律特别简单：如果我们反复接触一个刺激物，不管这个刺激物是什么，时间久了，都会渐渐忽视它，因为这个刺激物一直都在那儿，我们对它不再会有感觉，从而失去兴趣。拿我们穿的内衣打个比方。我们天天都穿着内衣，但你会清楚地感觉到自己正穿着内衣吗？你会意识到自己正穿着内衣吗？因为太习惯了，所以你感觉不到，也意识不到。内衣接触到的是我们身体中最敏感的神经，但是这些神经发出的信号已经被我们忽视掉了。我们感觉不到也意识不到自己正穿着内衣。内衣像空气，被我们无视了。

习惯化最重要的意义跟快乐有关。动物按指令行动会获得奖赏，但习惯化规律意味着奖赏带来的刺激会越来越小。这就是第一口巧克力蛋糕比第二口好吃,第三口不如第二口好吃的原因。这也解释了为什么我们刚开始接触到新电器、触摸到新屏幕时会很兴奋,但时间久了,就会对它熟视无睹,丢在角落里任它身上落满灰尘。快乐总有一天会消失,随之而来的是日常的无聊和漠然。

习惯化的力量无比强大。[2] 习惯化是唯一一个有神经系统的物种都有的心理特质,不管是果蝇还是人类,都具备这一特质。科学家仔细研究过海蛞蝓和瘾君子的习惯化背后的生物学原理;经济学家用习惯化来解释为什么金钱和幸福无关;[3] 习惯化的概念还被用来解释为什么时装会很快过时,为什么衣服还没怎么穿就不再吸引人。[4] 习惯化不是现实生活的一个方面,从很多方面看,习惯化就是现实本身。我们天天都在追求转瞬即逝的东西,追求短暂的欲望。

3

不过,习惯化并不会毁了一切。我们的人生还受第二个心理规律的支配,这个心理规律关乎什么会持久存在。在幻灭中,有些欢愉会一直存在。比如,我们发现有些喜悦不会消失,结识的人一直都那么有趣。我们怎么看待这些事呢?我们说"我们爱它们"。

本书的主题如下:爱是唯一永恒的意义。爱是内衣的对立面,是巧克力蛋糕的对立面。爱不是快乐、激情或喜悦。更确切地说，如果快乐、激情和喜悦能够持久存在，那么这些情感就都是爱。我们往往以感情深厚的程度来定义爱——爱是最深厚的那种情感。不过，爱的力量到底有多大，时间久了你才能感受得到，因为时间摧毁不了的，才是爱。

爱只是"永远不会变老"的另一种说法。

4

下面这种关于爱的观点很奇怪。在莎士比亚写的《罗密欧与朱丽叶》中，爱被刻画成最为奇妙的痴狂，一种狂喜，这种狂喜让陷入爱情的年轻人冲动地说出世上最浪漫的话。这种强烈的情感体现出神经系统的作用是多么神奇，神经系统传导的能量有多强大。在这种情感支配下的人生注定是这么度过的：欣喜若狂、心醉神迷，恋爱的所有细节全都永远生动地刻印在他的记忆回路中。陷入情网意味着，一个人终于知道其他什么都不想要，只想要另一个人，到底是一种什么样的感觉了。

莎士比亚不是第一个写爱情故事的人，他只是比别人会写。所有著名的爱情故事的情节（从俄耳甫斯和欧律狄刻到特里斯坦与伊索尔德）都跟罗密欧和朱丽叶的基本情节差不多。爱情是帕里斯第一次看到海伦时候的感觉，也是泰勒·斯威夫特总在唱的流行歌的主题。

爱的旅程

罗密欧与朱丽叶的爱情故事不只是一个老套有趣的故事，相反，罗密欧与朱丽叶式的爱情几乎解释了所有关于爱情的科学研究。比如，进化生物学家解释说，性激素的短暂上升产生了情感，男性因为性激素短暂上升才进入到情侣关系中。[5]另外，神经科学家总结说，爱情带来的快乐只是多巴胺大量分泌的结果，是神经传导物质（即多巴胺）在突触中停留时间太长造成的。[6]（这没什么神秘的，就是化学物质的作用。）最近对热恋中的男女进行的脑扫描显示，这些化学物质来源于几个脑区，这几个脑区都与之前谈到的带来愉悦感的享乐有关——吸毒和吃甜食都能让人感到愉悦。[7]科学家指出，爱只是情欲过盛的结果，爱带来的愉悦感太强，以致影响了人的判断能力。

可惜的是，这种观点——爱情就是罗密欧与朱丽叶式的爱情——是有问题的，它并不完整。这种观点认为爱情是二元的：要么得到爱，要么失去爱。如果真是这样，爱就显得太简单了。就好像我们只需爱上对方，然后什么都不做，爱就可以自然而然发展下去了。爱可没有这么简单。爱不是简单地按"开始"键和"结束"键就可以，爱是一个过程。在这一点上，先前关于爱的科学研究的弊端就显现了。这些研究无法解释为什么爱会持久存在。依据这些研究，爱只是神经传导的产物。毕竟，正如大家所知，产生爱的神经传导物质也会让恨习惯化。化学物质解释不了为什么爱会持久存在，也无法告诉我们爱如何持久存在。

这也解释了为什么只用罗密欧分泌激素或朱丽叶脑核磁的结果来

引言　习惯化与持久的爱

解释他们之间的爱情是不够的。这些科学结论很有趣。不过，有趣主要是因为它们只揭示了一部分真相，有些真相它们还揭示不了。（E.E.卡明斯曾写道："爱情的作用是建构未知"。[8]）我在本书中会引用很多学者的学术研究，不过这些研究并没有研究短暂分泌的化学物质。相反，本书引用的研究关注的是持久的爱和日常生活中的爱。有些研究尽管只是间接提到了这类话题，也被本书引用。这些研究多数是纵向研究，跟踪研究人们的生活和爱。罗密欧遇到朱丽叶时，会吟诗作赋。他跟朱丽叶搭讪时用的是五步抑扬格的诗。虽然这看上去令人愉悦，但它不是现实中的生活。现实生活中，我们不会用诗歌搭讪爱人。

本书描写的是真实的生活，并且尝试详细描述出爱需要付出的所有努力。本书不是回忆录，也不是什么爱情指导手册。本书是带着我自己个人动机的研究，旨在帮助读者了解支撑我的爱到底是什么样的。我在本书中描写了爱持久存在这一点（即使身处艰难时刻，爱也在身边），这并不是在总结抽象的事实，而是在告诉读者我身上实际发生了什么。

研究者在学术论文的结论部分都会对自己的观点加以补充说明，这是我特别喜欢的部分。对自己的观点加以补充说明，是学术作者惯常的谦虚做法，意在提醒读者，论文得出的观点有其局限性。本书也有显而易见的不足和局限性。爱是个宽泛的话题，而本书由于篇幅所限，不能一一谈到。由于时间和本人经历所限，本书得出的结论也有其局限性。如果我年纪再长些，再睿智些，经历（爱的经历和失去爱的经历）

7

爱的旅程

再多些，就会写得更好。另外，书中提到的许多研究都是新近展开的，换句话说，这些研究的结论很可能是错误的。最后我要指出的是，本书写的是我自己真实生活中的爱，依据的是我自己的记忆和真实经历。因此，内容难免会有些主观。

不过，我关注的基本问题其实一直都是我们生活中的重要问题，这个问题就是：当一切都分崩离析的时候，爱是如何让我们坚持生活下去的？我们总是想当然地回答这个问题，因为爱是每天无处不在的奇迹，却常常被我们忽视。我们不能用罗密欧式无常的爱来定义爱，因为爱一直都在，不会转瞬即逝。我们不去欣赏带给我们日常快乐的依恋，却总去拥抱转瞬即逝的情感；我们不去关注一直都在身边的爱，却总是沉迷于一见钟情。要是用心理学术语重新表述一下的话，那就是，我们关注了激情，却忽视了依恋。结果，我们错过了爱的真正奇迹。爱的奇迹就是，爱一直都在我们身边。

卡夫卡这样写道：生命之所以有意义，是因为生命会停止。

本书的观点则是：爱之所以有意义，是因为爱不会消失。

第一章

依恋关系：人们生活的动力

如果我能使一颗心不破碎,我就没有白活这一回。
——艾米莉·狄金森[1]

约翰·华生不相信爱情。华生是20世纪最有影响力的心理学家之一,[2]他坚持认为爱情只是人们的幻想,是童话——商家利用"爱情"这两个字卖口红,诗人用这两个字创作十四行诗,电影院用这两个字卖电影票。他认为,如果爱情真实存在,那么它就能被量化,能产生实际效果。但是,华生又总结说,爱情并不能被量化,也不能放在手上或用秤称重。因此,他宣称,爱情只是空洞的陈词滥调,跟诗歌一样没什么用。

华生的质疑推生出了一个新发现。当华生在质疑爱情的真实性的时候,其他学者在试图证明爱情真实存在,并且爱是世界上最重要的东西。

学者对爱的质疑

华生1878年出生于一个穷人家庭。他的母亲是位虔诚的浸礼宗信徒,父亲游手好闲、酗酒,而且曾经在南卡罗来纳州的荒原上因酗酒失踪了几周。[3]一家人靠在租来的棉花田上耕种勉强糊口。华生记得自己小时候干过各种活,"使用农具、给鞋打前掌以及给奶牛挤奶"。[4]

小时候，华生常被人欺负，后来，换他欺负别人。[5]他会跟人打架，尤其跟黑人打架是他小时候"回家后的乐趣"之一。华生所在的郡里没有公立高中，所以他没上过高中。

但是，华生并未因小时候的经历止步不前。他自诩为"说真话的人"。他说，他自己的生活经历证明了现代生活有无限可能性，在这样的时代里，人们不再相信旧的迷信。在地方大学忍受了5年"痛苦"的大学生活后，[6]华生给芝加哥大学校长写了一封信，信中承诺自己是一个"求知欲很强的学生"[7]。他写给校长的信起了作用。1900年，怀揣仅有的50美元，华生前往北方的芝加哥大学求学，一心想证明自己的价值，并改变世界。[8]

华生在芝加哥大学想学哲学，但修的课程分数"不够"。（好像是关于康德哲学的这门课他不及格。[9]）不过，华生很快就迷上了实验心理学，这门新学科正好与他的理想相契合。人性一直都很神秘。关于人性，有很多神话和传说。实验心理学就意在揭示人性的真相。实验心理学能够告诉我们，我们到底是谁。[10]

和其他很多新入行的心理学家一样，华生刚入行时，也是先剖析人的内心，想找出人最简单的思维规律是什么。他于1913年发表了《行为主义者心目中的心理学》一文，文中提到，学者们浪费了太多时间去探究不能被量化的思想，比如爱情和意识。[11]几个世纪以来，学者们一直把时间浪费在研究情感、梦想和其他不切实际的东西上。华生指出，

第一章　依恋关系：人们生活的动力

真正的科学必须根植于量化。他说这话的意思是，心理学应该研究行为，研究刺激和反应之间的关系，并且忽视从刺激到反应过程中的其他东西。他指出："行为主义者……认为人和动物之间没有分界线。"[12]一切生命体都只是强化机器，对食物和性这些原始刺激做出反应。[13]

这种严格的刺激—反应视角代表了心理学的新进展和潜力，使华生成为心理学界一颗冉冉升起的新星。(年轻的心理学家称赞华生为"第二个摩西"，认为他能带领心理学界走出困惑。[14])不久，他就成为约翰·霍普金斯大学心理系的主任。36岁时，华生成为美国心理学会最年轻的主席。不过，这只是开始。华生真正的目标是将他的新科学应用到日常生活的现实问题中。他最著名的实验是针对9个月大婴儿做的"小艾伯特"实验。[15]一开始，在艾伯特眼前放了一只小白鼠，不出所料，艾伯特对眼前的小白鼠做出了反应。出于好奇，艾伯特摸了小白鼠。当小白鼠再次出现在艾伯特眼前时——它是与突然出现的声响同时出现的（华生在艾伯特身后敲了下铁棒，发出很大的声音），艾伯特变得很害怕，他没有再摸小白鼠。之后，艾伯特开始害怕所有毛茸茸的东西，包括兔子、狗、皮毛大衣，连圣诞老人的白胡子他都害怕。这个实验说明，恐惧跟其他情感一样，是习得的。孩子并不爱他的母亲，他只是把母亲的脸跟牛奶带来的快乐联系了起来，就像艾伯特习得了把恐惧和毛茸茸的东西联系在一起一样。[16]华生的这个理论非常引人关注，艾伯特案例研究成为美国心理学课本最常引用的研究之一。[17]

爱的旅程

跟华生一起做实验的是一位名叫罗莎莉·雷纳的年轻的研究生。实验期间，华生和罗莎莉发展出一段狂热的婚外恋。华生的妻子发现了他俩之间的一沓书信。如果离婚，这沓书信将会在离婚案中被公开。最终，这段婚外恋成为一桩公众丑闻，出现在巴尔的摩各大报纸的头版。华生和罗莎莉的信里充满了行为主义色彩，令人尴尬。他们用"客观"的语言描述对彼此的感情："我身上的细胞都是你的，每一个细胞都是，所有细胞都是。"华生这样写道："我全部的反应都是正面的，而且都是对你的反应。我的每一次心跳也是这样。"[18]华生被迫在科学和爱情之间做出选择，最后，他选择从约翰·霍普金斯大学辞职。这样的选择太具讽刺意味了：这位科学家多年来一直坚称"爱情不存在，爱情绝对不会影响人的行为"。

不过，华生并没有因为这次风波止步不前。不久后，他有了一个新形象：向大众普及行为主义，"推销"科学。*华生深信，心理学应该基于对事实的观察，而非基于看不见的情感冲动。他认为，这种心理学将改变社会，并且构建出幸福指数最高的世界。他认为家庭育儿也陷入了"情绪论"的错误，他第一本广受欢迎的书《孩童的心理教养

---

* 华生从大学辞职后，首先进入了广告行业。他尝试把行为主义方面的技能应用到消费品的市场营销中。这份工作比他当教授时的收入高很多，华生很擅长卖东西。在麦斯威尔的咖啡广告中，他发明了"咖啡时间"一词；他为Pebeco牙膏制作出早期电视购物节目；他甚至说服西班牙女王为旁氏面霜代言。华生后来写道，"看新产品的销售曲线的增长和看动物或人的学习曲线一样令人兴奋。"

法》(Psychological Care of Infant and Child)是儿童教养方面的入门读本。(华生将此书献给"首位把孩子培养成幸福孩子的母亲"。)该书于1928年第一次出版,出版后即成为畅销书。这本书在本杰明·斯波克博士于1946年出版《孩童教养常识》(Common Sense Book of Baby and Child Care)一书之前,绝对是育儿权威指南。(伯特兰·罗素早期为华生这本书撰写的书评充满溢美之词,他对华生提出的育儿技巧大加赞赏,就连批评华生的人都承认,"华生育儿经是美国托儿所和美国家庭的福音和教义"。[19])这本书的吸引力显而易见:华生推出此书时称,此书是约翰·霍普金斯大学对"500多个婴儿"仔细研究后总结的育儿经验指南和育儿入门手册。

那么,父母能从华生的行为主义心理学中学到什么呢?华生行为主义心理学的基本内容是,爱不仅被高估了,而且爱不安全。在"母爱过多的危害"一章中,华生称,父母亲吻孩子、溺爱孩子,会强化原本要被禁止的孩子的行为。比如说,孩子一哭,妈妈做出的典型反应是给孩子爱和抚慰孩子,但是爱和抚慰只会让孩子哭的时间更长。(孩子的不良行为都是因为父母对孩子过分温柔。)华生认为,父母溺爱孩子的结果是"毁了孩子",这将会"破坏孩子成人后的职业前景和获得幸福婚姻的机会"。

华生建议,父母应该把孩子视为同事。他指出,"早晨跟孩子握手,一星期后,你会发现完全客观地对待孩子有多容易,善待孩子有多容易;

爱的旅程

你也会对之前那么感情化、那么情绪化地对待孩子感到惭愧"。[20] 华生最终的目的是孩子不需要父母。他想象,有一天美国会是这样的:婴儿在科学托儿所中长大,受过训练的看护根据婴儿的行为给予奖励或惩罚。有些妈妈可能反对这种育儿制度:爱难道不是天性吗?华生打消了这些妈妈们的顾虑。华生认为,"只有一件事才会让孩子做出爱的回应,那就是抚摸和触碰孩子的皮肤、嘴唇、性器官等。通常我们表达父爱、母爱、妻子的爱或丈夫的爱时都会这么做。很难理解吗?但这是真的"。[21]

华生的育儿科学看起来不怎么科学。但是,他关于爱的理论却一直影响着我们的生活。而且,他有关爱的理论作为系列育儿技巧还一直在被人使用着——华生被认为是把"计时隔离"定为一种惩罚方式的第一人,[22] 他的爱的理论也一直在被人们实践着,即孩子需要的不是无限制的爱,孩子需要的是边界。另外,华生发明的用作实验的工具——他痴迷于小老鼠走迷宫、强化、行为快速变化——目前依然是现代心理学研究中最重要的工具。如果一个东西不能被量化,不能被分解,我们就可以假定这个东西不存在。思维研究是一种在实验室里进行的量化研究。

不过,华生的行为科学的真正遗产是关于人类的观点。行为主义学家认为,诗人口中的爱只是多愁善感的谎言,被用来掩饰更为原始的愉悦。我们应该承认自己只是被生物学规律和本能驱动的机器。[23] 生活不是谈情说爱,生活是性、死亡和生存。

第一章　依恋关系：人们生活的动力

华生对爱的质疑有其合理的地方，因为科研人员一直在不断地探索，一些神奇的事也变得不再神奇、不再令人着迷：地球是一个孤独的点，飘在银河边上；人是野兽，从猿进化而来；宇宙只是灰尘和古老的星光。也许，爱也是如此——科学探索出的真相太多，爱也不再神奇，不再令人着迷。

但是，华生的观点正确吗？爱果真是假的？这攸关人性的本质问题。如果我们只是由习惯和自私的基因构成，如果我们只是由多巴胺和本能构成的潮湿的计算机，那么恋爱中的人都是傻子。我们最亲密的关系皆由脆弱的元素构成。更为糟糕的是，信仰爱是危险的幻觉，是个浪漫的错误，导致我们溺爱孩子、毁掉婚姻，变成需要靠吃药和治疗才能生存下去的神经病。我们把时间浪费在追逐虚构的东西上，怪不得我们不幸福。

当然，如果爱是真的——如果爱不只是一个文化比喻或化学诡计，那么，爱就是我们的一大安慰，它是无聊世界中的意义来源。诗人是正确的。没了爱，我们就无法生存。

年纪轻轻的小偷

约翰·鲍尔比出生于 1907 年 2 月 26 日，是安东尼·鲍尔比爵士的第二个儿子（家中第四个孩子）。安东尼是一位从男爵，并且是英国国王乔治五世的外科医生。约翰·鲍尔比童年时过的是典型的英国上流社会的生活。他和兄妹们几乎都是由奶妈、保姆和家庭教师在伦敦的一个联排别墅顶楼带大的。[24] 每天下午，孩子们可以跟自己的母亲相处一个小时。约翰回忆，和母亲相处时，孩子们必须穿丝质衬衫和天鹅绒短裤。[25] 奢华背后的孤独感，这一点他比谁都清楚。他称，童年时，孤独让他感到"很受伤，不过伤害程度不算太大"。[26] 婴儿时期，鲍尔比由一位名叫明妮的年轻可爱的育婴女佣照看。但明妮在他 4 岁大时就离开了他，鲍尔比从此再也没有从失去明妮的痛苦中恢复过来。他后来写道："一个孩子，从小被一位可爱的保姆照看，然后，保姆在这个孩子两三岁甚至四五岁时离开，这跟失去妈妈一样悲惨。"[27]

鲍尔比 8 岁时和哥哥一起被送到寄宿学校。寄宿学校的生活让他感到很痛苦，他非常想家。[28] 不过，他还是完成了学校教育。在剑桥大学读书期间，他像父亲一样选择了学医。[29] 但是，鲍尔比对外科学或英国王室不感兴趣。他决心去探索心理分析这一新领域，因为他坚信弗洛伊德的理论不能改变问题孩子的生活。结束精神病治疗训练后，鲍尔比到了一家儿童指导诊所工作。[30] 他照顾的孩子问题各异，有的歇斯底里，有的有暴力倾向。鲍尔比最感兴趣的是因"行窃"被送进来的孩子。[31]

第一章 依恋关系：人们生活的动力

（这些孩子因盗窃或毁坏财物反复被抓。）除了对这些年轻的"小偷"进行一连串的认知测验，鲍尔比和社会工作者还询问了他们关于父母和兄弟姐妹方面的问题。[32]这些孩子的故事令人心碎：弗雷德的妈妈"对孩子大喊大叫并吓唬孩子"，维妮的爸爸"经常打她"，西里尔的妈妈"公开跟别人说希望死的是西里尔而不是别的孩子"，凯斯琳的妈妈"对孩子持有奇怪的性观念，而且她被人看到虐狗"。[33]

这些悲惨的事并非只发生在有盗窃行为的孩子身上，相反，诊所里其他很多问题孩子也都遇到过。但是鲍尔比研究这些有盗窃行为的孩子时，很快找到了一个变量。他认为，这个变量是那些孩子独有的。鲍尔比的研究假设是基于一个名叫德里克的6岁大的孩子，他因为逃学和盗窃被送到诊所。[34]第一眼看去，德里克的童年非常普通：父母是中产阶级，对孩子很疼爱，德里克的哥哥身上没有德里克身上的缺点。但是，德里克病历中有一栏值得注意：他18个月大时，因患白喉住了9个月的院。患病期间，他跟家庭成员完全隔离，所有他爱的人都不在跟前。德里克的母亲说，这次分离事件后，德里克彻底改变了。德里克回家后，称呼自己的妈妈为"护士"，而且不吃饭。德里克的妈妈说："（我）就像是在照顾别人家的孩子。"[35]

德里克的事促使鲍尔比开始查看诊所里其他有偷窃行为孩子的档案，他的发现决定了他未来职业生涯的方向。根据病历，约85%有

19

爱的旅程

盗窃倾向的"无情型"孩子和德里克一样,在幼儿期曾经历过长期跟家人分离。跟家人分离造成的创伤在这些孩子心里起到了决定性作用。鲍尔比说,这些孩子偷糖、偷玩具和偷衣服,不过是为了填补内心的空白。他认为:"(这些孩子)表面上看起来很无情,其实内心无比痛苦。"[36]

跟所爱的人分离与情感创伤之间存在明确的相关性,鲍尔比非常关注这一点。鲍尔比对诊所里有偷盗行为孩子的研究经历,促使他在1939年反对"冲出敌占区"行动(Operation Pied Piper)。当时英国政府预计德国会空袭英国,所以孩子们需要从城市中撤离。(1939年9月4日共约300万人,其中大多数是孩子,被送到汽车或火车上,继而被送到农村的陌生人家中生活。[37])鲍尔比与他的合作者一起写了封信,发表在《英国医学杂志》上,他们警告说,不满5岁的孩子跟父母分离会造成"非常严重、非常普遍的心理紊乱","青少年犯罪现象"也会因此增加。*[38]

战争久拖未决,鲍尔比跟踪研究了战时孤儿院的情况。他经常跟安娜·弗洛伊德聊天。安娜·弗洛伊德是西格蒙德·弗洛伊德最小的

---

* 育婴堂里孩子们的故事也打动了鲍尔比。育婴堂始创于19世纪,是收留和照顾弃儿的机构。这些机构给了婴儿充足的营养,为了让婴儿活下去,可谓费尽周折。1915年对美国东部10家育婴堂的调查显示,约75%的婴儿还没到两岁就死了。这10家育婴堂中最好的那家的婴儿死亡率为31.7%。Robert Karen, *Becoming Attached* (Oxford: Oxford University Press, 1994), 19.

女儿，她当时是汉普斯特德战时托儿所所长。安娜描述了她所在托儿所里面孩子们的苦难故事。（安娜·弗洛伊德也反对让孩子撤离，她认为"孩子们非常爱自己的父母，与房子塌了倒在身上造成的冲击相比，跟妈妈突然分离造成的冲击更大"。[39]）很多情况下，汉普斯特德战时托儿所里的幼儿受不了突然失去亲人的打击。比如，3岁的帕特里克的妈妈不得不在很远的一家军工厂里工作。这个孩子焦躁不安，但他不哭，因为他的父母说，如果他哭就不来看他了。帕特里克每天都会刻意练习几句话，反复对自己说："妈妈会来接我，妈妈会给我穿上外套，会带我回家。"等了几个月后，帕特里克自言自语的内容越来越详细，也越来越绝望："妈妈会给我穿上外套和裤子，给我拉上拉链，给我戴上尖顶帽。"保姆让他不要说话时，他就会躲到墙角处默默地自言自语。[40]

基于发生在这些孩子身上的悲惨故事，鲍尔比决定研究父母与孩子长期分离对孩子造成的影响。他的研究对象是医院儿科病房里的小病人。英国医生要求病人家属遵照严格的探视要求，他们认为，家人经常来探视会导致孩子感染细菌，还会造成孩子在情感上过分依赖家长。很多伦敦的医院只允许父母周日探视孩子一小时，3岁以下的孩子则不允许家长探视。[41]

鲍尔比很快意识到，孩子住院后与父母分开，会给孩子造成创伤，而且这种创伤是可以预测的，就像一个人身体患病时病情的发展。

爱的旅程

(鲍尔比后来将亲子分离造成的伤害比作缺乏维生素，指"基本营养"缺乏导致的永久性伤害。[42])第一次被单独留在医院时，孩子们满眼是泪，大哭不止，而且对穿白大褂的陌生人极不信任。不过，一开始还激烈反抗的孩子们，不久之后就会变得很奇怪，他们会表现得很超然。尤其跟父母分开超过一周时，孩子们不哭了，但他们看起来内向、顺从和冷淡。看起来好像他们完全把父母给忘了。[43]医院工作人员把孩子们的这个状态称为"心定下来了"，[44]鲍尔比却把这种状态称为"绝望"[45]。1951年鲍尔比向世界卫生组织提交的一份有影响力的报告中，对病儿资料做了综述，并总结说（他的观点与华生等行为主义学家的观点相悖）："婴儿和儿童应该跟母亲（或永久性的母亲替代角色）保持持久、亲切和亲密的关系，而且从这种关系中双方都应感到满意和快乐。"[46]

鲍尔比对自己的研究深信不疑——这些孩子因跟父母分离心灵留下伤疤，但是他的研究还是遭到了批评。很多批评他的人认为他的资料是轶事传闻，而且杂乱无章。他们抱怨说，鲍尔比的研究对象数量太有限，研究时没有控制好其他变量，比如生理疾病或营养不良。鲍尔比怎么能确定缺乏"母爱"导致了这些问题行为？或许这些儿童"小偷"需要更多的纪律，而不是爱呢？他们对爱所持的怀疑态度真的是根深蒂固。

针对这些质疑，鲍尔比继续寻找更多的证据来证明自己的观点。之后，他在威斯康辛大学心理学家哈利·哈洛的文献中找到了证据。20

世纪50年代早期，哈洛决定建一个猴子聚居园，因为他研究的是灵长类动物如何学习，需要有研究对象。哈洛根据最新的科学研究把小猴养大，他用娃娃奶瓶喂它们配方牛奶和糖。另外，他还给小猴吃维生素片、抗生素和铁补充剂。[47]为了减少疾病传染，一只猴子住一个笼子，每只猴子都跟它的父母和兄弟姐妹分开养。(哈洛很偶然地创建了华生一直梦想创建的那种婴儿农场。)人工干预的这群猴子看起来比野外自然长大的猴子体型更大，也更健康。

这群猴宝宝看起来长得更大、更健康，但是内心陷入了致命的孤独。在这些猴子短暂的一生中，它们完全不跟其他猴子打交道，甚至不会进行最基本的社会互动。其他猴子在旁边时，这些猴子看起来会紧张不安、沉默寡言，眼睛紧盯着地板。哈洛说，"我们打造出来的是沉思的猴群，而不是繁衍后代的猴群"。[48]对威斯康辛大学的科学家们而言，猴群出了问题。这表明，智力的发展不仅仅需要合适的营养。那么，智力发展到底需要什么？

第一个线索是尿布。这些尿布一直被用作猴笼里的衬垫。哈洛注意到，猴子们对这些尿布很着迷，它们紧握尿布不放的样子像极了孩子紧抓自己喜欢的小毯子不放的情形。(尿布被拿开的话，这些猴子就会"大发脾气"。)猴子的这一行为令人印象深刻，并且给了哈洛灵感，他决定进行一项新实验。他用两种"假妈妈"来抚养这批猴子的下一代。第一种"假妈妈"是"铁丝妈妈"，用铁丝网制成。(里面的灯泡会提供些微热度。) 第二种"假妈妈"是绒布包着的木头雕像。笼子里的铁丝妈妈有奶头和喂奶的管子，笼子里的小猴子会一边抱着软软的绒布妈妈，一边吃奶。假设那些对爱持怀疑态度的人的观点正确的话，那么牛奶才是亲子关系存在的真正原因，所以猴宝宝应该更喜欢给奶吃的铁丝妈妈才对。

但这种情况并未发生。哪个"妈妈"有奶吃并不重要，猴宝宝更喜欢绒布妈妈。[49]猴宝宝5个月大的时候，一天中大约有18个小时都紧挨着软软的令人感觉舒服的绒布妈妈，猴宝宝爬到铁丝妈妈那里只是为了吃奶。[50]对哈洛来说，实验结果很明显：一个人的发展极其渴求与他人亲近带来的快乐。哈洛在对美国心理学会演讲时说："心理学家，尤其是那些编写教材的心理学家，他们不仅不去关注爱和依恋的成因，而且他们看起来并没有意识到爱或依恋的存在。"[51]这种错误认知很可悲。哈洛后来写道："如果说这些猴子教会了我们什么，那就是在你学会如何生存前，一定要学会如何爱。"[52]

鲍比尔明白，哈洛的实验意义非凡。跟铁丝妈妈在一起的猴宝宝与在医院病房里单独待着的婴儿一样，急需的是亲近，是依恋。这种感情不能用盎司或卡路里来量化，但却满足了婴儿更深层次的需求。据此，鲍尔比总结说，爱不是某种可有可无的奢侈品，爱是人类一种更大范围的心理过程的一部分，这种心理过程能够让孩子们直面艰难世事。鲍尔比把这种心理过程称作"依恋"。

"陌生情境"实验

玛丽·爱因斯沃斯是个可爱的美国人,她出生在美国中西部地区,喜欢打篮球,也喜欢参加晚餐聚会。她于 1950 年夏天来到伦敦。[53] 当时,玛丽的丈夫莱昂那多来伦敦读研究生,她就跟着一起到了伦敦。玛丽之前在多伦多大学做研究员。她最新的研究项目是罗夏墨迹测验。她想在英格兰找份工作做,但找了几个月,一直没有找到。后来,她接到一家精神病医院的面试机会,这家医院有位医生想找一名助手,帮助分析他对一些孩子的采访。[54] 这名医生正是约翰·鲍尔比。

爱因斯沃斯最后得到了这份工作。在接下来的 3 年半时间里,她将跟鲍尔比一起研究孩子幼年时跟亲人分离带来的长期后果。[55] 他们有充足的研究对象:战后,英国满大街都是孤儿和难民,以及十年动荡留下来的乱摊子。采访资料通常令人伤心——爱的缺失已经在孩子们的生活中留下烙印。这些资料让爱因斯沃斯相信,鲍尔比的观点是对的。依恋是人类的基本需求,它已深入到了人的骨髓里。

1954 年,因为丈夫有了新工作,爱因斯沃斯跟随丈夫离开伦敦,到了乌干达。虽然她没有正式的学术职称,研究资金也很少,但是她开始了雄心勃勃的婴儿行为研究。[56] 她为自己的研究招募了 26 个有婴儿的家庭，每两周去家访两次。这些人家住的房子很多都是由泥巴和篱笆条建成的。[57]（为了接近这些妈妈们，爱因斯沃斯让她们免费搭车去附近的诊所，并且以批发价卖给她们脱脂奶。[58]）跟鲍尔比在一起工作的经历让爱因斯沃斯首先观察到了亲子关系，但是她的观察角度跟鲍尔比不同——鲍尔比已经研究过爱的缺失可能导致的破坏性后果，而爱因斯沃斯则想观察在自然环境下，爱是如何缺失的。

爱因斯沃斯的研究方法很关键。她在各个方面都是个外行，比如，她来自美国中西部，却在非洲生活；她没有孩子，却研究孩子的行为。也正因为她是外行，所以她在观察这些妈妈时没有任何成见。[59] 爱因斯沃斯在其田野研究基础之上写的书《乌干达的婴儿：婴儿护理和爱的成长》(*Infancy in Uganda: Infant Care and the Growth of Love*) 里，没有理论也没有假设，只有详细的家庭生活记录。比如，她在书中记录了一个名叫曼尼的婴儿，曼尼的妈妈尽心尽力地照顾着他：

> 曼尼的妈妈是个瘦小的小姑娘，很年轻，才十几岁。曼尼是她第一个孩子，但妈妈和孩子都不快乐。为了生活，曼尼的妈妈必须去工作，她干的大部分工作都是园林工作。不过，曼尼的妈妈去干活时，并没有安排好怎么照顾曼尼。曼尼一直哭，哭得妈妈没辙，不知道怎么办才好。曼尼妈妈对待曼尼的方式前后不一致。有时她

会很温柔,溺爱孩子;有时却凶狠粗暴,她会抱起曼尼,摇晃他;有时,她只是任由曼尼不停地哭闹。[60]

爱因斯沃斯在书中对明显错误的育儿行为进行描述的时候,并没有做任何评论。她小心地提醒自己,这些母亲生活得很辛苦。她们对孩子不上心,大多是因为她们需要在地里干活;她们焦虑,往往是因为食物不够吃。可悲的是,她们在育儿方面出现的问题越来越严重。生活最苦的妇女照顾孩子的时间往往最少,因此她们的孩子哭得最多,也最焦虑。

爱因斯沃斯对乌干达孩子的观察研究是对鲍尔比研究的重要发展。但是,爱因斯沃斯知道,仅有观察是不够的,如果想真正了解亲子关系,她需要找到办法量化亲子关系到底有多强大。在非洲待了两年后,爱因斯沃斯随丈夫定居在了巴尔的摩。(1960年,她和莱昂那多离了婚。)之后,爱因斯沃斯担任约翰·霍普金斯大学讲师一职,在华生曾经做系主任的系里工作。

1965年,爱因斯沃斯和她的助手芭芭拉·维蒂希首创了一个名为"陌生情境"的实验。[61]这个实验是一个20分钟的科学情景剧,由不同的场景组成。场景一:妈妈和她一岁大的孩子被带进一间堆满玩具的新房间里。大多数孩子进入房间后,会马上开始在房间里玩耍,比如在红球上蹦跳,跟布娃娃安迪玩。场景二:几分钟后,一个陌生

爱的旅程

女人进入房间,开始跟孩子的妈妈聊天。场景三:孩子的妈妈与孩子第一次分开,妈妈走出房间,让孩子单独跟陌生女人待在一起。场景四:漫长的几分钟过去,研究者从单向透视玻璃中观察孩子。场景五:母亲与孩子第一次团聚,妈妈回到房间里,陌生女人离开。一旦孩子"沉浸在玩耍中"(一般情况下,孩子一会儿就会沉浸在玩耍中),妈妈就再次离开房间。场景六:孩子单独在房间里待3分钟(如果孩子过于焦躁不安,实验会提前终止),之后陌生女人进入房间,并试着跟孩子玩。最后一个场景中,妈妈回到房间并安抚孩子。

不出所料,陌生情境实验刚开始的时候,外界质疑声不断。很多同事认为爱因斯沃斯的实验没必要那么冷酷,而且她在亲子关系研究方面并没有新发现。不过,爱因斯沃斯并不在意这些批评。她相信,她的情景剧实验揭示了生活基本的真相。只有在剧情高潮部分,即孩子反复体验妈妈离开又回来的过程,爱因斯沃斯才能发现人类究竟有什么样的依恋习惯。

起先,实验结果看起来证实了鲍尔比的基本理论:孩子如果跟妈妈分开,就会紧张不安。* 这就是为什么绝大多数一岁大的孩子单独待着

---

* 对依恋理论提出的一种批评是,起码在早期的几十年里,研究者只关注了母亲的作用,好像起到关键作用的就只是母亲,而不是双亲。鲍尔比在他职业生涯的后期花了很大功夫才纠正了这个错误观点。鲍尔比1980年在一次讲座中说:"照顾小孩子不是一个人的事。如果想照顾好小孩,同时又想让小孩的照看者不过分劳累,那么,就需要有个帮手……大多数国家一直(现在也是这样)都对以上事实持想当然的态度,结果,也相应地形成了一种社会结构。颇为矛盾的是,世界上最富裕的国家忽视了这些基本事实。"

第一章 依恋关系：人们生活的动力

时会哭，妈妈回来后会表现出对妈妈的依恋。不过，爱因斯沃斯关注的并不是概括性的结论，她感兴趣的是每一个孩子，甚至包括那些跟她理论假设相悖的研究对象。这让她关注到了实验中的异常值，也就是那些妈妈离开后不哭的孩子，以及那些实验结束后仍然大哭不止的孩子。[62]

异常值与实验中其他观察值具有明显不同的特征。爱因斯沃斯不得不一次又一次地重复实验。虽然花了好几年时间，但爱因斯沃斯最终从孩子的哭声和妈妈对孩子的拥抱中找到了几种依恋类型。约66%的孩子在妈妈回来后忙着接受妈妈温柔的抚摸，这是安全型依恋的表现；余下34%的孩子的行为一直表现为爱因斯沃斯所称的非安全型依恋。[63]多数情况下，这种不安全感表现为外表漠然——孩子看起来对妈妈的离开无动于衷，妈妈离开，宝宝并没有表现得很不安。(之后，研究显示，这些忍耐型儿童实际上内心非常焦虑，因为每次被留下独处的时候，他们都会心跳加速，皮质醇水平升高。[64])妈妈回来后，这些孩子会背过身不看妈妈，似乎对跟妈妈重新团聚不感兴趣。爱因斯沃斯称这些孩子属于回避型依恋。非安全型依恋的儿童中，有1/3的儿童（约占实验儿童总数的12%）的反应正好相反。他们中有些孩子对新房间一直都不适应，不跟不熟悉的玩具玩；有的孩子则在妈妈第一次离开时就焦虑不安，妈妈回来后紧抱着妈妈不放或完全不理妈妈。（即使被妈妈抱起来，这些孩子也不会"投入"妈妈的怀抱中。[65]）爱因斯沃斯将这类情况称为反抗型依恋，因为这些孩子似乎在抗拒妈妈的抚慰。母亲和孩子之间的互动并没有充满爱意,"很明显他们表现出了生气的样子"。[66]

出现这几种不同的依恋类型并不奇怪。人的性格呈正态分布,人与人之间的行为方式各有不同。但是,爱因斯沃斯发现,行为方式的差别并不是随机的,而是跟育儿方式有关,这从每三周一次的长期家访中就可以看出来。[67](爱因斯沃斯说,"我们一定要非常熟悉我们研究的家庭"。她指出,彼此间熟悉后更容易让妈妈们忘记她们是研究对象。[68])安全型依恋孩子的妈妈很可能在"父母敏感度"这一项中得高分,[69]这类妈妈经常用宝宝语言跟孩子说话,对宝宝更感兴趣。谈起自己孩子的时候,她们回答得更细致、更有趣也更有感情。爱因斯沃斯指出,高敏感度的妈妈"能从孩子的角度看问题,这种妈妈不会依据自己的需要去曲解婴儿的信号和交流"。[70]

但这并不意味着敏感度高的妈妈容易没主意、好说话,总顺着孩子的脾气。爱因斯沃斯谨慎地指出,真正的敏感度实际是有边界的。高效的妈妈知道什么时候该拒绝。爱因斯沃斯说:"当妈妈觉得自己不该答应孩子的要求时,比如孩子过于兴奋、过于气愤,或者想要不该要的东西的时候,她们会很有技巧地认可孩子的要求,但是会答应给孩子买一个可以接受的替代物。"[71]华生和他的追随者们不接受多愁善感的父母之爱,他们认为这种爱会带来危险的后果,会使孩子的意志力变弱。爱因斯沃斯却指出,就算是高效的管教也需要有温度。拥有最慈爱的妈妈

第一章 依恋关系：人们生活的动力

的孩子哭得最少，这种情况并非偶然。

爱因斯沃斯的研究经常被作为育儿指南，但其留下的真正遗产则是她的研究方法。约翰·华生和他的追随者不认可爱，是因为爱不能被量化。爱这种情感模糊且神秘，不能拿来做严谨的科学研究。但是，爱因斯沃斯通过陌生情境实验，找到了量化爱的方法。尽管现代心理学总是执着于个体的各种变量——智力测验、性格测验等，爱因斯沃斯却研究了人际关系令人惊讶的重要性。人际关系至关重要，起码对那些孩子来说是这样的。

后来，爱因斯沃斯还和同事们指出，安全型依恋与各种看起来互不相关的儿童行为紧密相关。爱因斯沃斯最重要的一个发现是，妈妈的敏感度高低与幼儿探索陌生情境的意愿大小有关。孩子们探索的陌生情境有可能是新房间，也有可能是新玩具。鲍尔比用一个巧妙的比喻对这一发现进行了解释。他把婴儿依恋的对象比作"安全港湾"，安全港湾能让远征军"勇往直前并敢于冒险"。[72] "家是一个安全的港湾，孩子在紧张不安的时候，可以回家从自己所爱的人那里寻求安慰，否则他们无法靠自己去闯、去生活。"[73]

这一发现就是后来著名的依赖悖论。[74] 之所以被称为"悖论"，是因为它指出，一个人要想完全独立，就需要对他人产生依赖感。孩子之所以不去探索新事物，是因为他们缺乏一些基本的东西；他们之所以去

爱的旅程

探索，是因为他们什么都有了。*正如《约翰一书（4：18）》中所说："爱既完全，就把惧怕除去。"

和鲍尔比经历的一样，爱因斯沃斯也遭到了来自同行的严厉批评。这些批评者嘲讽爱因斯沃斯的研究假设。孩子被单独留在陌生环境里就是会哭，不是吗？他们嘲笑她研究中使用"非科学性的"语言，比如"温柔些"、"敏感"等字眼。（很多攻击性批评现在看起来都带着厌女症色彩，好像爱因斯沃斯不能客观地研究爱，就因为她本人是女性，具有母性本能。）因为批评的声音太多，爱因斯沃斯的研究论文在同行评阅时被拒掉了，之后她只好放弃发论文，转而写书发表她的研究成果。[75]

批评的声音太多，连爱因斯沃斯自己也开始怀疑自己的研究成果。心情好的时候，她相信自己和鲍尔比一样，是一位坚定的科学家，她想通过自己的研究改变范式。心情不好的时候，她又觉得批评她的人是对的，爱的确不是科学研究的好课题。不过，她坚信依恋很重要，依恋到底有多强大是可以被测量出来的。不可否认，她的这些观点很重要。但是，这些观点的重要性还需要再过几年才能被人们接受。这需要另

---

* 鲍尔比在探讨父母跟孩子分开的早期文献中，把孩子的大脑想象成一个动态平衡系统。孩子的大脑一直在两个相反的目标——安于现状和不断学习——之间寻找一个平衡点。他的这一思路很大程度上受到了二战时军事技术的影响。二战时期的军事技术中，运用早期计算机来控制机器。通过监控外部环境变化，这些由"计算机控制的"装置可以做出自我调整。这一新方法促成了"智能炸弹"的发明——它们通过接收无线电信号改变自己的轨迹，自动调整炮架，击中目标。Phillip Shaver and Mario Mikulincer, *Attachment in Adulthood: Structure, Dynamics and Change*（New York: Guilford Press, 2007），219.

一项研究来支持，这项研究还是要跟踪研究孩子被单独留在陌生环境里的情况。

舔舐和梳毛

1975年，明尼苏达大学心理学家拜伦·埃格兰开始研究一个基本上被现代科学忽视的群体：贫穷的孕妇。他征募了明尼阿波利斯市亨内平县综合医院的267名孕妇参加他的研究。这些孕妇的档案资料显示，下列这些风险因素预示着她们未来的生活会很艰难：除了贫穷，很多孕妇都很年轻（平均年龄只有十几岁），缺乏教育（41%的人在高中辍学），饮食不足（37%营养不良），而且没有社会支持。[76]比如，维罗妮卡12岁时逃离了虐待她的家庭。几年后，她怀孕了，孩子的父亲可能是卖给她毒品的那个毒贩。毒贩进监狱后，维罗妮卡和儿子托马斯只能住进庇护所。[77]她不仅有毒瘾，还患上了抑郁症。

埃格兰一开始的研究目标很小，他想确定有哪几个变量可以用来预测儿童有可能会受虐待，其目的是在儿童受虐情况发生之前，社会工作者可以为家长提供咨询服务。但是，就像爱因斯沃斯一样，他观察到了妈妈们截然不同的育儿行为：有些新手妈妈尽管生活困难，但仍然很体贴、鼓励孩子；有些妈妈会忍住怒气，比如维罗妮卡经常"粗暴地不理睬"儿子。[78]

爱的旅程

为了更好地理解不同育儿行为带来的影响，埃格兰跟明尼苏达大学心理学家阿兰·斯若夫组成了研究小组。阿兰·斯若夫是依恋理论的支持者。他们复制了爱因斯沃斯的陌生情境实验，对每一个12个月大的孩子进行测试后，得出的最初的结论证实了敏感型育儿方式与安全型依恋之间存在相关性。埃格兰和斯若夫决定将短期的风险评估研究变为一个长期项目。这个项目最后的研究规模很惊人，研究持续了几十年，涉及几代人。斯若夫回忆说："我们当时并不知道研究中会有什么发现。但是，在发现了几种育儿方式后，我们就明白了为什么行为会有连续性，这样一来，我们就不想停下，只想继续往下研究了。"[79]

这些孩子长到四五岁的时候，埃格兰和斯若夫开始了他们第一次雄心勃勃的跟踪研究。为了找到童年的复杂性，埃格兰和斯若夫决定自己开办幼儿园，免费招收40名孩子入园。20名接受过培训的观察者进入课堂，详细记录每个孩子的行为。另外，研究者还录制了几百个小时的录像，并对这些录像进行编码和分析。[80]

研究结论非常令人信服。与幼儿园里安全感弱一些的小伙伴相比，那些属于安全型依恋的孩子更独立、更爱交际，在小伙伴中间也更受欢迎。他们欺负人或被人欺负的概率更低，自控力更强，智力、自我意识和适应力测试得分更高，[81] 对其他小伙伴更有同情心[82]。（所有评定都是基于客观事实，因为观察者在评定前并不知道这些孩子在婴儿时期被归入了哪种依恋类型。）在障碍盒实验中，孩子们可以玩

第一章　依恋关系：人们生活的动力

很多玩具，比如乐高积木、超级英雄手办和布娃娃。玩了几分钟后，一个研究者会走进去，告诉孩子他玩的玩具是另一个房间的，如果他想继续玩，就必须从一个实际上没法打开的透明塑料盒子里拿出一套新玩具。这是要故意为难孩子。不过，这些孩子处理难题的不同方式为研究者提供了丰富的研究资料。多数学龄前儿童要么很快放弃，要么又打又闹并且发怒。不过，有些孩子在这个任务中表现得很出色。这些表现出色的孩子虽然没能打开盒子，但是他们很专注、很执着，他们会耐心地尝试各种方法。10分钟后，研究者结束实验，他们打开盒子，让每个孩子都拿到了玩具。

我们怎么解释孩子们的不同表现？早期的情感依恋是最好的答案。约40%有安全型依恋经历的孩子在障碍盒实验中得分最高，有非安全型依恋经历的孩子则没有一个得高分的。另外，在得分最低的孩子中，非安全型依恋的孩子占了75%。孩子们参与的测试尽管不涉及亲子关系，但是早期的依恋类型影响了他们现在的行为。这一变量在研究中不能被忽视掉。[83]

这些孩子长到10岁时，又参加了研究人员在明尼苏达大学校园组织的为期4周的夏令营活动。和在幼儿园时一样，这一沉浸式的夏令营实验让研究者获得了前所未有的研究资料。研究者观察孩子们踢足球、打垒球、在泳池里游泳，以及如何一起完成艺术项目。研究结果再次明确指出，依恋的影响是长期的。对父母有安全型依恋的孩子整体上具有更高水平的社会竞争力，他们更有能力与夏令营中的其他孩子发展和维持良好关系；此外，他们跟朋友相处的时间比别人多出40%。研究人员让这些孩子完成挑战性任务时（比如，让他们完成通过障碍场地的任务），"有安全型依恋经历的孩子高效地进行了自我管理，他们不迁怒于人，与其他孩子相比，表现出奇得好"。[84]

等这些孩子长到十几岁时，埃格兰和斯若夫在跟踪研究中有了意外发现：孩子的行为与婴儿时期依恋类型之间的相关性越来越大。这些青少年更容易受婴儿时期亲子关系情况的影响，他们受5岁或10岁时亲子关系情况的影响反倒少些。斯若夫说："这很值得关注，不是吗？这些孩子的身体特征跟成年人差不多是一样的，但是我们发现，他们很多行为方式跟他们12月大的时候的依恋类型相关。"明尼苏达大学的这些学者发现，婴儿时期有安全型依恋经历的孩子在高中阶段的表现也比其他人优秀。依恋关系更安全的青少年，标准化考试的成绩会更高。（安全型依恋与学业出问题之间存在负相关。）孩子们能否顺利从中学毕业，除了智力因素，跟他们三岁半前有没有敏感且支持自己的父母在身边的关系更大。[85]

为什么青少年受自己儿时的依恋经历影响这么大？青少年像婴儿一样，都在努力与人建立亲密关系，他们会花越来越多的时间跟朋友相处。斯若夫说："这些青少年想与他人亲近，但是如果想与他人亲近，就必须信任别人。他们要把自己的感受告诉别人，要打开心扉。而这一

第一章 依恋关系：人们生活的动力

切都建立在跟早期依恋经历紧密相关的情感技巧的基础上。"[86] 婴儿必须学会如何表达自己的脆弱，这种脆弱表现为婴儿常常哭着寻找自己的依恋对象。青少年也和婴儿一样，必须找到走出去跟同伴交往的方法。脆弱并不是弱点，因为脆弱，你才会让别人走进自己的生活。

明尼苏达大学这项实验的研究对象现在已经 40 岁了，有了自己的家庭和孩子。但是，依恋类型与行为方式的相关性仍在延续；下一代人在延续着上一代人的爱。[87] 学者们发现，一岁时的依恋类型决定了孩子成人后的健康状况。反抗型依恋的孩子发现妈妈不在时会哭个不停，妈妈回来后却不让妈妈抚慰自己，这种婴儿长到 32 岁时患慢性病的概率是安全型依恋的人的 2.85 倍。*[88] 明尼苏达大学心理学家李·雷比最近主笔的一篇论文中指出，明尼苏达大学这些研究对象童年时父母的育儿类型与 30 多年后他们成人时的浪漫行为类型相关。具体而言，妈妈敏感度不高的人在谈到自己为什么跟伙伴或配偶发生冲突时，皮肤反应会明显增强（皮肤出现紧张情况）。皮肤反应出现变化的原因之一，是这些人在控制自己的感情。之所以这么说，是因为皮肤的反应变大与恐惧和抑制情绪是有相关性的。（测谎仪凭借的就是

---

* 目前尚不清楚到底是什么导致患病率这么高。一个可能性是，童年时期有问题的依恋类型导致心理疾病发生率增加。比如，哈佛大学医学院罗伯特·瓦尔丁格 2006 年的研究指出，幼年时有过非安全型依恋经历的中年人更易有躯体化症状（指患者以躯体症状表达心理压力的倾向）。Robert J. Waldinger, Marc S. Schulz, Arthur J. Barsky, and David K. Ahern, "Mapping the road from childhood trauma to adult somatization: The role of attachment," *Psychosomatic Medicine* 68.1 (2006): 129-35.

这一原理。）这些成年人的父母在他们有情感需求时并没有那么迅速地给予反应，所以他们学会了在自己有烦心事的时候不表现出来。[89] 依恋需要坦率，愿意示弱，但童年经历过非安全型依恋的人很难做到这一点。

无法跟人讨论关系问题，会毁掉一个人的人际关系，这就是那些童年有过非安全型依恋经历的人仍会经历短暂的不太愉快的成人依恋关系的原因。[90] 在一次独立的研究中，明尼苏达大学的研究人员调出这些研究对象两岁时的老录像看，录像里这些孩子正努力跟妈妈学习一种新技能。如果妈妈跟孩子的互动被评定为失败，也就是说，妈妈不够支持孩子，或者孩子不帮忙，那么这些孩子成年后和别人的关系也很可能被他们的成人伙伴归类为"脆弱的"。30年过去了，这些孩子成年了，但他们还是很难和他人建立起亲密关系。[91]

在明尼苏达大学的研究中，反复提到一个名叫托尼的男孩的故事。托尼复杂的生活反映了这次研究主题的复杂性。1977年，明尼苏达大学研究人员用陌生情境实验第一次测试托尼的时候，他表现出了安全型依恋——他拥有典型的支持型的父母，家庭幸福。托尼在幼儿园里表现优秀，不管是障碍盒实验还是文化技能测验，在幼儿评估表中几乎每项得分都很高。但是，当托尼6岁时，他的父母为离婚闹得很凶。他基本上见不到父亲。托尼13岁时，母亲因车祸身亡。托尼的父亲后来带着托尼的哥哥和妹妹搬到了另一个州，托尼被迫跟着伯父与伯母生活。[92]

第一章 依恋关系：人们生活的动力

基于托尼身上发生的这些悲惨的事，他在青少年时堕落就不奇怪了——托尼在学校里有好几门课都不及格，也很少有稳定的朋友关系，而且他在一个盗窃团伙里做了小头目。（和鲍尔比研究的那些年轻小偷一样，托尼通过偷盗来缓解自己的悲伤。）研究人员在采访完15岁的托尼后，是这么描述他的堕落的："他心中似乎已经没有光了，他看起来很沮丧、很孤僻。"

但是，托尼的故事并没就此结束。二十岁出头的时候，托尼在当地的社区大学遇到了一个姑娘。"托尼的安静和温柔"很招这位姑娘的喜欢。几年后他们结婚了，并有了一个女儿。研究人员在观察托尼和他牙牙学语的女儿时，被托尼对女儿的爱深深打动了。托尼没有忘记自己早期的依恋经历。研究人员写道："托尼是个支持型的父亲，他很有耐心，很有爱，很温暖，随时都在孩子身边，必要时他会给孩子定规矩并且鼓励孩子。"尽管托尼在青少年时期谈到母亲去世时很痛苦，但他坚持说母亲去世对他"没什么"影响。不过，现在他可以说出自己的真实感受，也愿意回忆母亲的去世到底如何影响了他的生活。[93] 明尼苏达大学研究人员在《人的发展》（*The Development of Person*）一书中把早期依恋经历比作房子的地基——建一座房子光有地基是不够的，还要有结实的大梁和坚固的屋顶。研究人员指出："房子不可能比地基还坚固。"我们在婴儿时期获得的正是依恋这个地基，地基打好了，其他部分才能继续往上建。[94]

爱的旅程

故事只是故事，一个案例什么也证明不了。我们永远无法知道，是不是托尼童年时期的安全型依恋经历才使他成年之后恢复了正常生活，我们也不知道是不是他幼儿时期得到父母的爱的经历才让他能够快速恢复正常生活。重要的是，我们要记住，性格方面的这些相关性并不是固定不变的：很多非安全型依恋的婴儿长大后会成为支持型的配偶，而很多安全型依恋的孩子后来在高中辍学，过着艰苦的生活。正如鲍尔比一开始指出的那样，人类依恋系统是受环境变化影响的。这意味着，即使一个人在童年时痛失亲人，留下了不安全的烙印，他仍然可以学习如何去爱。依恋类型并非固定不变的，相反，依恋类型处于不断变化的过程中，是一种一直可以被改变的关系。

明尼苏达大学的研究很像是在用望远镜瞭望人类的生活。通过多年跟踪研究对象，这些研究解释了人的生命轨迹是什么样，揭示了人有哪些潜藏的情感模式。不过，有些问题用望远镜是看不出来的，必须用显微镜才行。如果想了解爱到底如何改变了我们，为什么爱会使我们变得更坚强、更坚韧、更不容易倒下，就必须把画面拉近了仔细观察，因为爱不是什么虚幻的东西，爱实际上反映了人们的思维。

麦吉尔大学的神经科学家迈克尔·米尼因为偶然的机会开始了对依恋的研究。他在实验中把鼠宝宝放回有机玻璃笼后，注意到有些鼠妈妈会比其他鼠妈妈更快地去安慰自己的宝宝，它们会一边舔鼠宝宝，一边帮鼠宝宝梳理毛，直到鼠宝宝的心跳恢复正常。米尼对鼠妈妈们不同的

第一章 依恋关系：人们生活的动力

行为很感兴趣。后来，他跟自己的研究生每天8小时密切观察老鼠家庭成员间的互动：很明显，有些鼠妈妈在舔鼠宝宝和梳理鼠宝宝的毛上花的时间比其他鼠妈妈多（多出50%）。鼠宝宝100天大的时候（对于老鼠来说已是青少年后期），研究人员又对它们进行了一系列压力和智力实验。[95]

研究结果很惊人。米尼采用的一个主要的行为测量方法被称为旷场实验。这个实验非常简单，就是把一只老鼠放进一个圆盒子里待上5分钟。紧张的老鼠会缩在盒子一角，就像学校舞会上待在角落里的紧张的少年一样；而不太紧张的老鼠会探索四周，逛到盒子中央找食吃。米尼的资料显示，最关注孩子的鼠妈妈的宝宝，也就是被舔和梳理毛次数最多的鼠宝宝，在盒子中央停留的平均时长是35秒钟。被舔和梳理毛次数较少的鼠宝宝在盒子中央停留的时间不超过5秒钟。[96]进行多次实验后，鼠宝宝类似的行为模式反复出现。被舔和梳理毛次数多的鼠宝宝跟其他鼠宝宝在一起时并没有表现出攻击性，[97]被单独关进盒子的时候，它们只会释放很少的应激激素，[98]而且会更快地解决问题，[99]更乐意向同窝的幼鼠学习，[100]在生产后对自己的鼠宝宝也喂养和照顾得更周到。

近年来，米尼还指出了通过爱改变大脑活动的情况：被舔和梳理毛次数多的鼠宝宝应激激素分泌较少，减轻压力反应的化学物质分泌得较多，跟恐惧和焦虑紧密相关的几处大脑皮质（比如杏仁核）的活动也较

41

少。这些鼠宝宝大脑中负责学习和记忆的海马结构中的神经突触数量会增加。[101] 它们的基因甚至也出现了不同——鼠妈妈的照顾使鼠宝宝基因发生了变化，使鼠宝宝不易受慢性压力的困扰。[102] 鼠宝宝们在神经反应和基因方面的差异性显示，由最关注孩子的鼠妈妈带大的鼠宝宝能更好地应对生活中的巨大变化，不管这个变化是吓人的新笼子还是新出现的陌生的研究人员。

这一结论也适用于人类。二战期间，7万多名芬兰小孩被转移到了瑞典和丹麦的临时家庭中，这成了自然情境下的实验。[103] 相比之下，因为德国频繁的空袭，留在芬兰的孩子的生活中充满了急性应激事件。但那些被送到瑞典和丹麦的孩子，因为与自己的父母分开，压力长期存在。这些孩子最需要的，就是父母的爱。

幼年经历的心理冲击会影响人的一生。2009年的一项研究发现，1939—1944年间被迫跟父母分开的芬兰人长大后死于心血管疾病的概率比那些没有离开父母的高了86%。[104] 二战结束60多年后，这些在战时离开父母的临时孤儿，被发现患高血压和2型糖尿病的概率明显更高。其他研究发现，战时被送到国外去的这批孩子，应急激素分泌更多，[105] 患严重抑郁症的风险也高[106]。

被爱的感觉不仅是愉悦的源泉，也是一种被保护的感觉。[107]

第一章 依恋关系：人们生活的动力

适应机制

20世纪30年代末，哈佛大学卫生系教授、健康服务系主任阿列·博克得到百货商店巨头W.T.格兰特公司的资助，长期跟踪研究健康的大学生。博克说，现有的科学研究都在关注疾病，现在该"系统地研究一下那些健康且成功的人"了。[108]格兰特公司同意了博克的研究计划，并希望他的研究可以帮助公司找到成功的商店经理。

项目选择的第一批研究对象是哈佛大学1939级的本科生。接下来的5年时间里，该项目一直在不断地招募正常的男性本科生。博克说，正常的本科生是指"能自力更生"的学生。[109]最后，共有268名哈佛男性大学生成为博克的研究对象。[110]这些研究对象接受了一系列医学和心理测试，比如字迹分析和罗夏墨迹测验等。他们需要回答个人历史和病史问题，比如，你什么时候不再尿床了？喝咖啡加多少糖？有自慰行为吗？[111]他们还要接受一些智力测验，其中大部分测验都借用了军队测验，职业医生负责测量他们前额的眉骨、胸围和阴囊长度等。[112]这些学生还需要解读罗夏墨迹，并在跑步机上全速快跑5分钟。

研究结果并不怎么有趣。尽管博克和他的同事原本希望自己的医学测量能够预测出这些研究对象的人生成就，但是这一研究目的并未达到。这些大学生体型的阳刚程度与他们二战期间在军队的职级没有相关性，他们对罗夏墨迹的反应跟他们的性生活之间也没有相关性。前额结构与智力之间没有相关性，智力与收入之间也不存在很强的相

43

爱的旅程

关性。[113]

尽管研究结果并未达到预期效果,但"格兰特研究"(正式名称是"哈佛大学成人发展研究")一直跟踪研究这群哈佛男生到他们的中年。这些哈佛男生需要回答饮酒习惯、政治信仰和最喜欢参加的运动等问题,他们还被问到参战经历,并回答关于抽香烟和抽雪茄的一长串问题。(格兰特公司停止资助后,研究又得到了菲利普·莫里斯公司的部分资助。[114])哈佛男生本身就具有得天独厚的背景,不出所料,他们中有些人之后很成功、很优秀。其中,有一位男生成为州长,有四位男生竞选过美国参议员,还有一位男生当选为总统。(格兰特研究几乎所有的调查对象都是匿名的,但是,因为约翰·肯尼迪的档案到2040年就能公开,所以研究人员不得不确认肯尼迪总统也参与了该项目。[115])虽然过去了很多年,但哈佛的这项研究一直都很令人关注,因为它未能达到当时的研究预期。研究人员获得了很多细致的信息,每个研究对象都被建了档,档案厚如字典。[116]但是,所有资料最后都被证明没有用处,无法解释哈佛男生成年后取得的各种成就,研究初期预计的相关性到最后都不成立。这些男生的幸福生活是怎么来的?这个秘密一直都没有被解开。

最令人担心的大概是,格兰特研究的基本假设——研究对象身体都很健康,没有疾病——之后都慢慢被证明不成立。当这群哈佛男生到了50岁时,约有30%的人患上了酗酒和躁狂抑郁症等心理疾病。[117]

(3% 的人因为精神问题住过院。[118]）博克后来抱怨说："他们肯定都被精神病专家惯坏了，我研究他们的时候，可没有这样的问题！"[119]

如果不是一位名叫乔治·范伦特的年轻医生，格兰特研究可能一直都是一个昂贵且失败的研究，这个研究会成为20世纪中叶心理学奇特理论的证据，被人记住很多年。但是，范伦特意识到，如果研究的问题设计对了，那么作为纵向研究的格兰特研究就会有很大的研究前景。范伦特不像之前的研究人员那样相信通过测量胸围可以预测出人生的各种成就，他也不相信存在所谓"正常人"。范伦特说："我自己就在哈佛大学上过学，我知道每个哈佛男生都有自己的问题。"[120]

一个炎热的夏日，我在加州的橘子郡见到了乔治·范伦特，他跟现任妻子住在那里，他的妻子也是哈佛大学毕业的精神病学家。他们的家在郊区一条静谧的大街上，周围都是参天大树，这些树在房子建造之前就有了。房子附近有一个私人公园，周围是柑橘林。"大萧条"后，公园被卖给了当地的医生，这里的房子就是那些医生建造的。

范伦特建议我们到前廊坐坐，吹吹凉爽的风，欣赏飞来飞去的小鸟。但是，我们坐到前廊后，风停了，周围只有乌鸦在树梢间飞来飞去。几分钟后，我们俩热得衬衫都湿透了，水杯里的水也都喝完了。

范伦特虽然已经80岁了，但精力很充沛。他的发质很好，灰白色，中分发型，而且几十年来一直是同一个发型，所以很顺。他说话很慢，说到半截总会停下来思考一下，即使在回答他可能已经回答过

爱的旅程

一百遍的问题时也是这样。范伦特自言自语的时候，即使是在谈简单的问题，也总会离题转到谈论弗洛伊德和功能性磁共振成像（fMRI）的研究上去。他会闭上眼睛，拿手指优雅地揉揉眼睛，看起来太像是在祈祷了。

范伦特是银行家女儿的长子，"大萧条"期间他的家庭仍然很富裕。他悲伤地说，他母亲"接受的是约翰·华生派的育儿方式"，因此他小时候特别渴望被爱。10岁时，他的父亲走进他们位于宾夕法尼亚州切斯特郡的家的后院，用左轮手枪对着头自杀了。范伦特是父亲去世前最后一个看到他的人。

父亲的自杀事件对范伦特之后的人生起到了决定性的影响，他的母亲带着他去了亚利桑那州，他们甚至都没有留下来参加父亲的葬礼。几年后，范伦特被送到新英格兰的寄宿学校，后来去了哈佛。他在那里学的是文学专业。为了上医学院，他又去了剑桥大学，并且选择了精神病学这个专业。范伦特说："我当时的模糊想法是帮助别人，我猜我就是因为这个当了医生。"我问他为什么选择精神病学，他伸出抖动的双手说："瞧，我的手一直抖个不停，根本拿不了手术刀。"

作为一名年轻的住院医生，范伦特对精神分裂症患者很感兴趣，这些病人大都没有什么症状。范伦特说："记住，精神分裂症患者通常被认为是无法治愈的，他们总是出现幻听。"为了了解他们为什么会康复，范伦特开始特别关注病人的长期病历，留意所有能改变病人症状的因

第一章 依恋关系：人们生活的动力

素，比如环境、治疗方案，以及他们的人际关系等。"下面这个观点可能听起来很浅显，但是我对它印象深刻。这个观点就是：你如果想要了解一个人的心理健康状况，就要跟踪研究这个人很多很多年，你不能只截取他生命中的一个阶段，然后就说你了解他。做到真正的了解是需要时间的。"

正是在职业生涯的这个阶段，他开始了格兰特研究，他对纵向研究方法很着迷。2009年他在接受《大西洋月刊》的乔舒亚·沃夫·申克采访时说："几十年来，我能够以这样的深度去研究人类的发展情况……就像在用帕洛玛山天文台的望远镜在观察。"范伦特没有对自己的研究对象抱很大希望，起码一开始是这样的。他说："我们并不是特别想研究正常人，正常往往意味着无聊。"但是，范伦特在阅读了这些人的档案后，马上就意识到，在这些人的上层生活背后，充满了焦虑和不安，他们的身心并不健康，就像自己一样。这些人之所以被选为研究对象，是因为他们看起来很成功，也很幸运——他们是生活在地球上最受优待的国家里最有特权的年轻男性。但是，范伦特发现，后来他们中间没有一个人生活得快乐。范伦特说："他们的档案让我感觉像是托尔斯泰写的小说或尤金·奥尼尔写的剧本，我一旦拿起来读，就放不下了。"

范伦特的描述是有道理的。格兰特研究一开始想把研究对象杂乱的生活套入整齐划一的模式，他们想找到可以预示健康、财富和幸福的生物性变量。但是，这项研究并没有达到预期，这让范伦特觉得，要继续

爱的旅程

研究，他必须使用一种新方法。范伦特说："我们没法把人存到 IBM 打孔卡上。"他指的是格兰特研究的研究人员最早保存资料的方式。范伦特没有去量化调查对象的生活，也没有去测量他们的头骨、血压和阴囊。相反，他对待调查对象的方式就像是对待结构复杂的小说里面的人物。他想倾听他们的故事，所以他开始带着一长串开放式的问题采访调查对象。范伦特提出的问题涉及研究对象的妻子和情人、孩子和他们喝的鸡尾酒，他还问研究对象平时玩什么，以及绝望时会怎么做。范伦特是个耐心的倾听者，他跟研究对象的谈话成为他最好的研究资料。

这些谈话改变了格兰特研究。早期的格兰特研究沿用的是常规的体能测试，研究对象的身体素质是研究依据。范伦特把体能测试变成了一个疗程。对于大部分问题，这些哈佛男生都坦率回答，并说感谢有这么个机会在科研项目中诉说自己的烦恼。他们的回答证实了范伦特的怀疑，因为这些已步入中年的哈佛男生频繁地承认，即便拥有金钱和成功，他们仍在苦苦寻找人生的意义，苦苦寻找幸福。范伦特在为格兰特研究写的最早的一份长篇报告中，引用了另一个纵向研究的研究结论。这项研究的学者指出："评估中没有一个人是无忧无虑的，即使是本研究中最幸运的人，也遇到过重重困难，有过烦心事。"[121]

每个人都有难处，每个人都有痛苦——这个真相令人沮丧。但这让范伦特得出了他的第一个结论：心理健康取决于我们如何处理压力。当一个人受伤时，身体会启动自我保护机制。比如流血时，血液会凝固；

第一章 依恋关系：人们生活的动力

有伤口的话，皮肤会结痂。范伦特认为，大脑也有自我保护机制，尤其在处理压力和创伤时。在弗洛伊德的理论中，这些自我保护机制被称为适应机制。有些适应机制表现为精神病——我们会变得偏执或开始产生幻觉；有些适应机制则是不成熟的，表现为神经病，比如疑病症和上瘾。最健康的是那些被范伦特归为"成熟型"的保护机制，比如幽默、升华作用和利他主义。[122] 这类人伤心时不去借酒消愁，而是振作起来去帮助别人，或用诗歌的形式写下自己的悲伤。范伦特说："基本的区别还是很简单的。成熟型保护机制都是有关他人的，这种保护机制会让你去帮助别人。相较之下，非成熟型的保护机制会让你暂时快乐，但它们会完全毁了你的生活和人际交往。"说到这里，他停顿了一下，好像是想说什么我喜欢听的话。他接着说道："爱实质上就是意识到有人比你自己还重要。短期看，这挺难的；不过长期看，这挺有意思的。"

对于这种心理健康理论，人们不禁会问一个显而易见的问题：如果心理健康只是一个适应的过程，那么是什么决定了我们的适应类型？为什么有的人沉浸在痛苦中，有的人却转而创作艺术？为什么有的人婚姻稳定，有的人却有婚外情？范伦特的研究披露了很多信息，支持了依恋理论。弗洛伊德认为，一个人的身体保护机制是由其童年的性焦虑决定的；而范伦特认为，一个人的身体保护机制实际上是由其人际关系决定的。范伦特认为，人际关系，尤其是爱与被爱的经历，密切关系

爱的旅程

着我们如何对待生活中遇到的困难。依恋关系是快速恢复的最终动力。"历时 75 年，花费两千万美元的格兰特研究，起码对我而言，指向了简单的 5 个字的结论：'幸福等于爱。'"* [123]

这句话听起来太过浪漫，且不真实。但是，范伦特坚持认为，花了这么多时间、这么多钱才得出的研究结论是不能被否定的。他开始格兰特研究的时候，并不熟悉鲍尔比和爱因斯沃斯。范伦特说："我以为鲍尔比研究的是青少年犯罪，我应邀为《美国精神病学杂志》写一篇较短的鲍尔比传时，才知道他研究的东西也正是我在研究的。我想，我们两个人都认为，如果没有爱，一个人什么都干不成。"

正如鲍尔比和爱因斯沃斯认为的那样，从儿时开始，爱就对我们产生了巨大的影响。基于当年对哈佛男生的早期采访，范伦特对他们儿童时期是否感受到家庭温暖也进行了评估。他们觉得爸爸妈妈爱自己吗？家庭成员一起用餐的频率是多少？他们跟自己的兄弟姐妹关系亲近吗？儿时家庭是否温暖被证明对研究对象影响巨大，这种影响甚至在几十年后仍然存在。范伦特比较了被珍爱型（儿时安全型依恋程度最高的哈佛男生）和无爱型这两个类型的哈佛男生后发现，无爱型的人患心理疾病的概率比其他人高出两倍，他们"过分焦虑"的可能性比其他

---

* 范伦特指出，古罗马诗人维吉尔几千年前就得出过类似结论，他说"Omnia vincitamor"，即爱能征服一切。不幸的是，维吉尔"拿不出材料"证明自己的观点。George Vaillant, *Triumphs of Experience* (Cambridge, MA: Belknap Press, 2012), 52.

第一章　依恋关系：人们生活的动力

人高出4倍；他们面对逆境时，依赖成熟型适应机制的概率比其他人低75%。[124] 在亲子关系不好的哈佛男生中，1/3的人晚年会患痴呆症，这个概率是亲子关系好的哈佛男生的2.5倍。[125]（有意思的是，是否会失忆与是否有个慈爱的妈妈相关性更大，跟"血管疾病风险因素"（比如胆固醇低）反而没太大关系。*一个人童年时家庭是否温暖甚至影响了他未来事业的成败，因为从最有爱的家庭出来的哈佛男生的收入，比从那些关系最淡漠的家庭出来的哈佛男生高50%。[126] 与格兰特研究中的其他变量（包括智商）相比，幼儿时期的依恋关系是影响人成年后事业成就大小的最大因素。[127]

但是，爱不仅对一个人的幼年时期影响巨大，依恋需求也不仅是人在成长过程中某个阶段的需求。这些哈佛男生50多岁时，范伦特越来越多地开始关注他们最亲密的关系的情况。（范伦特喜欢把纵向研究比作好酒，酒越陈越好。）他询问了研究对象的婚姻状况以及有什么样的娱乐方式，询问谁是他们处得最久的朋友，以及他们有什么样的育儿习惯。这些个人传记式的资料可以让范伦特把这些哈佛男生按照中年时期人际关系的质量进行排序。资料显示，依恋关系最为重要。跟依恋关系有同等重要性的其他变量根本不存在。最孤独的哈佛男生，在52岁前

---

* 母子/母女关系重要，但不意味着父子/父女关系不重要，只是那个年代的研究没有涉及，典型的父子/父女关系的研究基本上被研究人员忽视了。

爱的旅程

患慢性病的概率比其他人大9倍,患上精神疾病的概率比其他人大4倍,依赖非成熟型保护机制的可能性是其他人的8倍。这些人常常伪装出自立的样子,假装自己不需要其他人。但是,范伦特发现,这些人其实生活在恐惧中。他们大量喝酒和大量使用镇静剂的概率是其他人的3倍。[128]

这些数字是针对这群匿名的哈佛男生得出的,了解一下他们每个人的故事还是很有价值的。(正如范伦特指出的那样:"今天我们读《圣经旧约》,并不是因为里面有很多数字。")在范伦特的研究里,相关性分析比比皆是,里面也有令人信服的案例研究。在这些小型人物传记里,格兰特研究的脉络变得清晰。范伦特说:"我们越来越了解这些研究对象,我在他们家吃过饭,见过他们的孩子,而且40年来问了他们各种问题。你知道吗?他们仍然让我感到好奇。"

以格兰特研究的调查对象之一奥利弗·凯恩的悲惨故事为例。凯恩童年时痛失父母:他1岁时失去爸爸,15岁时又失去了妈妈。凯恩靠自己非同寻常的智力(范伦特称他可能是研究对象中最聪明的)考进了哈佛大学,毕业后管理咨询师的工作让他收入颇丰。(20世纪60年代早期,凯恩的年薪已超过7万美元,相当于今天的50多万美元。)但是财富对他而言意义不大。[129]凯恩没有买房子,而是住在公寓酒店里,邮寄地址用的是一个男性俱乐部的地址。他经常出差(范伦特跟他的最后一次谈话是在奥黑尔国际机场的休息室里进行的),

很少与人建立长期关系。[130] 范伦特说:"我开始发现,凯恩尽力让自己成为一个没有爱也一样能活下去的人。我不知道这是不是因为他悲惨的童年经历,也不知道是不是因为他只是不想被其他人打扰。但是,他是一个很好的案例,很值得研究。"

可惜,这个案例的结局非常不好。凯恩最后意识到,成功如果不和他人分享,是没有什么意义的——只是他太晚才意识到这一点。50岁时,凯恩驾驶自己的小飞机撞到了山上。官方没有明确地说是自杀。但是,范伦特注意到,凯恩在飞机失事前花了好几天修改自己的遗嘱。凯恩去世前一年写给格兰特研究小组的最后一封信中,字里行间满是绝望:"具有讽刺意味的是,我外表看起来越来越成功,但我却越来越怀疑自己是否选择了有意义的生活。"[131]

在范伦特的研究中,他把奥利弗·凯恩的悲伤生活跟"天才的遗传研究"中安娜的故事进行了对比。"天才的遗传研究"是心理学家刘易斯·特曼于1921年开始的项目,其目的是跟踪智力对学习的影响。这项研究侧重研究异常值,其研究对象是某项智力测验中排名靠前的1 528名儿童。范伦特本来打算几年后就结束自己的纵向研究,但是特曼的研究对象让他产生了浓厚的兴趣,于是他后来就一直在跟踪研究这些人。

当特曼的研究对象接近79岁的时候,范伦特请求采访其中的90名女性。他想看看,他研究中发现的哈佛男生的特质是否也体现在女

爱的旅程

性身上。这时他遇到了安娜这个受试者。安娜"有一头灰白色的短发，弱视，体型较胖，手部患有关节炎"。[132] 安娜出生在科罗拉多州农村的一户穷人家，是公立高中的一名数学老师。她喜欢教学，但不得不辛苦地在工作和有四个孩子的家庭需求之间做好平衡。晚上大多数时间安娜都是这么度过的：送孩子们上床后，她就冲一大壶咖啡，然后批改几何卷子，一直批到眼睛受不了为止。范伦特采访安娜的时候，她正一个人住在一个小公寓里，她的丈夫几年前去世了。范伦特说："我看着她时不由得想，'她可真不容易'。"

但是，安娜看上去挺开心的，丈夫去世并没有让她一蹶不振。她一直在跟范伦特说自己和丈夫 40 年婚姻中那些幸福的瞬间——随着时间的流逝，这些幸福的瞬间变得"越来越像昨天刚刚发生的一样"。她说，信仰带给她很多慰藉，还说开着自己的亮黄色大众汽车到杂货店购物让她很快乐。她不断把话题转到孩子和孙子们身上，指着他们的照片给范伦特看。她夸奖他们取得的成就，"这真让人感到骄傲，但教义说我们不应该骄傲"。安娜发现自己说多了时会突然停住。不过，刚过一会儿，"她就又开始骄傲地夸奖起孩子们了"。[133]

档案中这些人的故事告诉了我们什么？当被问到他纵向研究里最重要的发现是什么时，范伦特回答说，他发现最亲密的关系至关重要。[134] 为了解释为什么这个发现最重要，范伦特谈起了他负责的另一项研究。这项研究将彩票中奖者的幸福感与坐轮椅的残疾人的幸福感进

第一章 依恋关系：人们生活的动力

行了对比。研究发现，中奖后变得有钱的人并不比坐轮椅的人感觉更幸福。中奖的人都产生了习惯化，金钱带来的快乐最容易消逝。不过，范伦特发现，格兰特研究中的哈佛男生到快 89 岁时（约一半的哈佛男生都活到了这个岁数），他们的生活满意度只与一个变量相关，这个变量就是依恋能力。范伦特说："我曾经指出过，年老时我们的生活就只剩下我们所爱的人了。这个观点到现在仍然是对的，我比以前更加认同这一点。"

范伦特努力实践着自己的观点。他第一个妻子给他生了 4 个孩子，他们在 1970 年离婚；不久后他再婚，又生了一个孩子。20 年后，范伦特离开第二任妻子，跟一个同事结了婚。5 年后，范伦特又想回到第二任妻子那里。经她同意后，他们就又在一起了。但是，两人在一起后不久又分开了。范伦特后来结了第 5 次婚，这次是跟精神病学家黛安娜·海厄姆。在过去的采访中，范伦特把自己比作李尔王，说自己是一个运转不正常的家庭里的大家长，也是一个跟孩子的关系并不亲密的父亲。[135]（很长一段时间里，范伦特的几个孩子跟他关系都很疏远。）有人会认为，范伦特个人生活有污点，这削弱了他研究观点的分量。他自己都不能坚守婚姻，还怎么去谈爱的重要性？但是我认为，范伦特个人生活上的问题让他更能投入到工作中去。他研究哈佛男生是为了研究他自己曾经是怎么生活的以及以后该怎么生活，了解自己拥有什么和缺乏什么。范伦特告诉我说："你要好好对待依恋关系。我经常觉得我之

爱的旅程

所以写《怎样适应生活》(*Adaptation to Life*，这是范伦特关于格兰特研究项目的第一本书)，就是为了寻求帮助。我在呐喊：'能请你依恋我吗？'我猜你肯定会说，我是在日常生活中观察到研究对象如何依恋所爱之人后，才领悟到依恋重要性的。"

范伦特这么想，太让人难过了。范伦特做的研究实际上是要证实他自己也迫切希望跟他人发展亲密关系。他从那些生活离自己很遥远的人身上，发现爱确实很重要（"爱很重要"这一点只是他的一个研究发现）。范伦特负责这样的研究肯定很痛苦，因为研究结果跟他自己真实的生活竟然有这么大的反差，他研究发现的人生真谛正是自己一直在寻找，但之前一直没有找到的。

起码，他在生命的末端终于找到了人生真谛。结束这次会面两年后，我再次联系了范伦特。他在读了这本书的这一章后，说要对我书中有关他生活和工作的部分加上"关键性的结尾"。后面那几年，范伦特的夫人跟范伦特的每个孩子都"交上了朋友"，她还帮助范伦特跟孩子们建立了联系。曾经将自己比作李尔王的范伦特，现在是一个和睦家庭的大家长。全家人（包括范伦特的孩子们，范伦特第一任妻子、现任妻子，继女在内共15人）到百慕大群岛旅行了5天，来庆祝范伦特80周岁生日。我问范伦特终于修复了家人关系是什么感觉，他说："我发现用依恋理论的术语来描述我的感觉真是太恰当了，我获得了安全感、宁静感和平和感。"

第一章 依恋关系：人们生活的动力

范伦特指出，他研究的哈佛男生中有些人也像他一样，生活中发生了意想不到的变化。范伦特关于哈佛男生的最后一篇报告中提到，其中有些人被他们后来的婚姻拯救。这些人像范伦特一样，为了与家庭和朋友建立长期关系付出过努力，也曾经苦苦挣扎于亲密关系和丧亲之痛中。但是后来，他们有了一个一直都陪在自己身边的妻子，她们不想像自己的丈夫一样放弃跟家人或朋友建立联系的努力。这些人在老年时终于找到了安全型依恋带来的幸福。范伦特说："是她（范伦特的妻子黛安娜）让这一切成为可能。她很善良，毫无保留地真诚地对待家人。多亏了她，我与家人的关系才变好，我的晚年才这么幸福。"

这才是真正的帮助和支持。范伦特一直都明白这些相关性是存在的，爱的力量有多大他论述得太多了。但是，光有语言是不够的，研究中的统计数字没能改变他的生活。能改变他生活的不是他自己，而是另一个人。

我跟范伦特这次聊天的时间不长，因为他似乎急着想结束谈话。我为他现在的幸福由衷地高兴，尽管幸福直到晚年时才来到他身边。但是，爱什么时候都不晚——爱到哪里，哪里就会被改变。格兰特研究中哈佛男生的生活近况说明了这一点。那些从未跟人建立过亲密关系的哈佛男生中，约有13%的人活到了八九十岁。相比较之下，那些拥有高质量依恋关系的哈佛男生，活到这个岁数的人约有40%。[136] 范伦特告诉我说："爱的能力大小与寿命的长短之间有很强的相关性。我无法告

爱的旅程

诉你为什么，我只能告诉你确实存在这样的相关性。"

这样一来，研究算是完满了：在这些哈佛男生的生活里曾经不能被量化的爱，现在成了唯一值得去量化的东西了。

就连约翰·华生也开始意识到爱的力量的确很大。1935年，华生的妻子罗莎莉年纪轻轻就死于肺炎。华生的儿子还记得，当时自己的父亲哭了一整晚，这是他童年时第一次看到父亲哭。[137] 华生不忍心告诉儿子们他们的妈妈去世的原因（孩子们听说妈妈是在做饭时去世的），他站在门口，把手轻轻放在孩子们的肩膀上，安慰他们。为华生撰写传记的凯丽·巴克利说道："在那个瞬间，华生真正表露了他对孩子们的亲近和爱。"[138]

罗莎莉死后，华生开始酗酒。据一个朋友讲，华生一天会喝掉一夸脱（约1.136升）的威士忌。广告经理这个工作他又干了十年，他一直都有销售方面的天赋。之后，他搬到了位于康涅狄格州西部山间的大房子里。他平时养养狗，种种苹果树，但很少有访客。他从不谈起自己的亡妻，跟儿子们也从不聊这个。[139]

1957年，美国心理学会在年会上颁奖给华生，称赞他促成了"心理学思想的变革"。尽管华生已经几十年都没有再踏进过实验室，但他的理论仍然很有影响力。（在儿童精神病学界以外，很少有人知道鲍尔比。）当时，华生开车去纽约市领奖，但最后一刻他拒绝入场——他担心自己会忍不住在台上哭，担心他这个"行为控制的传道者"不能控制好自己的感情。[140]

第二年,华生的健康状况急转直下。去世的前几天,华生拼尽全力做了最后一件事——他把自己全部的书稿(毕生所写的手稿、书信和研究笔记)都扔进壁炉烧掉了。秘书问华生在干什么,他的回答很晦涩:"人死了,就全死了。"说完,他转向壁炉,看着自己的书稿在火焰中化为灰烬。[141]

插曲

痴恋的假象

下面是最著名的恋爱场景：一个男孩去了某场舞会，在人群中看到了一个女孩。第一眼看到她时，男孩就知道自己爱上了她。他走过去，做了一个非常鲁莽的动作（这个动作如果是对你做的，会让你有点儿害怕）——他抚摸了女孩的手，并且开始朗诵诗歌。女孩也抚摸了他的手。他们一起聊天、说情话，然后，男孩在离开前，吻了女孩。这个男孩名叫罗密欧，女孩名叫朱丽叶。

莎士比亚的《罗密欧与朱丽叶》写于16世纪90年代早期。此后不久，这不幸的一对就成了情人们的典范。我们总喜欢把自己的爱情跟他们狂热的爱情相比较。我们会盯着屏幕中的罗密欧看，痴迷于这个英俊的陌生人，然后想，爱情就是这样，对吧？这就是爱？

这种一见钟情的方式开始成为恋爱故事的流行写法。通常来说，我们觉得，是否会一见钟情——第一眼的感觉——决定了未来两个人之间会不会有结果。暗恋几乎是所有浪漫小说的主题。英国作家E.L.詹姆斯的《五十度灰》和美国作家丹尼尔·斯蒂尔的作品都是如此。暗恋也是多数爱情电影情节展开的引子，是肥皂剧和迪士尼动画片中关键的剧情的转折。20世纪70年代末，一项针对美国流行音乐的研究指出，在收音机播放的音乐中，有45%的音乐是关于性吸引这类强烈的感情。[1]

这种精神状态（罗密欧和朱丽叶间的爱恋）的专业术语是痴恋（limerence）。心理学家罗萝西·田诺指出，痴恋很常见。对另一个人产生不顾一切的迷恋时，就会出现痴恋，痴恋尤其出现在短暂相遇后。一个人痴恋时，瞳孔会扩大，血压会升高，并且这种痴恋的想法是侵入性思维，挥之不去，导致一个人不断出现性幻想和怕被拒绝的不安感。一个人的爱在没有得到回应的时候，他会真的心痛；得到回应的时候，就会有种"飘起来"的感觉，田诺称之为"飘飘然的感觉"。[2] 就像你还不知道爱人是谁，就恋爱了。

以田诺提到的中年人韦斯托利博士为例。[3] 第一眼看上去，他是个头脑冷静的人：教授，结婚近20年。他外表看起来稳重，但实际内心狂野，因为韦斯托利博士私下痴恋他的同事阿什顿博士。韦斯托利博士说他是这么开始痴恋的：老师们在他的办公室里开完会后，都在收拾东西准备离开，只有阿什顿博士还在记笔记。他回忆道："阿什顿博士突然抬起头，好像很惊讶大家都走了，只剩下她自己。她不好意思地红着脸，一边收拾东西一边跟我说，希望我没有因为她而晚走。她在走出门前，又看了我一眼，并且对我笑了！"[4] 接下来的一整年，韦斯托利博士满脑子都是对她的痴恋。他情不自禁地回想阿什顿博士漂亮的脸蛋、迷人的笑容和明亮的眼睛。"不是别的，我就是得相思病了！"他跟田诺说道，"我满脑子都是她，一见到她，我的双腿就紧张地发抖。"[5]尽管韦斯托利知道自己如此痴恋很不理智，但他"无法摆脱这种妄念"。

痴恋通常都是一种幻觉，你不要相信这种狂热的爱。田诺细致地采访了500多名有过痴恋经历的美国人，她后来得出结论说，狂热的爱本身就处于"不稳定状态"，而且很快会消失得无影无踪。痴恋与长期依恋不具有相关性，痴恋不一定会带来长期依恋。"相互痴恋"的恋人（这类恋人看起来非常般配，两个人相互迷恋）之间的关系很少持续几年以上。田诺指出："痴恋是一种特别的状态，会产生一种'被爱的感觉'（好莱坞电影喜欢将其描述为'爱'）……但痴恋实际上远不是真正的爱，就像锆石不是真正的钻石一样。"[6]

为什么痴恋很危险？因为痴恋让人感觉如此真实，但实际上根本就没有什么缘由。田诺指出："痴恋会持续很久，只要面包屑（即暗恋对象）在那里，就不会停止痴恋。实际上，结束痴恋的最好办法就是多喂面包屑，吃够了就不再想了。"*[7]痴恋一个人时，我们的心跳会加快，

---

* 田诺后来把有痴恋行为的人比作实验室里的老鼠和鸽子。这些实验中的小动物只要踩横木就会有面包屑吃，而且实验结束后，这些老鼠和鸽子仍然会不断地踩横木，尽管得到奖励的可能性越来越小。她指出，尽管获得奖励的可能性极低，但很多动物还是会一直不断地踩横木。

脸会羞红，自己早就忘了其实这种感情根本不可信，只是化学反应导致的一个假象，它根本不是建立在真实经历的基础上。

莎士比亚深知这一点，所以他在创作爱情剧本的时候，一直坚持把这些爱情剧复杂化。他写了很多他对爱情的怀疑。当多情的年轻人在狂热地庆祝他们的爱情的时候——"啊，我是你手上的手套，这样我就可以摸到你美丽的脸颊！"——莎士比亚却指出，罗密欧和朱丽叶已经被爱情冲昏了头脑，他们以为的"真爱"其实只是无常的前兆。劳伦斯神父在这对恋人举行婚礼那天警告他们：

> 这种狂暴的快乐会有狂暴的结局，
> 在欢愉的刹那，就像火和炸药，
> 一吻即逝。最甜蜜的蜜糖
> 会甜得让人发腻。

劳伦斯神父给出的警告很简单。他其实是在告诉这两个年轻人，激情的热度会消退，习惯化会使激情不再，时间会很快消磨掉激情。

第二章

爱与奉献

我将你的心带上(放进我心里)。

——E.E.卡明斯

爱不是人类专有的情感，或者更准确地说，不仅仅是人类才有爱。跟其他情感一样，其他物种也有爱——没有什么情感是我们人类独有的。大象会悼念去世的同伴，帝企鹅会在繁殖季配对，狗对主人很忠诚。珍·古道尔曾经描述过一个叫梅尔的黑猩猩宝宝——梅尔的妈妈因为肺炎去世了。古道尔猜梅尔不久也会死掉。但是，后来她观察到，这个孤立无援的黑猩猩宝宝被一个名叫斯宾多的十几岁的雄性黑猩猩收养，而斯宾多的妈妈也在这次流行性肺炎中死去了。[1]古道尔在最近的一次采访中说："斯宾多让小梅尔骑在它的背上。如果天冷或梅尔感到害怕，斯宾多就会像母亲抱孩子那样让梅尔抱紧它的肚子。如果晚上梅尔爬到斯宾多窝旁边并发出呜咽声的话，斯宾多就会伸手把它抱进自己的窝里。"[2]两只黑猩猩睡在一个窝里，依偎在一起。斯宾多把自己的食物分给梅尔吃，而且让梅尔先吃。斯宾多还会保护梅尔，不让那些处于统治地位的雄性黑猩猩欺负梅尔，尽管这意味着它自己会被揍。斯宾多对梅尔的付出全心全意，这只可能是因为爱，否则它为什么为了保护梅尔而牺牲自己，让自己被打？为什么要冒生命危险？古道尔指出："别忘了，爱和怜悯同样深深扎根于其他灵长类动物的基因。"[3]

不仅灵长类动物是这样，动物王国中的很多其他动物都有本能驱

爱的旅程

动的爱。20世纪30年代早期，康拉德·洛伦茨开始研究鹅宝宝。[4] 他对在实验室出生的鹅宝宝的一个特别的行为产生了浓厚的兴趣。这些鹅宝宝会跟着它们出生后看到的第一个活动的东西，这叫作"印随行为"（imprinted）。此后，哈利·哈洛发现猴子也有类似的本能，因为猴宝宝会紧抓那些绒布不放。在自然环境中，这种印随行为可以使鹅宝宝依恋鹅妈妈，紧跟在鹅妈妈身后。不过，洛伦茨通过实验表明，动物这种印随的本能可以很容易被人操控，比如可以让鹅宝宝跟着火车模型、玩具娃娃，甚至洛伦茨本人"印随"。这种依恋不是对食物的依赖，起码不是直接产生的，因为鹅宝宝一睁眼就会出现印随行为，那时它们还没有被喂食。更确切地说，这种依恋是缘于鹅宝宝对安全和爱的需求，这种需求就像人类对爱的需求一样。

约翰·鲍尔比受到洛伦茨的鹅宝宝研究的启发，开始关注自己对医院受试儿童的研究是否有更深远的影响。*[5] 鲍尔比指出："不管是在池塘里游着的一窝鸭宝宝，草地上吃草的成对的羊羔，还是在屋子里玩的小孩子，一旦迷路，他们很快都会变得焦虑；一旦被什么吓到，他们就会快速跑到妈妈身边。"[6] 鲍尔比认为这些实验都证明了爱的存在是有着深厚的生物学基础的。[7] 动物都渴望与同类亲近。是动物，就会这样。

---

* 不是所有鲍尔比的同行都同意洛伦茨的动物行为学研究跟儿童研究有关联。一位精神病学家说："分析鹅的行为有什么用？"

第二章 爱与奉献

不过，鲍尔比也知道，与其他动物相比，人类有自己独有的特征，有人类独有的人际关系方面的需求。其他动物虽然也有强烈的依恋感，但是只有人类才会"从生到死"都离不开这些依恋关系。出于某种原因，这种看不见摸不着的感情——还不能测量——成为人们生活的动力。珍·古道尔花了几十年时间研究黑猩猩令人惊讶的智力，研究黑猩猩怎样钓白蚁、怎样互相挠痒痒取乐。不过，古道尔也知道，人类的依恋在规模和范围上是独有的，"人类的爱的极致是身心完美结合带来的狂喜，它会让人达到激情、温柔和相互了解的最高峰，""关于这一点，黑猩猩"——我们最近的生物学上的亲戚"并没有经历过"。[8]

为什么爱对人类如此重要？人类是怎样成为最浪漫的物种的？人类的进化史一直笼罩着神秘的面纱，我们只能对远古时期的人类做出推测。不过，对这些问题我们已经有了一些线索，或者起码有了一个令人信服的假设。这个假设始于约 200 万年前开始以惊人速度发展的人类的大脑。大脑体积变大给人类带来了显而易见的智力优势，但也造成胎儿通过女性产道时更困难。（生物学家称之为"分娩困境"。[9]）自然选择创造性地解决了这个困境：人类婴儿还没有准备好就来到了这个世界上，他的中枢神经系统还未发育完全，还不能控制身体。戴维·比约克隆德指出，"如果刚出生的婴儿的神经系统发育的完全程度跟人类的近亲猿一样，那么需要怀孕 21 个月"。[10] 好消息是，一些研究人员指出，婴儿提早出生降低了母亲和孩子的风险；坏消息

爱的旅程

是,这意味着人类的孩子需要一直被父母照顾到十多岁,时间大约是其他灵长类动物的两倍。

照顾孩子非常累人。没必要假装不累。新墨西哥大学人类学家希拉德·卡普兰认为,把孩子养大成人,大约会消耗掉1 300万卡路里。[11](还要消耗掉很多食物和尿布。)更糟糕的是,年复一年不停歇地照顾孩子,会让孩子父母非常累——他们不仅要牺牲宝贵的睡眠时间,而且跟朋友相聚的时间也会变少,这在一定程度上解释了为什么58%的新手妈妈声称自己"很孤独"。[12]大多数男性声称,其妻子在"履行妻子义务"方面有"小到中等程度"的下降。[13]不过,最糟糕的消息也许跟每时每刻的育儿经历有关。2004年一项针对美国909名已为人母的女性的情绪和活动的跟踪研究发现,在16项她们愿意去做的事情中,照顾婴儿被列在第12位。这说明,照顾婴儿远不如吃饭、做饭、逛街、午睡、运动和电话聊天让人快乐。[14]这一研究结果令人不安,之后的研究也多次得出同样的结果,所有的父母——不管是全职爸爸还是单身母亲,不管是英国夫妇还是美国夫妇——看起来都是孩子越少越快乐。最幸福的是那些家里没有孩子的夫妇。哈佛大学心理学家丹尼尔·吉尔伯特2012年在一次讲座中称:"空巢症的唯一症状是停不下来的微笑。"[15]

照顾孩子的压力带来了一个关于人类进化的棘手问题:如果孩子让我们这么痛苦,为什么我们做父母的并没有受不了?为什么即使孩子让

第二章 爱与奉献

我们睡不了觉，我们也没有抛弃他们？为什么我们离不开这些给我们造成很多难题的小人儿呢？

因为爱。这些问题的答案都是爱。人类的婴儿很长时间内都需要人照顾，这是自然选择的结果，它形成了一种新型的人际关系。我们要跟孩子建立非常深厚的感情，深厚到即使在孩子们很考验我们耐心而且消耗我们不多的资源时，我们也不会抛弃他们。这样就会产生最为持久的情感依恋。虽然照顾一个需要多年才能成长为人的孩子会遇到很多挫折，但是这种持久的依恋能够深厚到可以超越抚养他们时遭遇的所有挫折。

这些进化理论还告诉我们一个更大的道理：育儿的艰辛也是依恋产生的原因之一。为人父母之所以快乐，是因为我们拥有那些轻松的瞬间，那些少有的轻松日子，比如宝宝开心，十几岁大的孩子也没闹脾气。但是，生物学逻辑告诉我们，我们对孩子的爱来自我们养育他们时的辛苦经历。我们爱孩子，并不是因为孩子有这样的需求；我们爱他们，是因为他们是我们的孩子。正是照顾他们，才使我们爱上了他们。

这是一个古老的真理。在希伯来语里，表示"奉献"的词跟表示"靠近"的动词词根相同。洛杉矶西奈堂拉比大卫·沃尔普指出，旧约里第一次提到爱是在一个无法言喻的可怕的场合中。上帝要求亚伯拉罕把他的独生子以撒（意为"你的爱"）献祭。[16] 沃尔普认为，上帝让亚伯拉罕在这个时间做这件事并非偶然。亚伯拉罕被要求这么做的时候，才意识到自己有多爱儿子。因此，上帝的要求变成上帝给亚伯拉罕的教训：亚伯拉罕在学习爱需要什么，爱和奉献完全是交织在一起的。

亨利·戴维·梭罗给自己在瓦尔登湖畔一片树林中的隐居生活写了一部回忆录，其中有一段写得非常好，[17]字里行间全是他对古典文学和隐居生活之妙的思考。回忆录中我最喜欢的是名为"种豆"的一章，写了他如何努力学习种植普通的菜豆。（梭罗传记作家布拉德利·迪安认为，梭罗在他2.5英亩大小的地里种了约2.5万棵菜豆。[18]）这位先验主义者肯定已经很烦吃豆子、喝豆汤，也厌烦烘焙豆子了。但他的这些豆子长势良好，而且他还会骂那些偷吃豆子的虫子和土拨鼠。尽管梭罗关于务农的一章，字里行间满是不露声色的自嘲式的幽默，但是，他认真地对待这种"不起眼的艰苦农活"教给他的东西，他从跟这些植物打交道中学到了亚伯拉罕学到的教训。梭罗说："我开始喜欢这片菜豆田，喜欢上这些豆子。我爱这些豆子，我给它们锄草，每天早晚我都会去看看它们，这成了我每天的工作。"[19]

同调的瞬间

我感到很惭愧，女儿16个月大前，我从未哄她睡过觉。一次也没有，甚至连午休也没有哄她睡过。

我经常拿这个开玩笑。我借口说孩子睡觉时间不规律，所以我没法哄她睡。我偶尔会给女儿换一下尿布。我真是个马马虎虎、勉强及格的爸爸。但是，连这个借口都不行时——很明显是因为我老不在孩子身边，不知道怎么照顾她——我就告诉自己，反正孩子还小，记不住我为什么没履行好做父亲的义务，所以没关系，以后有时间的话，我会好好照顾孩子的。

这种想法是严重错误的。第一个原因是，对新生儿和婴儿而言，父亲的角色很重要。[20] 有关剖宫产的研究发现，刚出生的几个小时里，跟放在婴儿床上的婴儿相比，被父亲抱在怀里的婴儿更不容易哭，入睡也更快，入睡所花时间比在婴儿床上入睡的婴儿少一半。[21] 其他研究发现，父亲参与照顾孩子的程度，包括给孩子换尿布、用奶瓶喂奶、哄孩子睡觉等，与孩子的认知发展紧密相关，受父亲照顾较多的孩子，说话和会玩玩具的时间更早。[22] 这些都是持久性的好处。一项研究发现，父亲陪伴时间多的孩子在学校大部分功课成绩是"A"的概率更高，比其他孩子多出43%。*[23]

第二个原因更个人化些。我失业后，在家里无事可做，不得不面对我不在家时造成的影响。可惜的是，我不知道怎么单独跟女儿相处，她

---

* 父亲照顾孩子很重要，这一点也得到了针对狩猎采集社会的人类学研究的证实。比如，巴里·休利特指出，中非过着狩猎采集生活的阿卡人，孩子爸爸51%的时间待在帐篷里自己孩子"伸手可及"的地方。阿卡人的爸爸角色异乎寻常，他们在家里带孩子。人类学家萨拉·布拉弗·赫尔迪指出："狩猎采集社会里的爸爸带孩子的时间比多数西方社会里的爸爸多。"Barry Hewlett, "Cultural diversity among African pygmies," ed. Susan Kent, in *Cultural Diversity Among Twentieth-Century Forages: An African Perspective* (Cambridge: Cambridge University Press, 1996), 240.

爱的旅程

也不想单独跟我待在一起。一天，我的妻子要加班，很晚才会回家，我必须自己哄孩子睡觉。我说"好，没问题，我知道怎么做"。尽管我严格遵守了女儿的日常作息安排——看动画片《芝麻街》，喝杯牛奶，然后在床上读很长时间的书给她听——但这些都不起作用，她还是不睡。我苦苦地想出各种办法哄她睡觉，一遍遍跟她讲妈妈不在家是因为在加班，告诉她妈妈很快就会回家了。但是她根本不听。这孩子为什么会这样？我心中升起一团怒火。我在女儿的房门外坐下，听她在里面哭着睡着了。她哭是因为她跟我不够亲近，而且我一点儿安慰都给不了她。想到这些，我也开始哭了。

这些场景在考验我们付出爱是否需要条件。我必须承认，无条件的爱有多么难。我想马上成为一个好爸爸，结果，我希望女儿对我的那种依恋和我们实际的关系之间的差别实在太大，我碰上了难题。

不过，变化慢慢出现了。作为父亲，我需要更多的锻炼。照顾孩子很有挑战性。我体会到，父亲这个角色是要经受孩子评价的。我每次犯错，都会被女儿看到和感觉到。更糟糕的是，两岁孩子总是说实话。她在指出我的错误的时候，可是一点儿都不含糊。比如，她会说我给她读的故事没趣，说我常忘记在车上安装婴儿座椅，指责我把零食落在家里，说我忘了拿她荡秋千时常拿的动物玩具。我犯的错把她惹哭的时候，比如我把防晒霜擦到她眼睛里去了，或者我没有切掉三明治的外边，我就会失去耐心、抬高嗓门。她可能以为我在生她的气。实际上，我没生她的气，我是在生我自己的气。

但是，孩子都很宽容。孩子是世界上最宽容的。我开始看到我和女儿的关系在一点点发生着变化。一起去家附近的公园的时候，女儿会跟着我走。遇到让她不安的东西时，她会看一下我，确定我是不是在关注她。（借用依恋理论，我终于成为女儿的"安全港湾"了。）慢慢地，我们找到新书一起读，我的声音她也可以接受了。我会跟她一起看她喜欢看的电视节目，拉近我俩的距离。看完电视后，她专心地听我给她读《芝麻街》里的人物艾莫的短剧续集和《小马宝莉》的续集。不用给她挠痒痒，我也知道怎么让她哈哈大笑，看她表情就知道她要尿尿，她发脾气的时候，我也知道怎么做可以让她马上安静下来。把这些内容写下来，听起来可能挺傻的，但是，只有跟孩子亲近，才能带好孩子。你或许还不知道怎么做，反正我知道该怎么带孩子了。

有个专业术语来描述这个过程，叫同调（attunement）。父母跟孩子待在一起很长时间时会产生同调现象。20 世纪 70 年代末，为了更好地了解父母与孩子之间的互动，心理学家埃德·特罗尼克和同事一起开始了一系列经典的实验。多数研究人员认为，父母与孩子的互动是交换性的——孩子寻求父母关注，父母给予关注。特罗尼克则认为，孩子与父母之间的互动远比这更有趣、更细微。在一项研究中，特罗尼克让妈妈坐在椅子上与孩子正常互动。母亲用平时用的"妈妈语"和孩子说话，也就是放慢速度、提高声调并用夸张的语气和简短的句子跟孩子交流。孩子用手指着他够不着的东西时，妈妈就顺着孩子手指的方向看去。之后，特罗尼克让妈妈表现出"面无表情"。不管孩子做什么，妈妈完全没有回应。结果是，孩子们开始急着表达自己，以引起妈妈的注意，他们会微笑、大笑甚至神情更夸张地指东指西。[24] 如果妈妈仍然面无表情的话，孩子就会尝试伸出手去摸妈妈。基本上，妈妈面无表情一分钟后，孩子就开始有压力了。他们开始扭来扭去，手脚不停地乱动。孩子们可能在想，"面前这个面无表情的人是谁？妈妈去哪里了？"[25]

精神病学家丹尼尔·斯特恩在《婴幼儿的人际世界》一书中，描述了母亲和孩子同调或不同调时的情况：9个月大的婴儿从妈妈那里爬向一个新玩具，他高兴地玩着玩具。这时，妈妈从身后靠近婴儿，并充满爱意地轻轻拍了几下孩子屁股。不过，妈妈并不是随意拍孩子，这么做是有实验目的的。斯特恩称，妈妈拍孩子的动作节奏跟孩子自己的极为相似，妈妈和孩子同调的瞬间出现了。[26]

现在谈一下"扰动"（perturbation）的情况。研究人员让妈妈故意错误判断孩子动作的速度，拍孩子屁股时速度加快或放慢。此时，不同调的后果马上显现：妈妈拍孩子屁股的动作一旦开始跟孩子的动作不在一个节拍上，孩子马上就会停止玩玩具。他会神情不安地转头，他被妈妈的动作搞糊涂了。只有当妈妈再次做跟孩子同调的动作时——妈妈拍孩子屁股的节奏刚好跟孩子自己动的节奏一样，他才会变得自信，重新开始玩玩具。[27]

同调动作基本上是完全自动、下意识的，这让人惊奇妈妈和孩子到底是怎么达到同调的。工作人员不用告诉妈妈，妈妈也知道调整自己拍的节奏或者顺着孩子的目光看。这些爱的动作就像本能反应，孩子也不知道自己实际上正期待着跟自己完全合拍的接触或面部表情。出现问题的时候，孩子就抬头看看。他没太当回事，觉得一切都理所当然。特罗尼克指出，这些互动显示出，母亲和孩子之间一直都存在着微妙的沟通：第一眼看起来，只是母子在玩，实际上他们之间在进行着细腻的话语交流，这些话语表现为咿呀学语、触摸和眼神等。

精神病学家托马斯·刘易斯、法里·阿米尼和理查德·兰农指出，同调是"边缘共振"的一个例子，人类在用一切办法调整自己的感情，使之与自己所爱的人的感情同步。[28]尽管我们经常认为人体是个闭环，我们能够调整自己的自主需求，但同调的复杂性却显示出，人的身体实际上是个开环，会受到其他人的情感状态的影响。我们跟另一个人同调的时候，身体也会出现跟那个人相似的表现——心跳、呼吸频率甚至血液化学成分都非常相似。儿童身体是开环系统的极端例子，这就是如果幼儿期跟父母没有同调经历的话，就会出现严重后果的原因。

孩子与父母亲密互动，对孩子大脑的影响是可以量化出来的。由迪伦·吉、劳雷尔·加巴尔-德南姆和妮姆·托特纳姆带领的一个研究小组，最近在《心理科学》（*Psychological Science*）杂志上发表

爱的旅程

了一篇论文，描述了53名儿童和青少年接受功能性磁共振成像的实验。（为了帮助孩子们适应封闭空间，研究人员在实验前让他们参加了一个模拟活动，孩子们的头枕在空气枕头上。）在接受磁共振成像扫描的房间里，研究人员给孩子们看了一些照片，其中有些是他们父母的照片，有些则是和他们同种族的陌生人的照片。研究人员让孩子们看到照片上有笑脸时就按一下按钮，谁的照片都行，只要是笑脸就可以。

　　分析功能性磁共振成像扫描资料时，研究人员主要观察了右半脑的杏仁核与内侧前额叶皮质之间的关系。杏仁核和内侧前额叶皮质都是复杂的脑区，在各种研究和实验中都可以让人"眼前一亮"，很有研究意义。不过，研究人员指出，压力和威胁通常会刺激右半脑的杏仁核，负面情绪就储存在杏仁核内；内侧前额叶皮质则帮助调节这些负面情绪，让我们能在必要时平静下来。前额叶皮质是婴儿最晚发育好的脑区之一，这意味着杏仁核产生的负面情绪会经常起到主导作用，这对父母来说是很糟糕的。当孩子不想穿鞋、不想上床睡觉或因为不想吃西蓝花而发脾气时，这一切都怪不了孩子，要怪就怪孩子还没有发育完全的前额叶皮质吧。孩子们大都很自我，就是因为前额叶皮质还未发育完全。

　　10岁以上的孩子看到父母照片和陌生人的照片时，他们的杏仁核和内侧前额叶皮质活动都没有出现明显差异。但是，10岁以下的

第二章 爱与奉献

孩子看到妈妈的照片时,就出现了差异。10岁以下孩子的杏仁核与标志大脑发育更完整的内侧前额叶皮质之间呈现出反向关系。另外,脑活动变化与亲子关系有相关性。和其他孩子相比,与父母依恋关系更加深厚的孩子看到父母的照片时,呈现成熟的情感调整情况的概率更高。研究人员认为,这些变化显示,"父母对孩子来说有缓冲情绪的作用"。孩子看到爱自己的父母在身边,会明显改变情绪处理方式。

儿童精神病学家唐纳德·温尼科特在他《独处的能力》(*The Capacity to Be Alone*)一文中指出,育儿的最终目的应该是把孩子培养成一个虽然待在父母身边但却可以独处的人。这听起来可能有点儿矛盾,但温尼科特认为,爱是世间最伟大的礼物之一,孩子认为父母的爱是理所当然的,他们相信父母的爱会永远伴随在自己身边。温尼科特的这一观点还没有得到外界认可,但在他看来,成熟是个内化依恋的过程,最终,孩子可以做到"妈妈或承担妈妈角色的人不在身边也行"。[29] 温尼科特当然知道,孩子想要学会独处,就必须多跟家人相处。孩子之所以只会对"妈妈这个角色"想当然,是因为妈妈总在他们身边,妈妈一直跟孩子情绪同调,妈妈总在安慰孩子的杏仁核,而且的确是因为妈妈的存在,才让这个世界看起来不那么可怕。

我意识到,我正在让这个内化依恋的过程变成现实,似乎同调就是另外一种让啼哭的婴儿平静下来、提高孩子情商或加快孩子神经系统发育的技巧。但同调要复杂深奥得多。当你跟一个依恋对象建立同调关系时,你要让你们之间没有距离,认真倾听和凝视对方,你们已经融合在一起,相互之间没有边界。[30] 这就是移情,最大限度的移情。丹尼尔·斯特恩指出:"说到这里,最为关键的是两人之间可以分享什么样的内心世界,以及分享到什么程度。"[31]

另外,我们也没有其他方法可以跟婴儿互动。我们没法跟他们长谈,意见不同时也没法跟他们讲道理。喜剧人路易·C.K.在一场著名的脱口秀中说自己有个 4 岁大的女儿,"她是个小混蛋",引得听众哄堂大笑。路易讲了一个故事。他们有一天想出门,他反复告诉女儿穿上鞋子,女儿不听。路易说:"大家严肃点儿,别笑了。你跟一群人一起,想去个地方,但你出不了门……因为这群人里面有一个人就是不穿鞋,搞得大家都走不了。这个不穿鞋的就是个小混蛋,是不是?"

育儿途中之所以遇到这类挫折,是因为孩子们有一种典型的心理怪癖:他们基本上只活在"现在"这个时间段。对小孩子而言,未来太抽象,没什么意义,这就是为什么他们做事情的时候,经常像一个鲁莽的享乐主义者。孩子们的这种心理怪癖可以从神经学角度进行明确解释——他们的额叶没有发育成熟,而且,它还可以解释我们在照顾孩子时为什么会有很多特别抓狂的瞬间,比如,孩子吃不吃饼干、什么时间该上床睡觉和穿不穿鞋这类无意义的问题，导致孩子跟父母发生争吵。（最近一项研究发现，母亲和婴儿每2.5分钟就会发生一次"冲突性互动"。[32]）

跟孩子同调，会让我们将孩子即时性的行为视为优点。与孩子同调，让我们学会羡慕孩子的专心，羡慕孩子不用担心电子邮件、银行账单或看牙医晚了几分钟这些事。孩子们关心的只是我们做父母的拍他们的节拍和我们关不关注他们，他们关注的可能只是那堆橡皮泥在手指和地板之间甩来甩去、黏黏的舒服的感觉。慢下来，忘记时间，像孩子一样看世界——这样做对我们来说可能并不容易，但是，只有这样做，我们才能留意到所有重要的事，比如，地上的蚂蚁、潮湿的街道上的一道油渍和看着嗡嗡作响的沙拉脱水器带来的快乐。从这个意义上讲，在这些跟孩子同调的场景中，我们暂时远离了成人的压力，有机会感受发自肺腑的快乐。我们终于活在了当下，这正是我们一直以来应该去的地方。

我刚开始照顾女儿的时候，一直在找捷径。我想，我一定可以从女儿时不时的哭闹声中了解她，也可以通过观察她看电视来了解她。但是，捷径根本不存在，或者说，起码我自己并没有发现什么捷径。对我而言，若要跟孩子同调，我只需要多跟孩子相处，付出更多时间以及更多努

爱的旅程

力。*一则著名的禅宗故事谈到了这个简单的道理。

> 一天,一个平民出身的人对禅宗大师一休说:
> "师傅,能请您写几句至理名言吗?"
> 一休马上拿起笔,写了"专注"二字。
> 这个人问道:"就这样?能请您再多写几个字吗?"
> 一休就在这张纸上连着写了两个"专注"。
> 这个人有点儿生气,说道:"好吧,我的确看不出这两个字有什么深度或智慧。"
> 然后,一休又在这张纸上连着写了三个"专注"。
> 这个人有点儿生气了,问道:"好吧,'专注'这个词什么意思?"
> 一休轻声回答道:"专注的意思就是专注。"[33]

专注的重要性让我们又回到父母的爱这个自相矛盾的话题上来了。我刚开始天天跟女儿一起相处的时候,感觉自己真的只是在付出。我

---

* 要想使照顾真正对孩子起到作用,质量比数量更重要。梅丽莎·米尔基等人于2015年所做的一项研究指出,父母跟孩子相处的时间与孩子学业成绩和心理健康之间的相关性很小或没有相关性。不过,米尔基等人像以前的研究者一样强调说,家长对孩子敏感、与孩子达成同调很重要,即使这种照顾每周只有几个小时。(这一结论也有例外:青少年时期父母的照顾数量看起来的确重要。)我的问题是,作为父亲,我从来没有花足够的时间陪女儿。这意味着,我根本不知道如何成为一个有质量的好爸爸。Melissa A. Milkie, Kei M. Nomaguchi, and Kathleen E. Denny, "Does the Amount of Time Mothers Spend with Children or Adolescents Matter?," *Journal of Marriage and Family* 77.2 (2015): 355-72.

第二章 爱与奉献

努力隐藏起我的无聊感,感觉自己天天都在受苦——我讨厌地毯上的污渍,讨厌黑暗中总是踩到那些乐高积木。尽管我告诉自己,带孩子可能会给我安慰,但是有些时候我不会带孩子的事实让我感觉更糟糕。一次,女儿不午睡,还吞了枚硬币,接下来的一星期,我一直在她的纸尿裤里找硬币。

但是,我失业了,除了家也没有其他地方可去,所以只能整天跟女儿待在一起。我一直在努力学习为人父母要做的所有事情——亲吻孩子、陪孩子玩耍、给孩子喂食和哄孩子睡觉。如果我不自己做,只是看着别人做,那么这些事看起来会很容易。之后,日复一日,我越来越了解女儿了,女儿也越来越了解我,我开始意识到照顾她有多么快乐,我体验到了同调是什么滋味。在照顾女儿的那段珍贵的时光中,我走进了她的世界,也掌握了她的生活节奏。女儿的世界中有运动场和有机芝士泡芙,这样的生活让人更加舒服,也让我远离了自己的烦恼。

我一开始跟女儿一起玩的一个游戏是扮演医生。那时候,女儿特别喜欢电影《玩具小医生》(*Doc McStuffins*),它讲的是一个小姑娘特别喜欢照顾生病的玩具。在游戏里,我演玩具,她演医生。女儿问我身上有什么伤。她一边检查我的胳膊和腿,一边问我上面的伤疤和瘀青是怎么回事。我说,这个疤是膝盖破了缝针留下的,那个瘀青是碰到车门擦伤的,手伸不直是因为,我从自行车上摔下来,把手摔断了。女儿问完病情后,便会拿出医疗箱,以我从没见过的耐心把紫色的听诊器放在我身上，并轻轻地抚摸我的伤口。她给我治疗完后，我全身上下都是创可贴、药棉和透明胶带。

我和女儿就是这样度过每一天的。我认为我在照顾孩子，后来我才意识到，其实是女儿在照顾我。

依恋中的矛盾心理

1963年，莎伦·罗西亚怀第一个孩子的时候，有一天，两个联邦调查局特工来到她家前门，他们带来的消息令她心碎：莎伦的丈夫是个骗子，他用的是假名，还被另外七个州因侵吞款项和诈骗罪通缉，而且莎伦并不是他唯一的妻子。

莎伦崩溃了。家人逼她把孩子送给别人领养，说这样她就可以彻底告别过去。但是莎伦没有照家人的意思做。尽管她才21岁，没有收入，几乎没什么财产，但她坚持自己抚养孩子。

莎伦之后几年的生活非常艰辛。她先是提出离婚，接着宣布破产，最后终于找了份工作养活自己和女儿。她后来再婚，搬到了橘子郡。在那里她找了一份社会工作者的工作，专门研究领养问题。但是，前夫的突然离开给她留下了永久的伤痕。莎伦在1995年接受采访时说："失去亲人如何影响了我的生活，我对这一点体会很深。我知道，我教给别人的一切和我自己所做的一切……都直接反映了自己必须走的那条人生路。"[34]

莎伦现在是领养研究方面的顶级专家之一,她写的书都很有影响力,并且获得了很多奖项。她已经为几百个家庭提供过领养方面的咨询。最广为人知的就是她的真诚和她的观点,以及她愿意公开讨论育儿有多么困难。(她说:"即使是那些好带的孩子也不好对付。")20世纪 80 年代中期,莎伦提出的一种领养模式在业内影响很大,她称之为"一种基于失去的机制"。她还和德波拉·西尔弗斯坦一起,研究发现了领养会引发的 7 个基本问题。莎伦提出的模式遭到了批评——很多领养机构认为她把领养"病态化",吓走了可能有领养意向的家庭。但莎伦坚持说,她只是告诉人们真相而已,掩盖领养最沉重的部分是不负责任的。莎伦说:"我不是售货员,我将这些真相写出来是为了帮助别人,我要确保人们知道做养父养母到底是什么样子。"

莎伦是依据自己的实际经历和来之不易的教训才讲出这番话的。再婚后,在莎伦的女儿 6 岁时,她又领养了一对亲生兄妹。这两个孩子的生活非常让人担心:他俩的妈妈是因吸毒过量去世的,他们的父亲也离开了。男孩有严重的口吃,而女孩害怕男性。这两个孩子似乎被喂过镇静剂,而且女孩有可能目睹了妈妈的死亡。莎伦告诉我说:"我专门为领养背景复杂的孩子的养父母提供咨询,所以我觉我可以处理好自己领养孩子的问题。另外,这两个孩子除了被我领养外,也没有其他选择。我知道领养孩子后生活会变得很艰难,但是我当时以为自己准备好了。"[35]

  莎伦想错了,她很快就被现实打败了。这两个孩子经常发脾气,哭闹不止。虽然他们俩不接受她,但莎伦还是努力满足兄妹二人的情感需求。"回头想想,我发现我照顾他俩的方式不对。我花了很长时间才原谅自己,我当时不应该用那种方式照顾他们。"莎伦给我讲了那次养子用玩具卡车打断她鼻梁骨的事情。"他当时才跟我们住了几个月。当天一切都很好,他让我抱着摇他。我们一直在一起玩玩具,我当时感觉一切都不错呢,觉得领养他们是正确的事。他去了一趟洗手间,回来时,叫了声'妈妈',我抬起了头。可就在这时,他把金属玩具火车扔过来,打到了我的脸上。"

  莎伦非常愤怒。"我当时可能朝他大喊大叫了,我也不记得当时把什么拿走了。从那时开始,这种恶性循环就开始了:他们干坏事,我暴怒,于是把他们送回房间不让他们玩。我当时真不应该这么做,我应该伸出手抱抱他们,而不是把他们推开。"但是莎伦的鼻梁骨被玩具火车打断了,血流了一脸,怎么去伸手抱他们?莎伦接着说:"我应该诚实地告诉孩子们我的感受,我应该说,'我很生气,我受伤了,但是我不会伤害你'。我应该压住火气,他们可能也被吓着了。他们不知道如何依恋我,所以我应该告诉他们依恋到底意味着什么。"

  现在,莎伦已经知道她当时应该怎么做了。不过,当时她只是使劲让自己平静下来,不生气,什么也没对他们说。"有一天,我在朋友家崩溃了。我说，我觉得自己是个骗子，没有对孩子们一视同仁。我说我更爱自己的亲生女儿。作为领养问题的专家，我竟然说了这些话，这让事情变得更加糟糕。"莎伦的朋友听后，给了她一个拥抱，然后告诉她说，她碰到的问题每个父母都会碰到。"我一直没有忘记朋友对我说的话，她说，'我对我的孩子们也一样做不到一视同仁，有时候我一个都不爱'。"

莎伦在个人生活中遇到的这些挣扎，让她重新思考到底应该怎样谈论领养问题。领养咨询师平时都这么告诉未来的养父母：领养的孩子和亲生孩子一样，要是他们一出生就被领养的话，那更是如此。莎伦自己的经历让她觉得，大家应该更诚实一些。莎伦说："领养的孩子长得不像你，会让你觉得很难；到洗手间去，领养的孩子跟你气味不同，让你感到难办；有时候，领养的孩子不喜欢你家里的饭菜，也会让你感觉辛苦。这听起来也许很蠢，但是这些事真的让你觉得难以应付。"每个孩子都跟父母截然不同，领养的孩子跟养父母的差别会更大，我们必须尽力克服这些差别。"我想说，当养父母就像电影中的父母：每种情绪都只是强烈一点点，但这意味着，情绪高涨时是真高涨。"（跟孩子最终产生同调时，你就会感觉像是个奇迹。）"但是，这也意味着，情绪低落时是真低落。所以在领养孩子前，你必须真的准备好。"

莎伦跟她第二任丈夫一起照顾着 12 个养子养女，其中有婴儿，也有十几岁的孩子。"我们领养的孩子来自各个种族和宗教背景。黑人，越南人，等等。"莎伦没有回避她带孩子时遇到的挑战。她说，她特别怕过母亲节，因为过节会带来很多麻烦：孩子们会为房间里的玩具打架，她自己会因为怀疑和不满而苦苦挣扎。"收养家庭不同于普通家庭，看待事情的方式也不一样。如果这一天发脾气的不是十个孩子而是两个孩子，你就该庆祝一下了。假期如果平安无事，就更值得庆祝一下。"莎伦说，这虽然是陈词滥调，但是对收养孩子的家庭来说，这些都是真话。养父母要从小事上找乐子，这样多年后才会有更大的幸福，养孩子是一辈子的工作。

莎伦之所以成为如此高效的领养咨询师，是因为她愿意交流领养会涉及的这些复杂的情绪。她说，爱总是与罪过和悔恨交织在一起。她不想说，照顾孩子总是很快乐，全是可以发到 Instagram（照片墙）上的美好瞬间。她也不想说，亲子关系不包括黑暗的情绪。莎伦说，恨是一个感情色彩很强的词，有时候，照顾孩子会让父母压力重重和发火。"有一次，女儿拿着我的首饰盒，把所有项链都打了结。我看到时她正打着结，然后我看到了镜子里自己的脸。我永远不会忘记那天我在镜子里看到的自己，看起来像是要去掐死她。我的意思是，镜子里的我看起来非常愤怒。但是，这是育儿经历中的一部分。这是做父母的必须要面对的，尤其是照顾早年有创伤的孩子时，你必须要面对。"

弗洛伊德关于这些相互冲突的情感有很多论述。尽管父母会尽力隐藏起自己的负面情绪冲动，但弗洛伊德坚持认为，负面情绪冲动也是父

第二章 爱与奉献

母在育儿过程中必然的经历。弗洛伊德认为："可以说，爱之所以会开出最美的花朵，正是因为我们内心对恨的冲动的排斥。自然通过利用爱与恨的对立，使爱永远保持警觉和新鲜感。"[36]

约翰·鲍尔比后来发展了弗洛伊德的观点，他认为每个母亲对自己的孩子都有过负面情绪。（母亲照顾哭个不停的小孩时，会自然出现负面情绪。）鲍尔比认为，家长偶尔发发火很有用，这样小孩就会明白大人也在负面情绪中挣扎。[37] 大人也会生气、不安，也会害怕，大人也是普通人。

如果程度合适的话，矛盾心理甚至可以成为亲子关系的一个基本内容，因为我们对孩子有各种各样的情绪——哪个家长半夜没骂过哭个不停的孩子，但几分钟后一看到孩子熟睡的小脸，就心软得不行？所以我们应该积极尝试多了解孩子。女权主义者、精神治疗医师罗泽西卡·帕克写的《母亲的爱与恨》(*Mother Love, Mother Hate*)，是一本有着深刻见解的书。书中指出："矛盾的心理可以促进母亲思考，思考自己怎么对待婴儿和孩子，这可能是为人母最重要的部分。"[38] 为了说明自己的观点，帕克做出了一个假设。在这个假设中，母亲只懂"没有烦恼的爱"。她为什么要给自己找麻烦，去反思自己怎么为人母？怎样才能让她思考一下，她在为人母方面如何能做得更好，或者她可能错过了什么？帕克说，依恋中的矛盾心理正是依恋存在的原因。我们思考什么被打碎了，是因为我们想修复这个被打碎的东西。我们关注我们之间的

爱的旅程

差异，是因为我们想消除彼此间的隔阂。尽管这些复杂的情绪永远挥之不去——矛盾心理不是什么需要治疗的疾病，但是没关系，正是因为这些矛盾心理，我们才会去关注那些我们爱的人。

说到这里，我想起了莫里斯·桑达克的经典作品《野兽国》。[39] 这本书讲了很多故事：放荡不羁的梦想、噩梦和惩罚。同时，这本书也刻画了女性在育儿过程中的矛盾心理。故事开始时，母亲对自己的儿子发火，喊他"野孩子"。儿子马克斯愤怒地回应道："我会吃了你！"他没有吃晚饭就被母亲送上床睡觉。他的卧室变成了森林，在森林里他发现了很多长着可怕的牙齿、喜欢在月光下跳舞的大怪物。故事的结尾，马克斯的卧室变回了原样，母亲已经做好晚饭在等着他。

这就是桑达克这本小说的魅力所在：这个故事让我们看到了自己心中有哪些野兽，看看它们让我们干了什么！故事的结尾是母亲原谅了孩子，而且给孩子准备了晚饭。这个故事给人安慰，它提醒我们，虽然人人心中都有野兽，但是我们心中也有爱。

这本书寓意深刻、鼓舞人心，而且是本儿童读物。真正的生活往往更加混乱、更加复杂，我们从生活中得到的教训也往往更令人困惑。这是我从莎伦的故事里悟出来的。莎伦谈起自己领养的头两个孩子时——就是其母亲死于吸毒过量的兄妹俩，因为伤心，声音有些发抖。她说："我们没有帮到他们，他们跟自己的亲生父母一样，走了同样的路。"她的养女17岁时离家出走。此后，这个女孩流落街头、吸毒，还因为卖

第二章 爱与奉献

淫出入监狱几次。她的养子过得也不怎么样，莎伦几年都没有说过话。我问莎伦是否后悔领养了他们，她毫不犹豫地回答说："不后悔，我一点儿也不后悔领养他们。尽管事情没有按我想象的那样发展，但是我已经尽力了。"然后，她跟我谈起了自己的孙女。

1994年，莎伦当时在爱达荷州博伊西市就开放式领养做了一个讲座。她知道她那个吸毒的养女生了两个女儿，但都被她抛弃了。几年前，莎伦听说这两个小女孩都生活在爱达荷州的领养家庭中。莎伦结束讲座后，跟爱达荷州领养机构负责人闲聊的时候，问这位负责人是否听说过她养女的这两个女儿。负责人说负责这两个孩子领养工作的社会工作者就坐在旁边。

6个月后，莎伦家的电话响了，是一位社会工作者打来的，她说莎伦的孙女想跟莎伦见个面。莎伦的第一反应是害怕见面。她说："如果她们不喜欢我怎么办？如果现在领养他们的家庭让我照顾她们，或者跟我要钱怎么办？"之后，莎伦还是鼓起勇气，拨打了电话。大一点儿的孙女接了电话，她的声音像极了莎伦的养女，说话态度也一样的生硬。"我说'我叫莎伦'，她一听就叫起来，'加利福尼亚的莎伦奶奶终于打电话来了！'"

这个电话成为一段持久关系的开始。莎伦去了爱达荷州，受到这两个孩子的领养家庭的欢迎。几次艰难的谈话后——孙女们想知道她们母亲的情况，以及为什么莎伦没能挽救她们的母亲，莎伦和孙女们之间建立了深厚的感情。莎伦与孙女们之间的差别很大，但是她们已经学会如何拉近彼此间的距离。莎伦说:"我是犹太人，孙女们是保守的浸礼宗信徒。我是个社会工作者，她们认为社会工作者就是'爱管闲事的人'。我猜，你会说我们之间的世界观相互冲突。但是，你知道吗？这让我们的见面变得更加有意思。"两个女孩让莎伦跟她们一起在火车后面"涂泥巴"，让莎伦喝她们最喜欢的番茄汁和黑啤调成的鸡尾酒，直到莎伦喝醉。严重的关节炎限制了莎伦的行动，但是莎伦和她的两个孙女仍然会每周通过网络电话联系。莎伦最近在一篇论文中谈到了这两个孙女:"与她们的团聚再次说明，领养会让人们之间建立起奇妙的关系，相互适应是领养过程以及家人团聚中必不可少的一部分。基因很强大，但是不管我们与领养的孩子的基因构成有多大不同，我们都会从领养关系中受益。每个人的生活方式都不相同，但每个人都有自己的优势，我们可以从彼此身上学习到很多东西。"[40]

采访结束时，莎伦带我参观了她住的公寓，实际上是欣赏了她的家庭照片。照片上的一张张笑脸令人印象深刻，把照片上的人物关系全搞清楚也费了我不少力气。但是，我很快意识到，这些照片很关键。莎伦的生活代表了她所谓的"大家庭生活"，亲属关系不是由血缘关系决定，而是由互相迁就的亲密关系来决定。她说:"亲属关系最终是关于我们相互间的义务。"莎伦在工作了一辈子、研究了一辈子之后，发现她最爱的正是自己的家人，对家庭的付出和得到的快乐是交织在一起的。她有过心里矛盾的时光，有过后悔的时候，喊过他们"野孩子"，甚至还对他们做过更糟糕的事。但是，对她来说最重要的是，不要怀疑自己和家人。

我拜访莎伦的那天早上，她的电话一直响个不停——她的亲生女儿打电话告诉她，有只猫快死了。之后，又是住在博伊西市的两个孙女的电话留言，以及莎伦的外甥女给她发的短信。莎伦说："以前，我从没想过我会这么说，但是，随着年龄的增长，我发现我最喜欢儿孙的陪伴。他们已经成了我的精神导师，因为他们，我完全变了个人。尽管抚养子女长大很辛苦，但是我心甘情愿，无怨无悔，家人是我一生中最好的礼物。"

育儿课——如何去爱

爱不需要什么理论。不管我们是否了解爱，爱都在支配着我们。但是，像莎伦这样辛苦的育儿经历（哪个父母不辛苦？）表明，我们还是应该好好研究一下爱。研究爱有一个简单的目的：知道如何去爱。避免心碎的唯一办法，就是搞清楚"心"是怎么回事。

爱的研究并不容易，而是很繁杂、不确定的，涉及很多复杂的变量。人们总是用爱的局限性去定义爱，或者认为"爱从来都不是科学"。不过，随着研究越来越多，我们关于爱的知识也变得既广博又细致。尽管这些研究并没有指导人如何去爱（而且永远也不可能这么指导），但却让我对如何为人父母了解得更多了些。

依恋理论一直以来的争议都是关于那些不哭闹的孩子，尤其是那些在陌生情境实验中不哭闹的孩子——当妈妈离开房间后，孩子不受影响；妈妈回到房间后，孩子对妈妈回来兴趣也不大，看起来愿意自己玩。

约翰·华生认为，这些孩子是理想型的孩子，因为他们这么小就已经这么独立了！但是，玛丽·爱因斯沃斯把孩子们的这种行为视为非安全型依恋的一种表现，并称其为回避型依恋。她坚持认为，十个月大的健康的孩子应该有强烈的分离焦虑。如果妈妈突然不见了，婴儿却不哭闹，那肯定是出了什么事。爱因斯沃斯将依恋理论专家的建议与华生派学者的观点做了最明确的区分：华生派学者认为，好的育儿方法是教会孩子们坚强，会自我安慰的孩子才是理想型的孩子。

这种区分看起来好像只是研究人员学术见解上的不同——研究人员在争论应该如何解释资料里的亮点。但是，这种区分带来的现实差别巨大。实际上，争论的核心问题是人的独立性。如果只有自己一个人，如果依赖只是软弱的借口，那么，孩子们一定要学习如何独处。他们应该知道如何独处，即使婴儿也要做到这一点。但是，如果一个人生下来必须依赖他人才能存活，那么婴儿一定要学会如何与他人沟通。婴儿要知

第二章　爱与奉献

道如何向他人求助，尽管他们能做的就只有哭闹。

20世纪80年代，争论变得白热化。当时，哈佛大学很有影响力的儿童发展心理学家杰罗姆·凯根反对这种被越来越多人接受的依恋理论。像华生一样，凯根认为，回避型依恋婴儿的克制的确是个优点。他在自己的专著《儿童的天性》（*The Nature of the Child*）中指出："得到母亲鼓励后成功依赖自己且控制住恐惧情绪的婴儿，在母亲离开自己房间后不太可能哭闹。"他接着指出："尽管有些心理学家（比如爱因斯沃斯）可能认为这些母亲不太会照顾孩子——这些母亲可能的确不太会照顾孩子，但这是因为她们重视培养孩子控制恐惧的能力和自信能力。"[41] 换句话说，爱因斯沃斯认为这些女性育儿失败的地方，正是凯根认为她们育儿成功的地方。他不想让这些母亲觉得自己永远都不能让孩子独处，他也不想让这些母亲觉得孩子不哭闹表示孩子属于非安全型依恋。

如何解决学者之间的争论？第一个解决方案来自德国北部工业城市比勒费尔德的一个研究。1976年，克劳斯·格罗斯曼和卡琳·格罗斯曼夫妇组成的研究小组跟踪研究了比勒费尔德市已婚夫妇的49个婴儿。（这项研究实际上从这些婴儿出生时就开始了。卡琳在医院产房里就开始了她的观察。）虽然格罗斯曼夫妇最开始认为自己的纵向研究简单复制了爱因斯沃斯的研究，但二者还是有很多不同之处。这些德国婴儿接受陌生情境实验时，格罗斯曼夫妇发现了不同的依恋类型。在对大多数美国婴儿的研究中，约 2/3 的婴儿属于安全型依恋，只有 1/3 的婴儿属于回避型依恋和反抗型依恋。但格罗斯曼夫妇的研究得出的结果正好相反：实验中，德国非安全型依恋婴儿数量竟然占到总数的 2/3。非安全型依恋婴儿数量增加，主要是因为当母亲离开房间时，不哭闹的婴儿的比率明显升高。其中，约一半德国婴儿被归入回避型依恋，回避型依恋的德国婴儿数量是同类研究中美国中产家庭回避型依恋婴儿数量的 2.5 倍。[42]

凯根认为这个数字非常能说明问题，证明回避型依恋不是什么坏事。他问道："根据这些数字，我们是不是该总结说，与美国儿童相比，德国儿童更多地对父母产生了'非安全型依恋'？或者，更确切地说，德国父母会教孩子如何控制自己的恐惧情绪？"[43] 这背后隐含的答案是，学会控制恐惧情绪很有用。格罗斯曼夫妇一开始同意这种观点，他们称，回避型依恋出现的频率高，只是德国的育儿习惯造成的意外结果，因为德国母亲重视儿童早期"自信"的培养，他们对孩子哭闹不怎么回应，尤其看到孩子没什么事时，就更不回应了。卡琳·格罗斯曼对《依恋的形成》（*Becoming Attached*）一书作者、心理学家罗伯特·凯伦采访时说，她可以"假设回避型依恋的行为方式是由文化不同造成的"，"在古老的普鲁士，我认为，坚定沉着和不打扰别人可能一直是崇高的理想"。[44]

但是，这些德国孩子长大一些后，格罗斯曼夫妇开始修正自己的观点。他们总结说，比勒费尔德市的这些孩子克制的性格也有劣势。这些德国孩子长到 5 岁时，其中安全型依恋的孩子看起来状态不错，他们玩的时候专注度更高，跟朋友起冲突时可以处理得更好，伤心或紧张不安时也更愿意寻求安慰。（相较之下，回避型依恋的孩子即使可以求助他人，也仍然会靠自己。）这些行为模式会一直持续到他们十几岁和刚刚成年时。16 岁时，回避型依恋的孩子与他人建立亲密关系时会更困难些；22 岁时，回避型依恋的孩子安全恋爱的可能性会低一些。格罗斯曼夫妇最后总结说，鲍尔比的观点是对的："儿童与父母的关系，跟他们成年后的恋爱关系之间存在着很强的因果关系。"[45]

怎么解释这些差异？格罗斯曼夫妇说，这些差异跟儿童如何处理逆境这类更大的问题密切相关。这些德国儿童长到十八九岁时，研究人员就最亲密的关系和最痛苦的经历这些问题采访了他们。之后，格罗斯曼夫妇把这些采访整理成文字并进行了分析，分析依据的是乔治·范伦特在格兰特研究中提出的心理适应分层。格罗斯曼夫妇发现，陌生情境实验多年后，那些被归入安全型依恋的孩子更有可能以健康的方式处理痛苦，这些方式中包括从爱的人那里寻求帮助。[46]他们跟他人的关系很紧密，因为他们不担心向人示弱。

格罗斯曼夫妇最开始认为，回避型依恋出现的频率高只是"德国文化要求"造成的意外结果，但他们后来发现，回避型依恋出现的频率高实际上是由不怎么有效的育儿技巧造成的。在这些孩子的家里观察完他们后，格罗斯曼夫妇总结说，很多情况下，具有回避型依恋的人的特点是，"亲密的身体接触较少，对哭声回应较少，鲁莽的、干扰性的行为较多；母亲不怎么敏感，也不怎么愿意合作"。[47] 回避型依恋不仅仅是一种文化现象，它也是一种造成严重后果的文化缺陷和民族性格。[48] 克劳斯·格罗斯曼告诉罗伯特·凯伦："'孩子哭没关系，哭可以增强他们的肺活量'，我们反对这种观点。'要培养孩子独立，必须用收回给孩子爱的方式来惩罚孩子'，这种观点我们也反对。我们一遍又一遍地向人们解释说，得到母亲敏感回应最多的孩子，才是那些最不依赖父母的孩子。"[49]

积极的一面是，我们的文化似乎正在朝这个方向发展。变化很难被人看到，尤其是发生在个人生活领域的变化。但是，有证据显示，很多父母的育儿方式正在变得越来越好，他们之间的依恋关系也变得越来越安全。第一个变化是美国父母与孩子相处时间上的变化。1965 年，母亲照顾孩子的时间为平均每周 10.2 个小时；2008 年为每周 13.9 个小时，照顾时间在变长。20 世纪 60 年代，父亲照顾孩子的时间是每周 2.5 小时，相当于一天 21 分钟；现在达到每周 7.8 小时，是以前的 3 倍多。[50]

另外，孩子被父母照顾的时间变长，也带来了持久的好处。要想知道为什么有这种相关性，我们可以从迈克尔·米尼经典的"老鼠过复杂的水迷宫"实验里找到些许答案。[51]（这个实验是测量老鼠智力的标准实验。）研究人员一直以来都认为，在水迷宫实验里表现更好的老鼠，基因也更好，天生更聪明。但米尼等人注意到，这些老鼠得到了鼠妈妈更多的舔舐和梳理，它们受到鼠妈妈的关注也较多。相较而言，鼠妈妈关注较少的鼠宝宝往往表现差些。为了观察育儿方式的重要性，研究人员在新一代鼠宝宝出生后不久，对它们进行了"交叉养育"，就是把不怎么照顾孩子的鼠妈妈生的鼠宝宝交给特别关注孩子的鼠妈妈来养。如果老鼠在水迷宫实验里的表现是由它们的基因决定的话，养育方式的变化就不会引起什么变化。也就是说，尽管养育方式不同，但这些老鼠的表现应该不会出现不同。

但是，米尼的实验结果并非如此。研究人员发现，特别关注孩子的鼠妈妈养出来的鼠宝宝在水迷宫实验中表现得更好，尽管这些鼠宝宝的生母是那些不怎么照顾孩子的鼠妈妈。（这些鼠宝宝体内跟学习和记忆过程相关的 NMDA 受体也有所上升。）可见，鼠妈妈的敏感性对鼠宝宝的各种认知能力的发展起到了很大的作用，尤其对那些暴露在高风险中的鼠宝宝而言更是如此。

那么，鼠宝宝的养育方式跟人之间有什么关系？弗林效应指的是人的智商测试分数逐年增长，自 20 世纪 40 年代以来，每十年约增长 3 个点。（在钟形曲线的下方，弗林效应特别显著，即属于"无能儿"范畴的人少多了。）如果 20 世纪中期出生的人智商为 100 的话，那么他们的孙子的智商会达到 118。

爱的旅程

　　人们对弗林效应的解释不止一种。研究人员推测，教育程度的提高和更均衡的营养可能起到了一定作用。但是，米尼的研究表明，育儿质量可以对智商起到巨大的影响——被父母照顾得更多的孩子，智商更高。詹姆斯·弗林（弗林效应就是以詹姆斯·弗林的名字命名的）指出，20世纪，家庭平均人数的减少意味着父母可以有更多时间去关注小孩，他们也更有能力实践开明育儿的技巧。开明育儿技巧包括与孩子长谈，认真回答他们异想天开的问题。[52]而且，婴儿大脑发育的各项指标也飞速提高。这项研究结果进一步支持了弗林效应。这意味着，弗林效应在一个人的幼年时期就开始显现了，幼年时期孩子受父母影响最大。[53]（如果智商变高是由教育改革引起的，那么对婴儿智商的影响可能不会那么明显。）孩子之所以变得更加聪明，是因为孩子得到了父母更好的照顾。

　　但这并不意味着，父母多陪孩子的时间都是令人愉快的同调时光。父母多陪伴孩子，好像是父母优先考虑了孩子，因为父母越来越意识到什么也代替不了跟孩子在一起的时光，意识到孩子和父母的亲密关系对孩子有着深远的影响。珍妮弗·西尼尔在《只有喜悦，没有快乐》(*All Joy and No Fun*)一书中引用了一位著名的社会学家的话，这位社会学家认为美国的孩子在家里都不干活。过去儿童能帮着家里干活，现

第二章 爱与奉献

在的孩子"在经济上毫无价值,但在情感上是无价之宝"。*[54]

难道不应该是这样的吗?如果孩子不是我们情感上的无价之宝,还有什么是呢?像格兰特研究这样的纵向研究有一个优点,那就是它能够揭示现代家庭的现代性。我们习以为常、不去重视的义务和焦虑常常是近来才有的文化取向。读一读格兰特研究中哈佛男生儿童时期的资料——他们中的大部分人于20世纪二三十年代在上层社会的家庭中长大——你就会发现很多儿童对父母的依恋需求并未得到父母的关注。当时,很多父母努力践行约翰·华生不要用太多情感溺爱孩子的"科学"建议。很长一段时间内,科学不重视爱,导致家长带孩子时用的都是糟糕的育儿经和烂建议。领养专家莎伦·罗西亚说:"我认为很多悲伤的故事都是可以避免的,前提是我们要有更加明智的关于依恋的观点,不需要所有的观点都很明智,有一些观点很明智就行了。"

约翰·鲍尔比的崇高目标是没有悲伤。他想了解爱的本质,他最感兴趣的是爱在临床上的应用。不幸的是,差不多半个世纪后,依恋的概念才成为可以为那些最有需要的父母与孩子提供帮助的一种治疗工具。

---

* 在很多社会和文化中,有些家庭负担不了"在经济上毫无价值"的孩子的衣食住行。戴维·兰西(David Lancy)的《童年人类学》(The Anthropology of Childhood)一书很让人入迷。他在书中指出,多数孩子不是家里的"小天使",而是"所有物"(财产)或者"拖累"(没人要的负担)。在这些孩子的儿童时期,母亲和孩子的互动方式跟其他人很不一样。这些孩子不太喜欢和他人玩耍,很少问大人问题,也很少跟人积极交流。(比如在斐济,儿童不可以跟成人对视。)不过,兰西指出,这些孩子后来大都成长得还不错,这表明抚养孩子和爱孩子以及与孩子建立深厚感情的方式应该多种多样。我们不用假装孩子们一直都是小天使。

爱的旅程

最早的干预研究是由荷兰莱顿大学的丁夫娜·范登博姆牵头进行的。[55]研究中，她关注了100名高度急躁型婴儿，这些婴儿的母亲收入都很低。（急躁分级基于婴儿啼哭的频率和强度。）以前的研究都认为，高度急躁型婴儿会特别容易出现依恋问题，因为孩子不停地哭闹，但他们的父母经常因为缺衣少粮和缺帮手，没有办法让他们不哭闹。

范登博姆的实验很简单。她把这些婴儿和母亲随机分为实验组和对照组。实验组的母亲会得到6小时的心理咨询服务，服务中的依恋式育儿方式强调"加强母亲的敏感回应"。母亲们从中学习到了不少育儿经：如何找到婴儿哭闹的原因，如何使用靠谱的婴儿安抚技巧。（范登博姆说，有位母亲以前会把收音机声音调大到盖过婴儿哭声。接受心理咨询期间和之后，这位母亲学会了如何安抚婴儿。[56]）另外，研究人员鼓励母亲跟婴儿之间进行一些有趣的日常互动，这样一来，母婴互动就不全是婴儿哭闹、打嗝和母亲换尿布了。（研究中用到的干涉技巧包括让母亲玩玩具以及玩婴儿游戏。）范登博姆跟踪研究了这些人一年时间，进行各种依恋实验考察母婴关系。[57]

研究结果令人惊讶。对照组（没有接受咨询服务的一组）中，只有28%的婴儿在12个月大时属于安全型依恋。实验组的这一数字是对照组的两倍多，有63%的母婴关系属于安全型依恋。[58]这个结果不仅证实了陌生情境实验，范登博姆还发现育儿方式有了很大的改善。她的研究指出，实验组的母亲变得比以前更温柔、反应更敏捷，婴儿克服困难和玩新玩具时的状态都比以前好多了。虽然婴儿的大哭大闹还是不会给母亲带来什么快乐，但是几小时的心理咨询已经降低了母亲受婴儿哭闹的影响。

近年来，很多研究人员指出，依据依恋理论进行的治疗带来了惊人的效果。明尼苏达大学心理学家丹特·奇凯蒂率先推出了一种名为"亲子心理治疗"的家庭咨询方式。这种治疗的前提是，糟糕的育儿方式不是因为缺乏育儿知识或育儿动机不好。（几乎所有父母都知道自己该怎么做父母，几乎所有父母都想成为好父母。）父母因自己儿童时期形成的非安全型依恋受到伤害时，问题就已经出现了。结果，新一代重复了上一代没有爱的经历。这很可悲。

亲子心理治疗的目的在于，帮助父母让他们的过去成为过去，让他们意识到自己过去被养大的方式会决定他们为人父母时的育儿行为。有这种自我意识，再加上新的育儿技巧，比如教父母如何倾听自己孩子的心声，都有助于亲子关系的改善。奇凯蒂说："亲子心理治疗中，患者不是母亲或婴儿，而是母婴关系。"[59]

这种简单的临床干预已经有很多组对照实验，实验结果非常能说明问题。如果有什么药物能达到同样的疗效，那么有此类风险的所有父母都会让医生开个处方。比如，2006年，奇凯蒂牵头进行的实验考察了来自有家暴史的家庭中的137名婴儿。（这里所说的家暴一般是指冷暴力，研究人员将其定义为"没有为孩子基本的生理需求提供充足的衣、食、住和医疗条件"。）这些家庭里的母婴依恋情况反映了他们不幸的家庭状况，因为研究的家暴家庭中只有一个孩子与母亲有安全型依恋关系。[60]这些家庭被随机分为实验组和对照组。实验组家庭每周都接受亲子心理治疗，对照组得到的是"专门针对家暴家庭的社区服务"。另外还有一个对照组，这个对照组的孩子来自非家暴家庭，经济条件和社会背景与来自家暴家庭的孩子相同。

一年的亲子心理治疗带来了非常大的变化。在接受治疗的家暴家庭的孩子中，跟母亲有安全型依恋关系的孩子占比61%，约是第二个对照组（非家暴家庭）孩子占比的两倍，第一个对照组中，与母亲有安全型依恋关系的孩子占比不到2%。[61]奇凯蒂指出，尽管这些孩子童年时光最为艰难，他们仍然可以有固定的亲密关系，不过前提是他们的父母接受过一些育儿培训。*亲子关系改善会带来很大的社会效益。根据理查德·里夫斯和金伯利·霍华德于2013年所做的一项研究，即使只是把育儿水平最弱的父母的情感支持技巧提高到平均水平——目前的干预是可以做到这一点的——其结果也会非同寻常：青少年怀孕率下降12.5%，高中毕业率提高4.3%，19岁前的犯罪率降低8.3%。[62]另

---

* 罗切斯特大学的谢里·托特牵头进行的一个实验考察了130名婴儿母亲，这些母亲得过严重的产后抑郁症。（对婴儿而言，产后抑郁症一直都被认为是一个严重的危险因素，导致婴儿大哭大闹、压力过大和明显的发育迟缓。）不出所料，得了抑郁症的母亲跟孩子之间很明显是非安全型依恋关系，起码在陌生情境实验中，结果是这样的。但是，经过一年亲子心理治疗后，情况开始好转。跟对照组的孩子相比，患抑郁症母亲的孩子中，拥有安全型依恋关系的人数更多。

外有研究指出，不幸的童年成长经历，比如情感虐待和情感忽视，与孩子成年后吸毒和酗酒有密切相关性。[63] 疾控中心的研究人员指出，"1/2 到 2/3 药物使用方面的严重问题和不幸的童年经历有关"。[64] 因此，研究人员建议说，向毒品宣战的核心内容之一就是对育儿方式进行干预。爱默生说得对，"被捆绑的灵魂得不到拯救"。[65] 依恋治疗的目标是，一次拯救一个灵魂，进而改变整个世界。

依恋治疗取得成效，并不意味着爱的科学是完善的或固定不变的，人际关系的每种分类方式都会有很大的误差。依恋治疗取得成效，也并不意味着我们已经解决了育儿问题或知道如何修复破碎的关系。养孩子的过程是一个使人谦虚的过程——当婴儿不停哭闹的时候，我们才发现自己知道的竟然这么少，自己已有的知识这么没用。这些时刻，我们不是对鲍尔比的理论见解或对德国婴儿的某个纵向研究的结果感兴趣，我们只是努力让自己在孩子不停哭闹时保持平静，不发火。

所以，爱的科学没有帮我让大哭大闹的儿子午睡，也没有教给我什么窍门说服女儿刷牙。但是，这些依恋治疗取得的成功让我更加明白生活中究竟什么最重要，让我在手忙脚乱的家庭生活中保持头脑清醒。孩子身上有很多东西我们无法改变：基因的确有局限性。但是，孩子已有的依恋模式——生活中一个最重要的变量——我们基本上是可以控制的，因为我们可以努力让自己更加敏感地回应孩子，与孩子更加和谐地

爱的旅程

相处。*我们可以努力更爱自己的孩子。

上面这个句子的关键词是"努力"。我希望我可以说，我已经掌握了育儿艺术，对孩子睡觉的时间我不再会没有耐心，孩子对塑料玩具发脾气时我再不会咬紧牙关、压制火气；我希望我可以说，我看 iPad 度过情绪化的时间少了一些，单纯只是陪着孩子这一点我做得好些了，不再感觉应该有人表扬我跟孩子们相处了一个下午。

希望就只是希望而已，我当然不能说我已经做到了。不过，没关系，因为我懂得了一个显而易见的道理：育儿工作不是一项关于完美的工作。如果爱的科学真解释了什么有用的东西，那就是，它揭示了"育儿工作是一项关于依恋的工作"，其他大部分内容都是杂音。**不管怎

---

* 一项被高引的双胞胎研究发现，陌生情境实验中婴儿行为一半多的差别可以用父母建立的"共享家庭环境"来解释，剩余差别则可以由"独特的环境因素"来解释。研究人员总结说，"基因对依恋混乱和依恋安全的作用可以忽略不计"。Caroline Bokhorst, et al., "The importance of shared environment in mother-infant attachment security: A behavioral genetic study," *Child Development* 74.6 (2003): 1769-82.

** 思考一下我和我夫人一直探讨的一个问题：日托。日托行吗？孩子离家几小时会不会伤害到我们和孩子之间的依恋关系？最好也是被引用次数最多的一项研究是由美国国家儿童健康和人类发展研究院的研究人员进行的。这项研究开始于 1991 年，跟踪研究了 1 000 多名随机挑选的美国儿童 15 年。研究人员着手研究日托对孩子的长期影响。美国 4 岁半儿童平均每周有 27 个小时是在没有母亲照顾的日托所度过的，这个研究有很大的现实意义。研究结果可靠，同时证实了亲子关系的至关重要性。孩子跟非父母看护待在一起的时间对亲子依恋关系无影响：保姆照顾的孩子和日托所的孩子之间没有显著差异，6 周大开始非母亲看护的孩子和 3 岁大开始非母亲看护的孩子之间没有显著差异。相反，研究人员发现，父母的敏感性，即他们对孩子心理状况回应程度如何，是与依恋程度具有显著相关性的唯一变量，因此也是与安全型依恋带来的很多好处有显著相关性的唯一变量。研究结果很清楚：如果我们爱自己的孩子，如果我们可以找到很多方法表达这种爱，孩子们会好好成长的。我们不用随时都在孩子身边，需要的时候在他们身边就行。NICHD, "The effects of infant child care on infant-mother attachment security: Results of the NICHD study of Early Child Care," *Child Development* (1997): 860-79.

样，孩子需要自己去学习大部分东西。他们需要父母，就是为了得到"爱是什么以及爱需要什么"这方面的教育：父母要教给孩子如何跟他人亲近，尽管有时亲近意味着付出；父母要让孩子知道爱需要什么，尽管有时爱会需要我们付出一切。

诗人兰德尔·贾雷尔曾写过：爱"没有消除我们生活里的任何矛盾，但它却通过增加另一个矛盾，让我们接纳了所有矛盾"。[66] 与孩子打交道也是这样的。孩子真是让人厌烦，他们只知道索取再索取，他们让我们筋疲力尽，也会让我们失望。孩子的哭声惹得我们也哭了，我们要没完没了地照顾他们。

但是，我们最爱的，也是他们。

第二章
婚姻计划

我不会有所保留地爱别人,那不是我。

我的爱总是过于强烈。

——简·奥斯汀,《诺桑觉寺》

1838年7月，查尔斯·达尔文用铅笔在一封信的背面胡乱画着，考虑他要不要结婚。他在纸上划了条线，一边写"结婚"，一边写"不结婚"，他把结婚和不结婚的利弊都列了出来。（达尔文在纸的最上方，写下"这是个问题"几个字。）结婚有明确的好处。达尔文提到结婚可以有孩子（"如果上帝欢喜的话"），对健康有好处，家里会更干净，还会有个"形影不离的伴侣"（老来伴）给自己带来快乐。他在纸上写道，"不管怎样"，有个妻子，可能"比有只狗强"。[1]

但是，他列出的结婚的坏处更有说服力。随英国海军"贝格尔号"军舰环绕世界科学考察5年，达尔文习惯了自由自在的生活，不喜欢被束缚。达尔文指出，单身的好处包括，"想去哪里去哪里，很自由"，"晚上可以读书"，而且没有"压力和责任"，更笼统地讲，他可以过一种没有婚姻枷锁限制的生活。在这封信的正面，他把自己的真实感情清楚地写了出来："要是每天都得陪妻子散步的话，我还怎么工作？嘿！结了婚之后，我学不了法语，去不了欧洲大陆，也不可能去美国或乘坐热气球升空，不可能一个人在威尔士旅游。"[2]达尔文指出，人们期待的最好的婚姻生活是像"快乐的奴隶"那样的生活，陷入婚姻的枷锁之中。

但是，达尔文后来还是结婚了。在他列出结婚和不结婚利弊几个月后，他向表妹爱玛·韦奇伍德求婚了。尽管达尔文的求婚让爱玛很惊讶——她给婶婶写信说她"一整天都感到被幸福冲昏了头"——但她还是马上答应了求婚，这让达尔文更加惊喜。（他们的家人倒不是很吃惊，因为达尔文的姐姐一年前刚与爱玛的哥哥结婚。）

达尔文为什么结婚？他列了那么多单身的好处，为什么又向表妹求婚呢？没有人知道答案。达尔文本人可能也不知道为什么。但是，当时这位年轻的科学家意识到了婚姻的昂贵代价——无限的麻烦和花销——与长久的爱带来的好处分不开，他想象有个"美丽温柔的妻子坐在沙发上烤着火、读着书，也许还听着音乐"。他大胆地赌婚姻值得冒险，亲密关系中的让步最可能带来"纯粹的美好的幸福"。达尔文说得对吗？

良师益友

我先讲一个大家都意想不到的事实：长期恋爱关系从未像今天这样重要。今天这个时代，有无过错离婚、用 Tinder 软件交友和醉酒后上床，上面提到的这个事实可能听起来挺奇怪，但它是真实的。这个事实之所以真实，有一个简单的原因：我们固定关系外的社交网络在不断萎缩。（尽管人们通过脸书"交友"，但社交网络还是在不断萎缩，可见网络生活多么令人担忧。）亚利桑那大学和杜克大学的社会学家米勒·麦克弗森多年来一直在研究这些正在变化的社交习惯。[3] 他的一项研究试图复制 1985 年对 1 531 个美国成年人进行的面对面调查。这个调查提出了这个问题："多数人会不时地跟他人聊重要的事。过去的 6 个月中，你都跟谁聊过重要的事？"

2004 年，麦克弗森等人研究了新的调查对象，问了他们同样的问题。他们得到的结果与 1985 年的研究结果形成了鲜明的对比：在涵盖几乎所有类型的人际关系的调查中，受访者称他们的密友很少。1985 年，有 26.1% 的受访者称他们会跟"群体成员"（比如教友）聊重要的事；但在 2004 年的研究中，这个数字只有 11.8%。1985 年，有 18.5% 的受访者称他们会跟邻居聊重要的事，但在 2004 年的研究中，这个数字下降为 7.9%。甚至受访者朋友的数量也大幅下降，定期跟朋友倾诉的人数下降了约 23%。* 其他研究也得出了类似结论。比如，社会学家罗伯特·普特曼根据美国恒美广告公司生活方式调查问卷的数据指出，20 世纪 70 年代，已婚夫妇每年在家招待朋友的次数平均约为 15 次；20 世纪 90 年代，招待次数下降为 8 次，"不到 20 年下降了 45%"。[4]

---

* 研究人员指出，朋友减少由很多因素造成，比如，女性因为参加工作，所以参加志愿者活动、社区活动或公益活动的时间就变少了。研究人员认为互联网也是其中一个因素，他们认为："互联网技术使社交平台跨越了地域，但是，也因为互联网，家人、邻居或朋友之间见面的次数变少了。"

爱的旅程

朋友圈越来越小——我们该如何应对这种情况？具体方法是，我们要比以前更依赖我们的爱人。受访的美国人说自己很少跟朋友、同事、兄弟姐妹、父母或邻居谈论生活问题，但是他们跟配偶谈得要多一些。（说配偶是自己"唯一的密友"的受访人数在1985年和2004年间增加了约一倍。）社会学家说，我们越来越依赖爱人的支持和建议，我们"主要的交流对象"经常只有一个人。

社交网络萎缩带来了明确的风险，我们完全依赖于某个人的爱和支持。美国的高离婚率——最近30年来徘徊在35%到45%之间[5]——说明，完全依赖于一个人的爱和支持可能会有点儿轻率。一个人生活难道不是更安全些吗？多一些自立的习惯不是更安全些吗？蒙田曾经将婚姻比作鸟笼："外面的鸟很想进去，里面的鸟很想出来。"[6]

当然，完全依赖于一个人的爱和支持也有好的一面，不管跟以前哪个时代的夫妻关系比，现代婚姻中的夫妻关系都要更紧密些。而且，现代夫妻的爱稳定持久：他们跟自己最好的朋友（也就是配偶）定期做爱。（蒙田后来承认："如果婚姻根基稳固，而且夫妻双方都严肃对待婚姻的话，没有哪一种人际关系能胜过婚姻。"[7]）真正幸福的婚姻到底占比多大，这个很难计算。最近有一项研究发现，40%结婚10年以上的夫妻仍然"深爱"着彼此。[8]这种持久的婚姻关系明确反映出了前所未有的人际关系情况。密苏里大学心理学家克里斯蒂娜·普罗克斯最近对93项研究进行综合分析后发现，最近几十年，幸福婚姻带来的回报

第三章　婚姻计划

越来越丰厚，相爱的夫妻双方"个人健康情况"都得到了大大的改善。[9] 20 世纪 70 年代以后，婚姻幸福使夫妻双方的整体生活满意度增加了一倍。[10] 婚姻是赌博，我们是在疯狂地下赌注。不过，这个赌要是打赢了，生活中就再也没有比婚姻更美好的东西了。

1985 年 7 月 26 日，当时还在丹佛大学工作的心理学家辛迪·哈赞和菲利普·谢弗在丹佛的《落基山新闻报》上刊登了一份问卷，这份问卷对科学家眼中的爱恋进行了重新定义。[11] 这份问卷很长，共有 95 个问题，主要关于个人"最重要的"人际关系。很多问题涉及亲密关系的细节，如"你是因为性爱上了你的爱人吗？""你多久会有一次强烈的嫉妒的感觉？"问卷上最重要的部分是让受访者回答一下哪种描述最准确地说出了他们对爱的态度：

选项一：我感觉与人亲近比较容易，不管是我依赖他们，还是他们依赖我，都让我感到舒服。我不总担心被甩，也不怕别人跟我太亲近。

选项二：我感觉与人亲近有点儿不舒服，我很难完全信任他们。有人跟我太亲近我会紧张。我的爱人常常想让我跟他更亲密，但我会感觉不舒服。

选项三：我发现别人不愿像我想要的那样亲近。我经常担心我的另一半不是真的爱我或者不想真的跟我在一起。我想完全跟对方的生活融在一起，这个想法有时会把他吓跑。

哈赞和谢弗想从依恋角度重新定义成年人的人际关系。哈赞和谢弗让报纸读者勾选其中一个选项时，实际上是在让这些读者选择一种依恋类型，把他们归入以前针对 12 个月大的孩子所分的依恋类型中。（选项一代表的是安全型依恋关系，选项二是回避型依恋关系，选项三是反抗型依恋关系，或哈赞和谢弗所称的焦虑/矛盾型依恋关系。）哈赞和谢弗在分析了 620 份答卷后发现，成年人依恋类型的分布与爱因斯沃斯发现的婴儿依恋类型的分布差不多——其中，一半以上的受访者属于安全型依恋，余下的全是回避型和焦虑/矛盾型依恋。这个统计结果并不是偶然的。哈赞和谢弗认为，依恋的不同类型反映出人们在亲密关系上有天然的差异性，依恋类型似乎总是可以用人的基本性情和情绪来定义。多数夫妇都强调他们两人之间的爱带给彼此好处，对方让自己放松下来并帮助自己解压。（这通常是安全型依恋的表现。）一些受访者则称，他们不希望夫妻之间的关系太过亲密，对方太过亲近时自己就想逃开。（这绝对是回避型依恋。）有的受访者则称，他们根本受不了夫妻之间任何形式的分离，他们爱嫉妒，喜欢黏人，总担心对方会离开自己。（这是焦虑/矛盾型依恋关系的表现。整体而言，与男性相比，女性更容易出现焦虑/矛盾型依恋的情况。[12]）每一种依恋类型都很独特，是夫妻关系在婚姻某个特定阶段的一种表现，依恋理论揭示了依恋关系分类背后的原因。当爱情来临时,成年人变成了会说话、持有信用卡的婴儿。

一旦开始从依恋理论角度看待爱情,成年人与婴儿的相似点就好像更明显了。像母婴依恋一样,刚刚开始热恋的人会几个小时腻歪在一起,避开别人,保持身体接触,低声软语,相互搂抱。鲍尔比将其称为"寻求亲近",成年人将其称为"约会"。恋人会拉着手,看着彼此,用"甜心"、"宝贝"等用在孩子身上的爱称来称呼彼此。恋爱中的男女的大脑甚至都分泌了相同的化学物质:让人亲热和连接的激素——催产素。催产素在女性喂奶和夫妻做爱时会在大脑中大量分泌。

不过,谢弗等学者在考察这些依恋类型如何决定实际生活中的夫妻关系时,找到了最有说服力的佐证。依恋类型对夫妻关系的影响非常显著,因为安全型依恋关系的夫妻一直表示对婚姻很满意,[13]所以他们的婚姻往往更持久(平均婚龄为 10 年,非安全型依恋关系的夫妻婚龄在 4.9—6 年之间),离婚率也更低。[14] 这些安全依恋型的夫妻关系亲密,经常做爱,即使在"关系紧张"的时候也不会离婚。[15]

此后几年,研究人员开始仔细研究安全型依恋关系的夫妻如何维持幸福的婚姻。心理学家杰弗里·辛普森、威廉·罗尔斯和朱莉娅·内利根对 83 对夫妻进行了研究,这些夫妻在结婚前平均约会时间为 18 周。[16] 他们用于调查的问卷在哈赞和谢弗设计的问卷的基础上做了修改，并增加了新内容。每位妻子都被单独留在等待室里。一名工作人员假装给她量血压，同时，为了让她更加紧张，这名工作人员还会向她说明接下来会发生什么："在接下来的几分钟里，你会进入一个多数人都会感到紧张和痛苦的场景中，去参加一系列实验活动。出于实验需要，我暂时只能告诉你这些。"

之后，这名工作人员会带每个妻子穿过走廊走到一个大门前。门后面是个没有窗户的暗房，类似于"隔离室"。工作人员会说，房间里装有用来测量妻子在实验中的紧张程度的电子设备，但是设备还没安装好，所以，工作人员又带妻子回到了原先的等待室里，她丈夫正在里面等她。

接下来会发生什么？这是研究的重点。夫妻单独在房间时，辛普森和同事悄悄用视频将夫妻之间的交流录了下来。他们想知道妻子如何对待自己的焦虑。她会跟丈夫说那个她被带去的房间里有个测量紧张程度的吓人的机器吗？她会跟丈夫说她感到多紧张、多脆弱吗？丈夫会如何回应她？丈夫会安慰妻子吗？

这个实验在很多方面是陌生情境实验的成年人版。[17]这个实验也试图研究人在面对压力时依恋关系会起到什么作用。正如我们期望的那样，实验结果显示，依恋类型与具体行为之间存在相关性。安全型依恋的妻子更愿意谈论自己的焦虑，比如，她们会描述经过走廊时看到了什么以及她们身上发生了什么。安全型依恋的丈夫听完妻子的话后，会对妻子说些安慰的话，做些安抚性的身体接触，这些都有助于让不安的妻子平静下来。相较而言，回避型依恋的妻子可能会压抑自己的不安，也不会跟丈夫说自己的不安。她们越是不安，就越不愿意从丈夫那里寻求安慰和支持。

时间久了，夫妻每天的互动积累下来，会使二人之间慢慢形成一些行为模式，这些行为模式定义了夫妻关系。夫妻在危机时刻若能相互扶持，关系会变得越来越好，也会变得越来越紧密。但是，如果缺乏这种扶持，夫妻关系往往会变差。鲍尔比指出："我们的生命旅途（不管旅途有多长）中，如果一直都有依恋对象给予我们安全的港湾，那么我们一辈子都会感到自己是最幸福的人。"[18]

这么看待成年人的依恋比较奇怪。多数人一想到爱情——当我们跟着唱一首西部乡村歌曲的副歌时，读一本爱情小说时，甚至在回想自己的婚姻的时候——就常常认为，自己的婚姻跟自己幼年时期的情感需求没有什么关系。孩子需要人安慰、需要人照顾，成年人渴望对他人有吸引力、对他人有情欲。我们想坠入爱河，而且希望一直在爱河里徜徉；我们想陷入热恋，而且希望热度一直不减。

但是真相令人伤心：激情会消退。哈赞和谢弗所制的这张图总结了成年人的依恋关系会随着时间的推移发生变化，[19] 具体如下：

爱的旅程

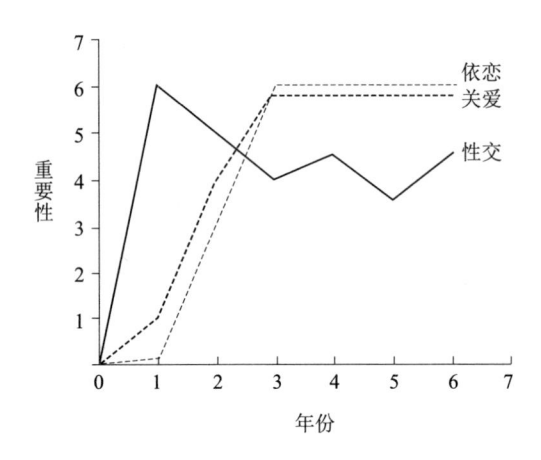

```
重要性
7
6 ─────── 依恋
5 ─────── 关爱
4 ─────── 性交
3
2
1
0  1  2  3  4  5  6  7
        年份
```

  从上图可以看出，性欲易变，并且不太稳定。在典型的夫妻关系中，结婚之初，夫妻二人的性欲最强。如果爱情是个物理方程式，那么，性欲是双方进入婚姻的最初动力。但是之后，性欲开始消退。我们会变胖，在不该长毛的地方长了毛，不再憋着屁。原来让我们疯狂的身体部位现在只是好玩，这还是在我们有做爱心情时候的感受。哈赞和谢弗幽默地指出："如果性欲的确是很多成年人进入婚姻的最初动力，那么，婚姻满意度下降就是不可避免的。"[20]

  导致婚姻满意度下降的原因显而易见：习惯化。（肉体上的快乐变得无趣。）寻找新的性交姿势可能会延缓厌烦的出现，但是我们最终会用完所有的性交姿势。可以探索的皮肤总共就那么多，不是吗？婚姻关系要持续下去的话，夫妻双方就要不断加强"同伴式爱情"，来弥补欲望和激情的持续减退。[21] "同伴式爱情"一词由伊莱恩·哈特菲尔德和威廉·沃尔斯特首先定义,指的是"我们对跟我们的生活羁绊很深的那些人的爱"。[22]"激情的爱先于同伴式爱情发生","依恋总是始于强烈的情感冲动",这是两种截然不同的心理过程。激情之爱让我们"执子之手",同伴式爱情则让我们"与子携老"。

同伴式爱情这种心理过程很复杂,也非常神秘。不过,我们可以通过对大脑做细致的功能性磁共振成像,看出同伴式爱情产生的基础是什么。最近,纽约州立大学石溪分校的比安卡·阿塞韦多在其主持的研究中,让17个处于"长期强烈"爱情中的人(这些受试者婚姻幸福,平均婚龄是21.4年)一边做脑扫描,一边观看其配偶照片及其好友和熟人的照片。这项研究最大的发现是关于同伴式爱情的:某些脑区的脑活动(比如苍白球和黑质)增加。母婴依恋实验中也出现过这种情况。脑活动增加非常奇怪,因为这次研究中受试者看的是其配偶的照片,而不是母亲的照片。[23] 研究人员指出,这一结果显示,"人身体里有一个基本的'依恋体系'来调整人类寻求亲近的行为,这个依恋体系使得婚姻关系与亲子关系具有相同的生物学基础"。可见,所有持久的爱都是由相同的神经系统引发的。

持久的爱还会带来依恋关系里的同调现象。父母与孩子心灵相通,父母跟孩子一起玩的时候,动作十分相像,就像是一个人。处于长期婚姻关系中的成年人身上也有类似的同调现象。最近一项研究发现,已婚夫妇之间的免疫系统非常相似,他们体内变异的细胞比同一调查群体中的陌生人少50%。[24] 这可能不太能让人相信——爱竟然改变了人体组织！但是，当你发现一个10秒钟的吻可以交换1 000万到10亿个细菌时，你就会相信了。[25] 这时，你会相信爱的力量竟然这么大。一天天过去，一次又一次的亲吻，相爱的男女最终进入婚姻的港湾，他们眼里没有别人，只有相爱的彼此。

坏消息是，人们在婚姻中并不容易做到始终如一。持久婚姻里的夫妻能够逃脱习惯化的魔咒，不是因为偶然的运气，或是因为大脑哪里出了小问题；夫妻关系持久，是因为夫妻双方"努力"让婚姻持久。"Wedlock"（婚姻）这个词源于古英语，"wed"表示"承诺"，"lac"表示"行动"。依据这个构词法，婚姻意味着要对持续的行动做出承诺。艾里希·弗洛姆在《爱的艺术》一书中告诫读者："期望得到简单的爱的指导的人，读这本书会感到很失望。"[26] 他指出，爱需要具备以下品质："自制，专注，耐心，信念，以及不自恋。"弗洛姆说，爱"不是感觉，而是行动"。[27]

那么，有哪些事我们必须去做？很多小事。有时，爱需要夫妻中有一方充满爱意地抚摸另一方，或说点儿温柔的话。（婚姻幸福的夫妻快速亲吻或随机赞美等正面互动行为与负面互动行为的比例是5∶1，但即将离婚的夫妻的正面互动行为与负面互动行为的比例接近1∶1。[28]）有时，爱意味着夫妻一起干家务，或平分家务。（妻子感觉大部分家务活都得自己干的时候，就会对婚姻不满意，而且容易抑郁。[29]）夫妻激烈争吵时，爱需要夫妻双方都暂停争吵，看向对方，让自己跟对方保持面对面。（有一项研究，跟踪研究了一些已婚夫妻长达6年之久，结果发现婚姻持久的夫妻争吵时，他们的身体转向对方的次数是离婚夫妻的2.5倍。可见，身体姿势有助于避免争吵升级。[30]）有时候，爱意味着夫妻双方要留出亲密相处的时间，不会连坐下一起吃晚餐或长谈的时间都没有。（2008年来自马萨诸塞大学阿默斯特分校的学者的纵向研究指出，婚姻满意度与夫妻"共享的休闲时间"的长度紧密相关。[31]）

这些看起来不起眼的举动和老套的习惯，是成年人依恋关系的基础。如果想让依恋关系持久，我们必须付出努力。治疗师丹妮尔·怀尔认为："选择配偶就是选择了一大堆问题。"[32] 怀尔的意思是说，在多数婚姻里，夫妻双方分歧不断，而且这些分歧永远没有解决方法。（一项针对夫妻争吵的研究指出，只有不到1/3的夫妻争吵有实际解决办法，余下69%的夫妻争吵都跟"夫妻双方的性格差异或需求差异有关。性格和需求是'自我'这一核心概念的基础"。[33]）而且，夫妻争吵没完没了，永远没有赢的一方！并且这种争吵常常停不下来。就像结婚时两人承诺的那样，夫妻也需要一直去爱他们之间存在的问题。

性

依恋理论的语言不怎么浪漫。研究人员用"依恋关系"这个词描述

爱的旅程

成年人之间的爱，激情似乎只是依恋关系中的序曲。他们不用"感官感受"这个词，而是用"寻求亲近"和"分离痛苦"这种词来代替。这种爱不是好莱坞电影里强烈的欲望或尼古拉斯·斯帕克斯小说里命中注定的相爱，而是日常生活中实实在在的爱——穿法兰绒睡衣的那种简单的爱，而不是穿蕾丝内衣的那种复杂的爱。

不过，临床用语容易引起误解。依恋理论的重要性在于，它在探讨安全和安慰需求的同时，也帮助人们了解了依恋需求的持久性。鲍尔比发现的一个悖论解释了依恋理论为何非常重要：如果孩子属于安全型依恋关系，他们就会远比其他孩子更愿意去探索世界、去冒险，并且更喜欢新奇的东西。我们如果有一个安全港湾，就会更好地处理那些不安全的情感。

这个原则也适用于成年人，这也许让人有点儿惊讶——成年人如果拥有安全型依恋关系，就会更愿意跟随依恋对象一起去闯世界，也信任依恋对象带着自己去探索新世界。也许你会跟着依恋对象去上舞蹈课，品尝他做的晚餐或听他告诉你漫威漫画有多好看。重要的是，依恋关系也是新奇的源泉，依恋关系带给我们的安全感可以让我们去尝试自己以前从未尝试过的东西。

人们在卧室里的行为也明显反映了这一点，因为研究指出，拥有安全型依恋关系的人比其他人更享受做爱，他们不愿意做爱的概率非常低。哈赞等人的调查发现，依恋类型跟"喜欢什么样的做爱姿势之间存

第三章　婚姻计划

在着密切的相关性，安全型依恋关系的人喜欢各种做爱姿势"。[34] 安全型依恋关系的夫妻更愿意尝试新奇和奇特的做爱姿势，床成了练习场。2012年一篇针对15篇文献的文章综述指出，与其他夫妻相比，拥有安全型依恋关系的夫妻做爱次数更多，他们对性生活的满意程度也更高。[35] 其他研究指出，回避型依恋关系的人做爱次数较少（但自慰次数较多），非安全型依恋关系的女性则很少经历"高潮"。[36]

为什么会出现这些差异？只有夫妻双方对彼此的爱有信心，他们才能享受到性爱的快乐。相反，如果彼此不信任，夫妻二人在灯光下赤裸相见，就会过于紧张和不安。比如，我在灯光下看起来怎样？时间太长了吗？时间太短了吗？我的手该摸哪里？那里吗？可以吗？菲利普·谢弗和马里奥·米库利内茨指出："积极的心理活动会让安全型依恋关系的成年人放松警惕，较少去关注性交的表现，这时他们与爱人亲密接触带来的愉悦感有助于夫妻双方达到性高潮，让彼此体验到极大的性快乐。"[37] 人们经常认为性就像挠痒痒，只是单纯涉及身体动作、神经兴奋和皮肤摩擦。但实际上，性欲远比这复杂得多——性欲总是跟我们内心最深处的需求和联想交织在一起。性从来都不只是单纯的交配。

性交跟爱有关，这也有助于解释为什么只是多做爱并不能解决任何婚姻问题。卡内基梅隆大学的学者最近的一项研究清楚地说明了这个问题。[38] 他们将64对异性恋夫妻随机分为两组：第一组在性生活方面没有接受任何指导或建议，第二组在研究人员的指导下把性生活次数提高了一倍。不幸的是，第二组增加性交次数后婚姻并没有更幸福，其结果只是受试者性欲减退、性趣降低，整体幸福感下降。

对性生活的这种干预最终失败了，这驳斥了以前人们认为"性与生活满意度之间存在相关性"的说法。（一项研究称，若将每月做爱一次改为每周做爱一次的话，人会更快乐，就像账户上额外多出5万美元会让人更快乐一样。[39]）但是，这些相关性往往都是骗人的，因为它们解释不了性让我们快乐的真正原因是什么——不是因为高潮（我们靠自慰就能达到高潮），而是因为性对于夫妻关系很重要，性触发了人的内心情感。

肉体上的快乐交织着情感上的亲密，这有助于解释安全型依恋关系的夫妻为什么拥有更和谐的性生活，因为这类夫妻更愿意让对方快乐。多伦多大学心理学家艾米·穆伊斯研究团队得出的结论就是这样的。2013年，艾米等人跟踪研究了44对婚龄很长的夫妻3周的性生活，他们让这些夫妻评价每次做爱后的快感。结果发现，夫妻是否喜欢主动满足对方的性需求是性欲强弱和"自我性快感高低"的最佳预测指标。[40]（艾米等人将一个人是否喜欢主动满足对方性需求的倾向称为"性爱沟通能力"。）这一点可能有点儿自相矛盾——满足对方性欲的同时，自己性欲也会变得更强？不过，这反映出热情地付出爱后，你才会收获热情的爱，得到爱的同时你也要付出爱，这样爱才会长久。最

第三章 婚姻计划

好的性爱不是关于性,而是关于如何尽可能地跟另一半在情感上靠得更近。*

安全型依恋会带来更美好的性爱,反过来说也是对的:若依恋消退,激情往往也会消退。婚恋治疗师苏·约翰逊指出,性生活出问题,往往预示着夫妻感情出现了问题,性生活出现问题是感情淡漠的真实反应(幸福的夫妻称性生活在他们的婚姻满意度中的占比只有15%—20%;不幸福的夫妻则称他们50%—70%的婚姻问题都是性生活问题。[41])尽管很多患者把无性列为婚姻关系出问题的主要原因,但约翰逊认为,性问题至多是副作用,婚姻出问题更多是因为不安全依恋。她说,"夫妻双方都会有情感上的不安全感"。[42] 随着时间的推移,这种状况会造成夫妻互动出现恶性循环:没有依恋感会导致性欲减退,而性欲减退只会导致依恋程度下降。

为停止这种恶性循环,约翰逊与莱斯·格林伯格一起率先推出了一种婚姻问题治疗方法,名为"情绪聚焦疗法"。这种疗法依据的是成年人的依恋规律。约翰逊说,这种疗法的原理是,"夫妻喜欢彼此、依赖彼此,就像孩子向父母要奶喝、要安慰和要保护一样"。早期婚姻咨

---

* 看一下伯尼·齐尔伯格尔德尚未发表的一个针对100对夫妻的研究。他发现,"性技巧"的差别——夫妻双方在床上实际使用的口交、前戏等技巧——对夫妻性交满意度的影响很小。相反,齐尔伯格尔德发现,目前影响夫妻性交满意度最大的因素是夫妻间深厚的感情。John Gottman, *What Makes Love Last* (New York: Simon & Schuster, 2012), 177.

爱的旅程

询把婚姻视为一种理智的协议——夫妻二人要学习如何变成更好的协商者。约翰逊的观点是，对爱的基本需求是不能协商的。情绪聚焦疗法的主要内容是：夫妻间如何表露和增强依恋，如何敏感地回应彼此，以及如何像融洽的母婴关系那样达到同调。约翰逊诊疗时给问题夫妻设计了几个"抱紧我"的场景，在这些场景中，夫妻不再假装不需要对方，而是说出自己到底在担心什么，并且承认自己需要这段婚姻。（约翰逊说，情绪聚焦疗法不涉及"学习辩论技巧，分析幼年生活，做出大的爱的举动，或尝试新的性交姿势"这些内容。）目的在于让夫妻双方建立更加安全的依恋关系。[43]

听起来不错，但是真有效果吗？最开始是有效果的：在随机的对照实验中，约 90% 的夫妻在 8—20 个疗程后关系明显改善。另外，这些改善似乎还是长期性的。治疗结束后，约翰逊和同事又继续跟踪研究了这些夫妻长达几个月的时间，他们发现，已经"和好"或正在"和好"的夫妻的比例在不断增加。

但是，这并不意味着高质量的性爱仅仅是安全型依恋带来的意外结果，也不意味着你爱的人知道如何让你达到高潮。性欲很神秘，解开性欲密码是需要时间的。目前，婚姻治疗师还未就以下观点达成一致意见，即直接治疗夫妻性生活问题很重要，不应该把性生活问题附着于婚姻问题之上。不过，他们大都认为性生活出问题后，夫妻双方的坦白和诚实很重要。[44]性爱带来的快感无法用语言表达，只能用令人尴尬的声音来表达。但是，如果我们把自己到底要什么说出来的话，做爱时就更可能有感觉了。

爱要付出努力，好的性爱也是要付出努力的。让一段关系持久，不是因为爱之火从不熄灭，而是因为爱之火总能被重新点燃。

包办婚姻

1989年，法拉哈德和萨梅拉尚未结婚，他们在印度东南部的城市维萨卡帕特南一起相处了45分钟。他们从未亲吻过、拥抱过或私下交谈过。他们几乎不了解彼此，仅了解对方这些信息：萨梅拉是法拉哈德父母隔壁邻居的外甥女，长得很漂亮，会做甜点；法拉哈德在孟买工作，跟电脑打交道。两个人都说英语，其他都是未知数。[45]

即便如此，萨梅拉和法拉哈德还是在几百人面前遵照古老的包办婚礼仪式结婚了。萨梅拉说："我对婚姻的期待值很低。我相信他人很好，我们两家给我们安排的对象还算理想。"你可以看出，她跟丈夫之间的故事有多平淡：没有任何不愉快的内容，也没有第一次浪漫的约会。他们没讲心中如何突然涌出爱，也没讲命运如何捉弄了他们。相反，萨梅拉和法拉哈德很实际，他们主要谈了哪些因素促成了他们的包办婚姻。萨梅拉相亲的原因是年龄大了，她开玩笑说："我那时候20岁了，这意味着我被认为过了该出嫁的年龄。"而法拉哈德的母亲坚持让他娶个当地的姑娘，这样假期他就不用花一半时间去外地了。我问了他们刚结婚那几天的情况——跟陌生人一起过日子是什么感觉？他们没有回答，而是开始谈他们作为新婚夫妇要完成的一些礼节和义务——他们连续几周都在招待源源不断的客人。萨梅拉说："我们没有时间发愁，光忙活招待客人吃饭了。"

以前，法拉哈德和萨梅拉这样的包办婚姻非常普遍：结婚很少是出于爱，更多是出于经济方面的考虑。《婚姻的历史》（Marriage, a History）一书的作者、史学家斯特凡妮·孔茨指出："婚姻主要是让你找到个好亲家，家里多个劳力；同时，婚姻还让你有了一生的伴侣。"[46] 她说，有爱才结婚的想法"被认为会严重威胁到社会秩序"。直到 18 世纪 60 年代，欧洲人才开始把爱情视为结婚的原因，法国人称之为"因迷恋而结婚"。[47]

没有爱就结婚的想法在 21 世纪听起来很荒谬，起码对发达国家的大部分人而言是这样的。如果一对爱得发狂的恋人在几次狂热约会后就一起逃到拉斯韦加斯，我们也不会觉得有什么好奇怪的。法拉哈德和萨梅拉这对夫妇反而让我们觉得奇怪。所以我对下面这些数字感到吃惊：现今，包办婚姻依然非常普遍，西半球外约有 80% 的国家还存在某种包办婚姻形式。[48]（有些国家，如印度，超过 90% 的婚姻是包办婚姻，很多年轻人对这种安排很满意。[49]）我轻率地以为包办婚姻肯定是历史遗留下来的旧习，但实际上，包办婚姻只是现代婚姻多样化的一个表现

第三章 婚姻计划

形式而已。

不过，我跟法拉哈德和萨梅拉的交流越多，就越不想问他们是怎么开始这段关系的。（他们之间轻松地开着玩笑和不断打趣对方的样子让我想起了自己的父母。）萨梅拉说："我从来都没担心过法拉哈德到底是不是我的白马王子——白马王子大都没什么特点，也不怎么有趣。我们现在拥有的一切远比童话好多了。"和其他持久的依恋关系一样，在法拉哈德和萨梅拉的故事里，这两人经过长时间的共同生活，互相产生了爱。两人都付出了很多努力，也得到了无尽的回报。我问萨梅拉，多久之后她才真正了解法拉哈德。她说："不知道，我从来没想过这个问题。"萨梅拉后来尽可能礼貌地告诉我说："我从来没有想过有一天我能真正了解他，我知道我会不断加深对他的了解。"

我问什么，萨梅拉就回答什么，看上去没什么异样，也不容易发现有什么问题，当时我也的确没发现什么问题。后来我重新看我们之间的对话时，才发现她并没有完全顺着我的问题来回答。萨梅拉把我问题的时态改了——"你什么时候发现自己终于了解了他？"她回答用的却是现在时态。时态的变化意义很大。因为包办婚姻一开始，两人互相了解得很少——双方之前没有交集，没有感情基础，也没有炙热的激情。两人是因为双方家长安排，才把关系固定下来的。他们刚认识时并没有碰撞出爱的火花，而是在婚后一次又一次地爱上彼此的。

爱的旅程

我不想把包办婚姻理想化。把两个陌生人放进一个房间，然后告诉他们不能离开房间。这么做不会带来持久的爱，反倒更像是在做蹩脚的电视真人秀。不过，确实有证据证明，包办婚姻里若有爱，往往会给夫妻双方带来实际的好处。尽管对婚姻满意度进行跨文化比较是很难的，研究人员还是一次又一次地发现，包办婚姻里的夫妻跟经"自由恋爱"而结婚的夫妻一样幸福，甚至更幸福。*[50] 另外，随着时间的推移，包办婚姻出现上升趋势。拉贾斯坦邦大学的乌沙·古普塔和普什帕·辛格的研究（他们的研究也被心理学家罗伯特·爱泼斯坦引用过）指出，跟自由恋爱结婚的夫妻相比，包办婚姻里的夫妻在结婚初期并不相爱。（这一结论没什么奇怪的，因为包办婚姻里的夫妻一开始基本上都不认识。）但是，10年后，情况发生了变化——在鲁宾爱情量表上，包办婚姻里的夫妻的得分比自由恋爱结婚的夫妻的得分高了约1倍。*[51] 加州州立大学洛杉矶分校的心理学家帕梅拉·里根2012年的研究得到过同样的结论。里根对生活在美国的自由结婚的印度夫妇和包办婚姻的印度夫妇进

---

* 同样的模式甚至也适用于美国的"制度婚姻"。与更流行的"灵魂伴侣"式的婚姻相比较，制度婚姻中的传统夫妻奉行的是"永久婚姻标准"。（换句话说，他们相信走入婚姻的动力不是充满激情的爱情，而是生儿育女。）对路易斯安那州1 414对已婚夫妇的调查显示，这些制度婚姻的稳定程度和满意度往往都很高，前提是夫妻双方都"处于"很广的社交网络中。W. Bradford Wilcox and Jeffrey Dew, "Is love a flimsyfoundation? Soulmate versus institutional models of marriage," Social ScienceResearch 39.5 (2010): 687–99.

* 鲁宾爱情量表是哈佛大学心理学家齐克·鲁宾提出的。这个量表包括13个陈述，描述一个人对另一个人的感情，人们在1—9分之间对这13个陈述给出自己的评分。这些陈述包括，"如果对方心情不好，我的第一要务是哄他开心""如果永远不能跟对方一起，我会感觉糟糕"，等等。

行了对比。研究发现，包办婚姻的夫妇与自由恋爱结婚的夫妇之间的依恋关系基本没什么差别。[52]

跟那些自由恋爱结婚最后却离婚的婚姻相比，包办婚姻是成功的。这个结果的确令人吃惊。为什么呢？为了回答这个问题，爱泼斯坦采访了来自9个国家、5种不同宗教背景的夫妻。他发现，跟西方自由恋爱的婚姻相比较，包办婚姻的稳定性和满意度都"超高"。爱波斯坦总结了11个包办婚姻稳定性和满意度都高的原因，其中有两个原因我觉得尤其重要：第一，包办婚姻夫妻对对方和婚姻都有"坚定的义务感"。（萨梅拉指出，包办婚姻中的夫妻往往认为离婚是禁忌，他们认为离婚会给整个家族带来耻辱。）第二，双方都愿意"妥协"，爱泼斯坦将其解释为"为了对方主动改变自己的行为"。[53]包办婚姻中的夫妻认为婚姻不会自我调整，他们像法拉哈德和萨梅拉一样，认为相处时间久了才会有爱，爱需要无数的付出、关系的不断修复以及夫妻之间不断的相互妥协。包办婚姻中的夫妻刚结婚的时候就知道这一点，这是优势。

采访时，萨梅拉跟我说着说着，似乎突然有点儿担心她把自己的婚姻说得太实际了，就好像他们之间的关系只是义务和承诺。她说："刚开始我们对婚姻没有多少期望，这不意味着我们不期待从婚姻中得到更多。我觉得每个人都想收获有爱的婚姻，不仅是那些结婚前就相爱的人。"她说，慢慢了解对方让她很快乐，一步步解开对方的秘密也让她

爱的旅程

快乐。"我从他的一言一行中加深了对他的了解,并且慢慢对他感恩。我知道这听起来挺俗套的,但是我一次又一次地爱上了他。"我第一次知道法拉哈德是通过他的小说。在他的处女作《富人的婚姻介绍所》(*The Marriage Bureau for Rich People*)中,政府职员海德尔·阿里先生退休后很快就感到无聊,阿里的妻子说他像"失去工作的理发师,一天到晚没有事可干,只能给猫剃毛"。为了打发时间,阿里决定当个媒人。不久,他雇用了年轻的女助理阿鲁纳。尽管家里不让阿鲁纳结婚,她却有很多有关婚姻的思考。不出所料,小说以一场盛大的婚礼结尾——阿鲁纳成了幸福的新娘,阿里和妻子也重新点燃了爱情的火花。

法拉哈德为什么会写小说?为什么他以"做媒"为小说的主题?他说是因为受到英国朋友的启发。他的英国朋友总盯着他问,跟一个不认识的人结婚到底是什么样子。法拉哈德说:"他们很吃惊,不敢相信我跟妻子并不是因自由恋爱而结婚。我猜是因为我们看起来很幸福?或者因为我妻子比较健谈,我们经常因为开对方的玩笑而大笑?最后,我觉得或许我应该写本书,写写这些故事。"

法拉哈德就这样成为包办婚姻的一个温和的支持者。他支持包办婚姻,不是因为他认为包办婚姻对任何人都适用,或者认为包办婚姻应该一直保留到 21 世纪。(像阿里先生一样,法拉哈德支持很多自由观点,尤其是"女性自由"。)他之所以支持包办婚姻,是因为他自己的婚姻让他感受到了包办婚姻的好处,也让他知道包办婚姻可以让夫妻双方对爱有很多更现实的态度,这些态度有助于使爱持久。法拉哈德在 2009 年的一篇文章里写道:"我和妻子的婚姻是附带其他因素的包办婚姻,它让我跟妻子从熟人发展为爱人,相亲相爱地相守在一起。我们现在觉得彼此就是自己的最佳选择。我相信,包办婚姻里有很多值得学习的地方。"[54]

法拉哈德或许不愿把包办婚姻的优点明确写出来,以免他的经历会以偏概全。(他说:"我相信统计数字,我不知道人们能从我和我妻子的普通婚姻故事里学到什么。")另外,法拉哈德和萨梅拉指出,并不是所有的包办婚姻都像他们这样成功。很多时候,包办婚姻仍然跟女性的卑微处境有关。比如,在孟加拉国,约有 25% 的女性在 15 岁前被父母逼婚。同时,据联合国统计,每年都有成千上万名巴基斯坦女孩被当作谈判筹码,她们为了抵债而被迫结婚。

但是,这些悲惨的包办婚姻掩盖了一个更普遍的事实:包办婚姻里的夫妻是经双方亲属细致调查对方情况后才结婚的。萨梅拉说:"就像你要雇人工作,就要先看看这个人的相关材料。"双方家庭都同意后,两个人才会见面。有时,只是个短时间的会面——法拉哈德和萨梅拉当时是在萨梅拉叔叔的陪同下一起喝茶吃点心。有些传统鼓励双方一起相处一个星期。在男女双方都同意的情况下,才会到结婚这一步。这一点让包办婚姻跟违法的逼婚区别开来。萨梅拉说:"我们一定要有选择的权利，包办婚姻不意味着不能拒绝。"

法拉哈德和萨梅拉现在住在伦敦南部。法拉哈德在一家投资银行做 IT 经理，业余时间写写通俗小说——这些业余时间大都是他坐在通勤火车上或萨梅拉看电视的时候。和所有幸福的婚姻一样，他们的生活也满是小争执。因为法拉哈德邋遢的习惯，他们会争吵——法拉哈德承认他不太介意"脏袜子和垫子乱放"，他们还会因晚饭吃什么意见不一。（法拉哈德喜欢寿司，萨梅拉喜欢煮了很长时间的鱼咖喱。）现在，他们有两个十几岁的儿子，两个儿子都坚持说长大后他们会自己选择结婚对象。萨梅拉说："我问儿子们能不能让我来给他们选老婆，他们只是笑。他们觉得我们太守旧了。"

不过，尽管儿子们不同意包办婚姻，法拉哈德和萨梅拉还是希望孩子们能从父母的婚姻关系里学到点儿东西。萨梅拉说："我希望儿子们能意识到，激情的爱虽然美好，但激情的爱是有期限的。"

法拉哈德说："我希望他们学会妥协。"

萨梅拉插嘴说，"妥协"这个词不是很中听，"我希望用一个更好的词，因为这是一个人应该具备的一个非常重要的素质"。

"'变通'这个词怎么样？"

"好一点儿。"

"那我希望孩子们学会如何变通。"

第三章　婚姻计划

真爱难觅

浪漫的爱不仅是一种生物学现象，也是一种文化现象。[*][55] 诗人用韵律，电影编剧用陈腐的套语，来描述人的这一原始需求。因此，我们的爱的故事跟其他人的爱的故事其实是相互交织在一起的。其他恋人说什么，我们也会说什么，他们的日常也是我们的日常，他们做什么我们也会做什么。我们做过的其实别人都做过。

因此，如果你想了解爱的现状，就必须回顾一下爱的文化史。我们可以从柏拉图公元前385年到前360年间写的《会饮篇》开始。《会饮篇》讲的是，在一次酒宴上，很多希腊智者讨论了爱的本质。最令人印象深刻的演讲出现在酒宴中段，当时宾客们酒兴正浓。柏拉图把讲台交给了喜剧作家阿里斯托芬。不出所料，阿里斯托芬的演讲里穿插了很多笑话，好笑的段子里满是严肃且有洞察力的哲理。阿里斯托芬说，最初人是圆形的，一个脑袋，前后两张脸，四只胳膊四条腿。不幸的是，由于人类太过敏捷，开始戏弄诸神，触怒了宙斯，宙斯经过细致思考后决定把人从中间劈成两半。

阿里斯托芬说，被灾难性地劈开的记忆一直在那里。他说，每个人都是一半"人"，是不完整的，这就是为什么我们会花一生的时间

---

[*] 一个研究小组里的人类学家指出，他们研究的166种文化中有147种文化（比如卡拉哈里沙漠的狩猎采集者和中国宋朝）都有"明确的证据"证明浪漫的爱的确存在。余下的19种文化，大多数是因为没有可靠的人类学证据证明浪漫的爱的确存在，这跟有证据证明浪漫的爱的确不存在是不一样的。

爱的旅程

寻找自己失去的另一半。爱只是"渴望和追求完整的自己",竭尽全力想把诸神对人类的惩罚解除。[56] 我们遇到自己的另一半时,会马上沉浸在狂喜中,因为我们终于找到了一直在寻找的另外一半。这些刚恋爱的人会忘了吃也忘了喝,他们将世界浓缩在自己的身体里。(阿里斯托芬在他演讲的最后一个段子里指出,因为宙斯把人类的生殖器"移到了身体前面",人类才能生儿育女。人类没被从中间劈成两半的时候,不得不"像蚱蜢一样",把繁衍后代的"种子"射到地里。)

这是个颇具讽刺意味的故事,富含哲理。不过,阿里斯托芬的寓言一直都在影响我们的恋爱生活,尤其影响我们如何看待爱是怎么开始的。罗密欧一见到朱丽叶,就渴望与她亲近。爱的开始在莎士比亚笔下是"啊,我是你手上的手套,这样我就可以摸到你美丽的脸颊!"而弗洛伊德则用"比海深的情感"来描述爱的开始。他称,想和爱的人在一起的渴望让我们退化到了婴儿时期。甚至在流行音乐中,我们也能听到《会饮篇》中的内容,柏拉图式的爱决定了歌手如何咏唱自己的爱人。

可惜,这些哲理和流行音乐都误导了我们,因为它们鼓励的那种浪漫的爱是建立在一些错误的观念之上的。第一个错误观念是,爱需要灵魂伴侣,但是灵魂伴侣非常稀有。如果我们想拥有幸福,阿里斯托芬

第三章 婚姻计划

说，我们就需要找到对我们来说最完美的那个人。*

但是，真爱难觅。研究人员尝试（也许是白费力气）推测出找到合适的长期恋人的可能性。数学家彼得·巴克斯修改了德雷克公式，来证明伦敦只有 26 个女性适合跟他建立幸福而又认真的关系。[57] 包办婚姻的成功意味着我们可以跟相当多的人建立安全型依恋关系。另外，雷蒙德·尼的研究表明，如果你一定坚持要找到灵魂伴侣，那你找到爱的概率可能会降低，因为我们认为浪漫关系中出现的每个小问题都证明了找到灵魂伴侣这样的好事注定不会发生。[58] 对阿里斯托芬而言，爱是关于寻找自己的另一半，不顾一切地寻找自己的另一半。但现实是，完美的爱并不存在。越早放弃寻找完美先生（或完美小姐），你就越有可能找到真正会让你幸福的人。**[59]

阿里斯托芬的爱情模式还存在一个问题。这位剧作家将爱描述为"寻找失去的另一半"，他鼓励人们去寻找与自己一模一样的爱人，这个人得跟自己的兴趣、背景和喜好都相同才行。（如果我们是由同一个灵

---

* 这些好像基本上都是西方套语。已故的精神病学家史蒂芬·米切尔讲了一个关于人类学家奥德丽·理查兹的故事。奥德丽研究过北罗德西亚的本巴人。有一天，奥德丽跟一群本巴人讲"英国的一个民间故事，在这个故事里，年轻的王子爬过玻璃山，穿过大峡谷，与龙搏斗。历经万难，终于与他心爱的姑娘结了婚。本巴人很明显被搞糊涂了，但是他们全都没有吱声。最后，一个老酋长代表那群本巴人问了一个简单的问题，说出了他们心中的疑问：'为什么他不另外找个姑娘？'" Stephen Mitchell. *Can Love Last? The Fate of Romance over Time* (New York: W. W. Norton, 2003), 99.

** 彼得·巴克斯那篇解释他为什么永远找不到合适的爱人的论文写完两年后，他恋爱了，后来结婚了。女方是他一个朋友的朋友。

魂劈出来的一半，不就是会喜欢同样的东西吗？）婚姻咨询师哈维尔·亨德里克斯说，多数人将吸引力跟"似曾相识的感觉"相联系。似曾相识的感觉是，双方都会在心里说："我刚刚遇见你，但是不知为什么，我感觉我好像认识你。"[60] 他们仿佛早就认识对方了，因为他们是一模一样的人。

但是，寻找相似的人往往是个错误。如果我们寻找一见面就有似曾相识感觉的人，最后就会特别看重那些跟我们不一样的性格特征。保罗·伊斯特威克、伊莱·芬克尔和艾丽斯·伊格利在2011年所做的研究表明，一个人即使特别喜欢某种性格，他"也不会很想让现在的恋人具备这类性格"。[61] 还有一项研究在对313项独立的研究进行综合分析后发现，性格和喜好方面的相似性（比如，研究人员说的"把喜欢贾德·阿帕图导演的电影但不喜欢伍迪·艾伦导演电影的人介绍给有同样感觉的人"）对浪漫关系的幸福程度没有任何影响。[62] 另外，2010年一项针对23 000对已婚夫妇的研究指出，在影响夫妻满意度的因素中，相似性只占了0.5%。[63] 总之，我们理想中的人——和自己相似且喜好也跟自己一样的人——跟实际生活里真正想要的人，基本是不匹配的。

约会网站最近增多就是对这个问题最好的说明，38%自称"单身且有模有样的"的人正在用网络征婚。[64] 我们像浏览要看的书或电影一样，浏览网站上谁可能成为我们一生的伴侣，人类历史第一次出现这种情况。我们不相信家庭和朋友的建议，却相信各种网络程序，这些网络程序会告诉我们谁是最相配的伴侣。

第一眼看去，人类历史的这个进步似乎无法胜任找对象这件事。大数据会解决找对象的奥秘——真爱竟然会是一个操作程序！不过，我们不太相信这些电子设备会改善我们找对象的结果，它们甚至可能会使事情变得糟糕，起码由5所大学的心理学家组成的研究小组最近得出的结论是这样的。[65] 他们发表的《网上约会：来自心理学角度的批判性分析》一文主要关注了多数约会网站采用的婚姻介绍策略，这些策略都称，相似性和互补性是婚姻满意的钥匙。比如，Chemistry.com 这个相亲网站承诺，他们安排男女相亲是基于他们之间神经化学物质的重叠性——你是血清素类型？还是更倾向于睾丸素？而 eHarmony.com 网站采用"注重精神型"和"艺术情感型"等 29 种性格类型来区分网站注册人的性格类型。

可惜，这些信息往往都没什么用。这些心理学家在他们接下来发表的论文中指出，"有资料显示，相亲网站的数学运算比随机介绍稍微好点儿"。[66] 尽管人们仍然相信相似性很重要，但是很多研究都表明，阿里斯托芬是错误的——我们不想爱一个跟自己一模一样的人。

评价一个人是不是自己的理想恋人时，相似性并不是一个有用的衡量标准。之所以这么说，是因为人是会变化的。即使是那些看起来稳定的喜好（比如喜欢的冰淇淋口味、周末休闲方式和喜欢看的电影）也在不断地变化着，就像新陈代谢。心理学家若尔迪·夸迪巴赫、丹尼尔·吉尔伯特和蒂莫西·威尔逊把人类会变化这一点称为"历史幻觉的终止"。他们认为，人的价值观、追求和喜好会随时间的推移发生变化，但是人们总是低估这一点。[67]研究人员说："人们似乎会把某一天视为关键时刻，觉得在这一刻自己终于成为一直都想成为的那个人了。"但实际上，这种关键时刻是不存在的。如果我们和另一半的浪漫关系是基于表面的相似性，而不是基于更深的东西的话，那么，我们可能会发现自己是跟一个错误的对象在一起。我们会变，我们的另一半也会变，但是，我们不会想一起变。

那么，到底谁是我们的另一半？怎样能找到真爱呢？

婚礼情节

简·奥斯汀的每部小说的情节基本上都一样。*谁家一个年轻的女儿——总是很漂亮很聪明——在一个古雅的镇上过着平静的生活。刚开始，什么也没发生。其间有很多次舞会、派对、书信来往、去往伦敦的短途旅行。但是，之后会出现一位英俊且富有（但一直没有结婚）的年轻男子，带来了新奇的东西，打乱了小镇平静的生活。误解是避免不

---

* 《曼斯菲尔德庄园》一书明显是个例外。

第三章 婚姻计划

了的,比如,傲慢混合着偏见,男女主角最后必须通过自己的判断纠正对彼此的错误看法。故事总是以一个婚礼结尾。

这个梗概虽然简单,但足够准确。《哈姆雷特》讲的是一位优柔寡断的王子的故事,《洛丽塔》则是有关爱情故事和幻想旅行,用这么简单的一句话去总结也没问题。奥斯汀意识到自己最大的才能就是准确描写人的本性——"两英寸大小的象牙上的雕刻品"。[68] 她的小说之所以都关乎婚姻,是因为择偶问题关系到生存风险,可见,心理学问题跟日常生活问题重叠在了一起。在 19 世纪的英格兰,婚姻是永久性的,如果选错丈夫,那么女人一生的幸福就全毁了。

奥斯汀的第四部小说《爱玛》(*Emma*)对这些问题的讨论达到了极致,这本书的内容全是关于做媒的。小说中,主人公爱玛"漂亮、聪明而且富有",换言之,她除了关注浪漫的事外,无事可做。但是,不同寻常的一点是,爱玛对结婚并不感兴趣。像达尔文一样,她很清楚婚姻的坏处。爱玛对哈丽特说:"我了解我自己,我这个人头脑活跃,整天想很多事,名下还有不少独立财产。"此外,爱玛宣称:"我从没恋爱过,这不是我的生活方式,不符合我的本性。我不认为有一天我会恋爱。"[69]

《爱玛》的主线是爱玛自我认知的过程。小说一开始,当爱玛说她绝不会恋爱时,我们就知道,有一天她会恋爱。对于爱玛来说,不幸的是,她意识到这点并不容易。爱玛给人做媒屡出状况,她也从屡次给

爱的旅程

人做媒中意识到自己也恋爱了。首先,她误读了村里狡猾的牧师埃尔顿先生。爱玛坚持认为,她的朋友哈丽特跟埃尔顿先生最般配,所以她说服哈丽特拒绝了一位善良农夫的求婚。但是,爱玛做媒没有成功,因为大家发现埃尔顿先生行为不端,他最感兴趣的是钱。第二个错误是爱玛对弗兰克产生了好感。弗兰克是个年轻、轻浮的纨绔子弟,他觉得去大城市理发没什么好大惊小怪的。爱玛被他的智慧和幽默吸引,她确信"要是真结婚,他就是适合她的那个人,因为他的年龄、性格和条件都合适"。[70] 但这个想法最终是个灾难性的错误,因为弗兰克已经跟另一个女人私下订婚了。不过,第二个错误的结尾还算不错。尽管爱玛从未考虑过年长的奈特利先生会是她未来的另一半——他看起来像是个奇怪的大叔,总是给她提建议,但她最后发现自己爱上他了,而且一直都爱着他。奥斯汀在小说中写道:"对这事(能不能嫁给奈特利)她考虑得越多,就越觉得嫁给他是令人愉快的。奈特利先生心地善良,总是真心实意地处处为他人着想,现在她感到奈特利比任何时候都值得爱。"[71]

但是,《爱玛》讲的可不只是一个不成熟的富家女不得不认真思考自己愚蠢行为的故事,奥斯汀实际上是在讲一个更大的道理:知人不易。我们无法从一开始就知道自己交往的是什么人,我们只能一点一点地慢慢了解,从一个人的情感变化窥见他的种种人品。尽管奥斯汀所有小说的主题都是知人不易,但是《爱玛》这本书在这一点上谈得最为透彻。奥斯汀一次又一次地指出,我们对他人的最初印象常常受自己的偏见和成见的影响。以前的浪漫故事中，作者都对一见钟情大加赞赏——想想罗密欧和朱丽叶，或者特里斯坦和伊索尔德，但奥斯汀却嘲笑一见钟情的可能性。她的小说中没有出现多巴胺和肾上腺素突然大量分泌的情况，更确切地说，这种热恋的情况虽然出现过，但从未被大家相信。

如果我们质疑一见钟情，就会出现一个棘手的难题：如果我们无法从外表了解一个人，那么怎样做才能最终找到合适的婚姻伴侣？我们还能逃离识人不清的魔咒吗？对此，奥斯汀很乐观也很谨慎。奥斯汀在她的小说中指出，一个人唯一重要的品质就是他如何处理自己的情感，奥斯汀常常称其为"性情"。这一观点她在书中也有暗示，因为奥斯汀几乎总是从情感上的习惯的角度引入她小说中的人物。比如，爱玛"性情快乐"，不足之处是"有点儿过于自我"，而哈丽特"性情可爱、顺从，知道感恩"，[72] 并且非常"温和"[73]；爱玛的父亲是个"神经紧张的人，容易抑郁"，弗兰克"性格焦虑"，奈特利"理智、温暖而且乐观"。随着情节的推进，爱玛的智慧慢慢增长，这些情感取向（不是爱玛特别着迷的那些更为肤浅的变量）开始成为她做媒时要考虑的关键要素。当然，并非理智一定比情感好，神经系统也不总是个坏东西，奥斯汀不认可这种简单的二元论。她知道，性格不只一个成因。但是，她的确指出，性情相似的人应该在一起，我们需要找一个能够理解我们情感上的习惯的婚姻伴侣。在《理智与情感》中，三姐妹中的玛丽安指出："亲密关系不是由时间和机遇决定的，唯一的决定因素是性格。"[74]

爱的旅程

这一点在爱玛和奈特利成为恋人的过程中表现得最为明显。最开始，这两个人好像身在两个世界——爱玛年轻并且反复无常，奈特利年长而且脾气不好。但是，当爱玛从自己屡屡判断错误的经历中学习到了不少东西，而奈特利也接受了自己克制的情感时（他人到中年还单身是有原因的），我们开始意识到，爱玛和奈特利之间存在共同的"自然的性情"。尤其是他们都喜欢压抑自己的情感，隐藏自己的恐惧和爱意，不敢正视自己的情感。总的来说，避免正视自己的情感不是健康的行为，但对爱玛和奈特利两人而言，不去正视自己的情感却很管用。爱玛了解到这一点是在她去看奈特利的唐维尔大庄园的时候。小说中这是爱玛第一次主动仔细研究奈特利的庄园，她"急着想用更为细致的观察和更为准确的理解来更新和纠正自己的记忆"。[75] 爱玛发现，唐维尔庄园并不完美，庄园的布局"凌乱而且不规则"，但是这些瑕疵却让客厅显得更加舒适了。这个地方最后让她感觉像住在自己家里一样舒服。[76]

在奥斯汀写给她心爱的侄女范妮·奈特的一封信中，她给侄女的建议跟《爱玛》一书中的观点一样。正处在爱情危机中的范妮不得不决定是否与约翰·普伦普特里结婚。约翰尽管人不错，但是有点儿太死板，范妮并不是很想嫁给他。奥斯汀的信读起来好像直接来自她书上的内容，至少像是一个睿智的老阿姨在给自己侄女出谋划策。

第三章 婚姻计划

> 哦!我亲爱的范妮,我写他(普伦普特里)的内容越多,就越感觉他是个温暖的人,也越发感觉到这个年轻人值得你依靠,希望你更加爱他。我真心建议你嫁给他,因为你和我认为的完美,在这世上罕有。优雅、虔诚又靠得住,有礼貌、心肠好又宽容,这才是完美的人,不过这种人在生活中不可能存在。

文学评论家威廉·德雷谢维奇称,奥斯汀给侄女这些忠告的要点是"最重要的是对方的性格"。[77]优雅和礼貌很吸引人,但是,更为重要的是一个人内在的品质,内在的品质让爱可以随着时间变得强烈。普伦普特里拥有这种品质,所以奥斯汀向范妮保证说,范妮"很快会爱他爱到足以让两人都幸福"。他可能会表现出一些"礼仪上的缺点",还会信奉"新约箴言",有点儿过于严肃,但范妮和他相同的性情意味着他们的婚姻会圆满,前提是年轻的范妮准备好安心过日子。

奥斯汀不是一个伪君子,她对家人提出的忠告和她给书中的主人公们提出的忠告一样。(德雷谢维奇在分析奥斯汀写给范妮的信时指出,"她不讲空话"。[78])我们很容易沉醉于爱的神话里,但是奥斯汀写的爱情故事跟这完全不同。在奥斯汀的作品中,依恋关系建立在深厚、真诚和长久的基础上。奥斯汀不强调人的外表,而是尽力深入到一个人的内心深处,这就是为什么她的作品总是提到"性情"这个词和它的

爱的旅程

同义词了。*

　　这些词反映了一个更大的主题。奥斯汀的这个观点反驳了阿里斯托芬关于爱的说法——阿里斯托芬认为一个人一眼就能找到自己的另一半，即所谓的爱是一见钟情。但是，奥斯汀在她的小说里一遍又一遍地告诉我们，第一印象往往是错的。人是复杂的动物，了解一个人需要时间。

元情绪

　　简·奥斯汀一辈子都没有结婚，不过中间有一次她差点儿结婚。1802年12月，她一位好朋友的弟弟哈里斯·比格-威瑟在汉普郡曼尼道恩饭店的一间包房里向奥斯汀求婚。关于哈里斯的资料不是很多。奥斯汀传记作家克莱尔·托马林指出，哈里斯有严重的口吃——虽然哈里斯有这个缺陷，但如果奥斯汀与他结婚的话，就可以成为大庄园的女主人，有助于改善奥斯汀家里的经济状况，"确保奥斯汀父母从此过上舒服的晚年生活"。于是，她马上答应了求婚。晚上，大家喝酒跳舞，

＊　比如《爱玛》一书到处可以见到"脾气"（出现47次）、"性格"（46次）和"性情"（25次）这样的词汇。我们可以把《爱玛》中这些词汇的使用情况跟汤姆·哈代《无名的裘得》（*Jude the Obscure*）一书中这些词汇的使用情况做一下对比。尽管哈代的小说篇幅很长，但是"脾气"或"脾性"只出现了22次，"性格"出现了22次，"性情"出现了1次。

第三章 婚姻计划

庆祝他们的订婚。

第二天早上,奥斯汀改变了主意,她告诉哈里斯自己不能嫁给他。发生了什么事?没有人知道。如果你读了奥斯汀的家庭书信,就会发现连奥斯汀的家人对此也意见不一,有的坚持认为奥斯汀不爱哈里斯——奥斯汀的侄女写道,"他(哈里斯)人很普通,木讷,甚至没有教养";有人则认为哈里斯很高贵,跟奥斯汀很般配,如果奥斯汀不跟哈里斯结婚,那将是个很大的错误。[79] 最令人信服的答案是(起码奥斯汀的传记作家托马林这么认为),奥斯汀太喜欢写作了,她没想过结婚过安稳日子。尽管婚姻会给人带来安全感这一点很让人心动,但奥斯汀还是决心好好写她的小说。1803 年,在拒绝哈里斯的求婚后不久,奥斯汀接到消息称,她的第一部小说《苏珊》(*Susan*)即将出版,报酬是 10 英镑。*

奥斯汀像来自火星的人类学家一样,在作品中详细描述结婚的各个阶段,她自己从未经历过婚姻,却描写着婚姻的苦与乐。也许没有结婚的经历让她有了惊人的洞察力,使她一直充满智慧并且眼光犀利。近年来,研究人员一致认可奥斯汀的确认为般配的婚姻里,两人的性格最重要。他们给奥斯汀小说里强调的性格起了个新名字:元情绪。[80] 虽然人们都有相似的情感,比如痛苦和快乐,但是我们到底是怎么感受这些

---

* 书商 Crosby & Co. 后来改变了主意,没有出版奥斯汀的《苏珊》。这本书后来在奥斯汀去世后才得以出版,出版时更名为《诺桑觉寺》(*Northanger Abbey*)。

爱的旅程

情感的却因人而异。你喜欢谈论自己的情绪吗？得到赞扬或受到批评的话，你心里会有什么感觉？有压力的时候，你会找人诉说还是自己待着？兴趣和喜好不会持久——这就是找对象时兴趣和喜好不可靠的原因。但元情绪非常稳定，元情绪体现了成年人一些基本不变的个性上的习惯。(儿童的元情绪具有可塑性，而且受到父母很大的影响。)

华盛顿大学著名的婚姻心理学家约翰·戈特曼是首位对元情绪进行研究的学者。他关注这个方向，主要是因为受到了临床经验的启发——他曾努力为问题夫妻治疗婚姻裂痕，但经常以失败告终。他说："我一直想反驳一个事实，那就是夫妻对他们自己的情绪做出的反应不同。这说明他们不能理解彼此或重视彼此。"[81] 戈特曼给我讲了一对夫妻的故事，他多年来一直都在治疗这对夫妻。戈特曼说："妻子8岁时被爷爷性侵，因此在生活中一直有一股怒气。但是，她不认为愤怒是件坏事，反而觉得愤怒是她力量的来源，是她争取正义的方式。她的丈夫正好相反，他害怕愤怒。这位丈夫说他的父母经常大吵大闹，他们吵架的声音太大，半夜都会把他吵醒。当时这对夫妻正谈着什么，然后丈夫不断告诉妻子，'不要对我大喊大叫，不要大喊大叫！'妻子则说，'我没有大喊大叫，我只是在告诉你哪里错了。我什么时候大喊大叫了？'丈夫接话说，'你现在就在对我大喊大叫！'这时候我意识到，真正的问题在于他们在如何处理和表达自己的感受时存在不同的理念。"

戈特曼推出了一种可以测量元情绪的访谈技术，以便更好地了解夫

第三章　婚姻计划

妻情绪表达方式不同会有什么影响。访谈开始是一个简单的问题："你对惊喜一般有什么样的反应？"戈特曼说："我之所以通过上面这个问题开始我对夫妻双方的访谈，是因为这个问题无害。我的意思是，我问的不是大家对愤怒或悲伤的感觉。但是，人们经常对惊喜反应强烈。有些人喜欢惊喜，丈夫讲会买妻子喜欢吃的鸡肉，给妻子一个惊喜。有些人则称，'我不喜欢惊喜，特别受不了我生日派对上的惊喜。'我问这个问题，他们回答，这样一来，对话就能进行下去了。"

顺着这个问题，戈特曼又问了夫妻双方其他一些情绪问题，包括愤怒和性欲。他让他们描述悲伤时是什么感觉，孩子哭闹时他们怎么回应；他问他们最喜欢和最不喜欢什么情绪，试图了解他们是如何克服负面情绪的。[82]戈特曼说："这时场面会变得比较紧张。我问的是关于脾气的问题，但他们可能会开始讨论他们的父亲，说父亲酗酒，喝醉酒后会非常暴力。"

访谈结束时，接受过培训的研究人员会分析夫妻双方的回答内容，他们主要关注双方使用什么样的比喻和形容词来描述自己的感受，其目的是把受试者按照三个基本的元情绪类型进行分类："表达情绪型、拒绝表达情绪型，以及在正面情绪和负面情绪间找到平衡的中间型。"[83]

对元情绪测量方法进行验证后，戈特曼接着开始了他针对几十对夫妻的一项雄心勃勃的纵向研究。每对夫妻的元情绪都经过了细致测量。根据访谈记录，这些夫妻都被归入了三个基本的元情绪类型中。戈特曼承认："这个分类并不完美。我的意思是，人的性格总是有点儿让人摸

151

爱的旅程

不透,但是,这并不意味着这个分类就无法反映出人身上有哪些东西重要。"戈特曼后来跟踪研究这些夫妻长达 8 年时间,对他们婚姻生活中的风风雨雨,以及婚姻中出现的问题和快乐做出评价。

戈特曼发现,夫妻元情绪是否合拍——夫妻双方是否有共同的性情——是婚姻是否幸福的重要指标,用元情绪预测"离婚,其准确率为 80%"。[84](戈特曼和林恩·凡西尔贝·卡茨以及卡罗莱·胡文合著的论文指出:"元情绪是决定婚姻是否成功的根本动力。"[85])虽然理想的元情绪类型是不存在的——不管是哪种性情,都可以带来幸福和依恋,但是戈特曼坚持认为,找基本情绪反应一样的另一半很重要。

为什么元情绪是婚姻的"根本动力"?答案显而易见:人与人之间是不同的。阿里斯托芬认为,两个人没有不同才会产生爱——灵魂伴侣只是人失去很久的自己的另一半。但是,这位希腊剧作家的观点是错误的。奥斯汀发现了阿里斯托芬观点的错误,将人与人之间的不同写进了她的小说皆大欢喜的情节中。奥斯汀小说里的男女主人公吸引读者的原因在于,他们最开始无论如何都不可能成为一对,因为他们太不同了。*在《傲慢与偏见》里,伊丽莎白和达西最开始是敌对关系,他们唯一的相同点是互相鄙视。达西拒绝跳舞,喜欢在信中使用四个音节

---

* 有个例外,那就是《傲慢与偏见》里的简·班纳特和查理·宾格利基本上一模一样,他们的关系非常乏味也就不足为奇了。

第三章 婚姻计划

的复杂词汇，讲话乏味、令人费解；伊丽莎白则喜欢乡村舞会，说话直接、俏皮，而且喜欢用短句。

但是，奥斯汀坚持认为，这两个人表面上的不同并不是什么大问题。尽管达西和伊丽莎白看起来个性迥异，但是他们慢慢意识到，实际上彼此的内在性情相同。他们发现，表面上的阶层的不同——这些不同造成他们最初认识的时候跟对方发生了口角——隐藏了他们内心深处的共同之处。奥斯汀把这些改变放在了他们的对话中，达西和伊丽莎白慢慢开始用明显相似的方式说话。文学评论家帕特丽夏·迈耶·斯帕克斯称他们用"共同的语域"说话。[86]（斯帕克斯建设性地指出，这种新的语法风格基本是叙事者的说话风格，恋爱意味着用奥斯汀书里的说话方式说话。）达西放弃使用做作的词汇，说话时用短句，而伊丽莎白也丢掉了先前对达西的刻板印象。

达西在说话风格上接近伊丽莎白，这是文学上的同伴式爱情。奥斯汀在书中从不写中年婚姻——她写过求婚和调情，但没写过家里人吵架，她笔下的恋人相互间表现出共情，这意味着他们婚后不会因双方意见不同而分开，* 因为他们之间肯定会出现意见不同的情况。（人们会马上

---

* 在《爱玛》后半部分，奥斯汀向读者说明了爱玛和奈特利是如何学着相互理解的。他们有着相同的情绪理念，甚至都不需要语言。在特别细致地开始写这一对很平常的一次对话前，奥斯汀写道："日子一天一天过去，"奈特利说，"爱玛，我有事要告诉你。"爱玛问是好消息还是坏消息。但是，之后，奈特利甚至还没有机会开口，爱玛在看到奈特利的脸后就猜出了答案。"天哪，我就知道，"爱玛说，"我从你的表情里看出来了。你在努力让自己别笑出来。"

爱的旅程

想起伊丽莎白和达西，或爱玛与奈特利年老时吵架的样子，这几位可都不是容易被说服的人。）戈特曼说："每对夫妻都会吵架，有些时候，你只想骂一句，'去你的，混蛋！'但问题是，吵完或骂完后，接下来会发生什么？夫妻双方从基本层面弄清了对方处于什么情绪之中了吗？他们弄清楚对方为什么处于这种情绪之中吗？"

戈特曼的很多研究都在关注夫妻相互理解的方法。他跟数学家詹姆斯·穆雷合作的一项研究，使用"非线性差分方程"预测夫妻离婚的可能性。这个方程非常复杂，它们最开始是为了解释军事竞赛中敌对国家的行动，但是多少有助于我们了解影响婚姻的关键变量有哪些。[87] 方程重点解释了婚姻中有关夫妻相互理解的一个令人意想不到的重要部分：经常性抱怨，即戈特曼所称的"低消极阈值"。研究人员指出，抱怨多且总是对鸡毛蒜皮的小事抱怨的夫妻，其婚姻持续时间更长。高消极阈值的夫妻，也就是那些总是对大事抱怨的夫妻，更有可能会离婚。

怎么解释这个研究结果？研究人员说，抱怨的作用在于不会有积怨，这样在问题恶化前就可以得到解决。（在地缘政治领域，类似的概念是外交途径。有了外交途径，两国就不太容易发生战争。）所以，下一次丈夫没把剪下来的手指甲清理干净，还留在沙发上，或妻子忘了把用过的碗碟放在洗碗机里时，配偶不要装作不在乎。开始发牢骚吧，这样可以帮对方了解到自己哪里做错了。有一天，抱怨甚至可能会变成一种妥协方式。

第三章 婚姻计划

这个研究的主题苦乐参半：婚姻的成功取决于我们是否愿意面对婚姻中出现的问题，以及时时都有的唠唠叨叨的紧张气氛。婚姻不是关于两个人是否好得像一个人，或者两个灵魂是否结合在了一起——婚姻是有关夫妻二人如何找到方法，解决彼此间的差异。我们从亲密关系中学到的知识是，我们并非像自己想得那样好相处。（婚姻是最诚实的镜子，会照出我们独自一人生活时没表现出来的那一面。）我们会有小情绪和坏习惯，比如，在车里抠鼻子，在沙发上剪指甲。要想使婚姻成功，你就必须承认自己有这些缺点，而且会利用这些缺点克服自己的问题。

戈特曼讲了一些发生在他的婚姻中的真实故事，这样有助于我们更好地理解上述观点。他说："一天晚上，我真的很想读完一本悬疑小说。我想我猜出来谁是杀手了，急着读完，想看看我猜的到底对不对。"但是之后，读着读着，他必须去趟卫生间。他看到妻子正在卫生间里梳头，他原本可以忽视，因为这是她每天晚上的一个习惯。不过，那天晚上他注意到妻子眼中闪过一丝伤感。"我还是有选择的，我可以悄悄走出卫生间，然后告诉自己：'今晚我不想问她为什么伤感，我只想读那本书。'但是，我没有这么做……我从她手里拿过梳子，然后问她，'亲爱的，怎么了？'于是，她告诉了我原因。"[88]

这是个非常平淡的瞬间——卫生间洗手池旁边两个人简短的对话。但是，戈特曼用这个事说明在每一段长期关系里，双方都需要共情，即使这种感觉像是在为对方付出。尽管戈特曼不悲伤,而且他还有其他想做的事,但是他仍注意到了妻子的伤感。他跟妻子的元情绪类型相同,因此他发现了她的脆弱而且回应了她的脆弱,并在睡觉前缓解了她的伤感。戈特曼说,一个好的婚姻应该有很多这样的瞬间。在这些瞬间,夫妻会感觉到对方的感觉,即使这跟自己的需求相冲突。也许我们只是想聊会儿天,也许我们只是在一起看会儿电视然后一起睡觉,也许我们想接吻,也许我们只是想让对方带孩子,这样自己就能去健身。具体是什么不重要,重要的是共情。因为即使我们反对对方的抱怨,还是应该试着去了解对方为什么会有这些抱怨。

夫妻之间的元情绪类型若是不一样的话,交流就会很困难。这类夫妻注意不到彼此的脆弱,他们可能会过于关注彼此的差异,两个人之间的每个不同点都会让彼此感到不快。多数小争吵(比如干家务或看孩子)也会升级为大吵大闹,演化为更深层、更严重的问题。"他听我说了吗?""她搞明白了吗?""他还关心我吗?"戈特曼等人指出:"元情绪类型不同的夫妻,其婚姻关系也不稳定,他们之间的互动表现为失望、负面、批评、轻蔑和抵御,最后,对彼此的爱会消失殆尽"。对于陷入这种恶化关系中的夫妻来说,离婚并不是最糟糕的选择。戈特曼说:"这种夫妻吵架后,生活确实会糟糕透顶。婚姻中出现的这些令人惋惜的事件构成了婚姻中的僵局。"

戈特曼的这一研究发现并不意味着元情绪类型相同是幸福婚姻的

第三章　婚姻计划

秘诀，因为根本就不存在什么秘诀。另外，不管什么规律，总有例外。戈特曼知道，他的研究只是一个概率研究，每种人际关系都有自己的逻辑。爱玛提醒过人们，"人很少能（的确很少能）揭示出完全的真相"，尤其在这个真相是有关爱这么复杂的情感时，就更难被揭示出来了。

撇开其他不谈，起码戈特曼的研究应该证明了根本不存在什么配对"科学"。约会网站让人看到通过电脑程序找到灵魂伴侣的希望，但是获得模拟数据是没有捷径的。心理学家伊莱·芬克尔指出："浏览个人档案基本不可能让我们找到那些对成功依恋关系而言真正重要的信息。仅凭一些策划好的文本和照片，你无法知道第一次约会是否能碰撞出火花，也无法知道你是否会对对方有感觉，或想进一步了解对方是不是那个让你有感觉的人。"[89] 想知道自己是否喜欢对方，自己是否与对方具有相同的元情绪类型，最好且唯一的方式就是两人在一起相处，一起肩并肩看世界。*因为只有这样，你们才有可能了解到爱玛所说的"特别的小事"，正是那些特别的小事才能反映出一个人到底有什么样的性情。

为了说明这个问题，戈特曼讲了有关独木舟里的一对夫妻的趣事。

---

* 时间可以告诉我们很多东西——我们好像天生就有能力识别谁是合适的伴侣。不是相信自己的第一直觉，而要在一次又一次约会后，相信自己那些经久产生的直觉。比如，加州大学洛杉矶分校的贾斯廷·拉夫纳的研究表明，订婚期间怀疑过自己该不该订婚的女性（可以说，像奥斯汀一样，对要不要订婚"没有信心"）4年内离婚的概率是其他人的 2.5 倍。女性的这种担心和怀疑不是很明显，因此常被人忽视，但它却真实可靠地反映了女性觉得未婚夫不是理想的另一半这个问题。爱玛自己慢慢意识到了这一点，她说："基本规则是，如果女性拿不准自己是不是该接受对方求婚的话，那她肯定应该拒绝。如果她在说'我愿意'时犹豫了，那么就应该直接说'我不愿意'。"

爱的旅程

他说："有一天，我乘坐独木舟在河面游玩，看到一对坐在另一只独木舟上的夫妻。我看着他们，然后想'太好了，他们肯定有共同的爱好！'但是，后来我离他们更近点儿的时候，听到他们正朝着彼此大喊大叫。那个丈夫是个完美主义者，他正努力教妻子如何正确地划桨。他的妻子却说，'这重要吗？我现在的划桨方式很棒，咱们就这么划吧。'她的话当然只会让丈夫更生气。"这个故事告诉我们一个道理：这对夫妻喜欢划船的点完全不一样。"网站可能会把这两位凑在一块儿，因为他们都喜欢水上运动，但是真正重要的是，他们如何对待这项运动以及他们如何定义好玩。这些才是最重要的。真正开始水上运动后，你才能发现什么才是真正重要的部分。"

健康资产

为什么我们还在读简·奥斯汀的小说？她写的是19世纪的婚姻。在她写的那些童话故事里，整个故事都围绕着一个婚礼。这种童话故事很吸引人，但也很不现实，起码看上去跟现代的恋人们没什么关系。今天，我们是在一个性别平等、允许同性婚姻和无过错离婚的时代，奥斯汀笔下那些女主人公千辛万苦的依恋关系常常让人觉得离奇和过时。杰弗里·尤金尼德斯指出："如果爱玛后来申请离婚的话，她跟谁结婚重要吗？"[90]

第三章 婚姻计划

但是，奥斯汀的小说一直都有婚礼情节，她的小说比以前更受读者欢迎。尽管奥斯汀小说的一些细节可能有些过时——现在这个时代，调情时不再穿着舞会礼服，婚前性行为不再是最严重的错误——她小说里的基本观点，即没有什么比自己的心更重要，依然正确。和伊丽莎白、爱玛和范妮一样，多数人都相信，最好的生活是有人分享的生活，婚姻伴侣是一个人一生中最重要的选择。奥斯汀在给侄女的一封信中写道："除了婚姻没有爱之外，不管什么样的生活皆可接受。"后来，她又指出，比婚姻没有爱还糟糕的是，一个人从来不知道什么是爱。[91]

最新研究都证实了成年人的爱的力量。奥斯汀妈像说过：众所周知，一段令人满意的浪漫关系很重要。但第一份关于成年依恋重要性的研究资料是在奥斯汀英年早逝后几十年才出现的。1839年，物理学家威廉·法尔负责为英国注册总署编写"统计摘要"。英国注册总署是英国的一个政府部门，主要记录拥有地产的绅士的财产转让情况。他因工作便利接触到政府数据，想弄清各种长年悬而未决的谜团，不过这些谜团很少跟富人的资产有关。比如，法尔分析了从事不同职业的人的死亡率，他发现从事某些职业的人的寿命会短一些。（平均而言，屠夫大都较早去世。法尔认为这些人去世早的原因是他们"在屠宰场被腐烂的东西包围着"。[92]）但是，法尔最重要的贡献是他于1858年所做的关于婚姻对健康有益的分析。看了法国成年人的死亡统计资料后，法尔令人信服地指出，已婚人士比那些单身或丧偶的人的死亡率低很多。法尔说："婚

159

爱的旅程

姻是一种健康资产,单身人士比已婚人士在人生旅途中出事的概率更高。"[93]

法尔很有先见之明。最近几十年里,很多流行病学研究指出,已婚人士患有癌症、病毒感染、精神疾病、肺炎和痴呆的概率明显低得多,他们动手术、遭遇车祸和心脏病发作的概率也比别人低。[94] 婚姻关系如果是安全型依恋,效果就更为明显。比如,最近一项研究,将一些患有充血性心力衰竭的男性的婚姻质量分为分为高质量和低质量两种。研究人员发现,婚姻质量跟疾病的严重性一样,可以用来预测病人寿命的长短,婚姻质量低的人活的时间更短些。[95]

爱可以让我们活得更长久,这并不奇怪,因为爱会让我们更快乐,更能够忍受生活的艰辛。[96] 心理学家马丁·塞利格曼指出:"大量有关婚姻方面的研究发现,最有说服力的一点也许是,已婚人士比其他人更快乐。调查不同种族的人时,研究结果是这样;心理学家后来调查了来自17个国家的人,结果也是这样。跟工作满意度、财产满意度或社区满意度相比,婚姻满意度对幸福程度的影响更大。"[97] 婚姻的好处在一个人生活最艰难时体现得最明显。不过,研究人员长期以来一直认为,一个人的幸福感在他中年时会降低(中年时工作和家庭压力最大)。如果婚姻幸福的话,一个人幸福感下降的幅度很小。[98]

我们身体中化学物质分泌的基本周期会明显地反映出爱如何让我们拥有恢复能力,好的依恋关系如何让我们度过艰难时光。近年来,科

第三章 婚姻计划

研人员越来越关注皮质醇的变化。皮质醇是一种激素，其分泌情况对身体影响很大。一般而言，皮质醇分泌在我们早晨醒后不久达到最高值，之后慢慢下降，晚上睡觉前分泌水平最低。几乎所有人都是这种分模式，变化的幅度因人而异。有的人变化幅度大——他们早晨醒来时皮质醇的分泌比别人更多，睡觉前皮质醇分泌的下降幅度更大；有的人的变化幅度则较为平缓——他们早晨醒来时皮质醇分泌比别人低，睡觉前皮质醇分泌的下降幅度也比别人小。整体而言，皮质醇分泌变化幅度平缓，跟糖尿病、抑郁症和心脏病等严重的健康问题有相关性。[99]

那么，皮质醇分泌的变化幅度是由什么决定的？心理学家理查德·斯莱彻、埃姆雷·塞尔正克和安东尼·昂最近的研究表明，"感受得到伴侣的回应"起到了重要的作用。[100]（这种回应被定义为"相信自己的伴侣理解、认可和关心自己的程度"。）为了说明这一点，他们搜集了1 078名成年人在两个时间段中夫妻关系方面的资料，这两个时间段之间的间隔约为10年。他们还搜集了受试者的皮质醇分泌资料，以便了解该激素分泌变化与最亲密关系类型之间的相关性。

结论是：得到伴侣更积极回应的人，其皮质醇分泌的变动幅度更大（更健康）。另外，分泌变化跟负面情绪整体减少相关。这只是初步研究结果，仍需增加受试者数量来进一步验证，但是，这项研究初步确定了依恋关系能让一个人的身体良性循环这一点。如果伴侣能更积极地回应自己，我们就会把自己最不愉快的情感处理得更好，我们的皮质醇分

爱的旅程

泌方式和压力排解方式也会随之出现持久性的变化，从而让我们更加长寿。

浪漫关系到底有多重要，这在一段浪漫关系结束时也能看出来。以鳏寡效应为例。鳏寡效应指夫妻中一方刚去世后几年内，另一方去世的可能性会变大。"鳏寡效应"这个术语在 20 世纪 60 年代时就出现了，但是直到现在才被证实的确存在。哈佛大学物理学家尼古拉斯·克里斯塔基斯及其同事所做的研究最有说服力。他们用 9 年时间，跟踪研究了 518 240 万对年龄超过 65 岁的夫妻。（克里斯塔基斯通过这些夫妻的医疗保险记录跟踪研究他们的健康状况。）研究期间，被调查夫妻中有 252 557 万名丈夫和 156 004 万名妻子先后辞世。一方死亡会导致另一方身体状况极度恶化，30 天内其配偶死亡的概率会提高——男性多出 53%，女性多出 61%。（其他研究指出，刚刚丧偶 3 个月的人"去世的概率过高"，去世概率在 30%—90%。）刚刚丧偶的人去世的原因有很多，他们死于癌症、肾病、中风、事故和感染的概率大大增加。此外，心脏也受鳏寡效应影响。丧偶的人更有可能患上各种严重的心脏病。换句话说，丧偶真的会让人心碎。[101]

查尔斯·达尔文娶他的表妹爱玛是他生活中的一个重大决定。尽管达尔文一开始对于是否结婚持怀疑态度，但是他最终还是选择了家庭生活。17 年间，他和妻子生了 10 个孩子，他们的家中满是孩子们的笑声。爱玛不是很忙的时候，经常给达尔文帮忙。她会读达尔文的草稿，并在页边空白处半信半疑地写下"大胆的假设"，而达尔文会把爱玛标注的地方改写一遍。（爱玛还会纠正达尔文的拼写错误和标点符号错误。）也许，最重要的一点是，达尔文夫妇之间有着深厚且始终不渝的爱，这让他们克服了信仰上的分歧以及婚姻生活中的各种不幸。当他们可爱的女儿安妮在10岁去世后，爱玛给达尔文写了张字条："你一定要记住，你是我的宝贝，一直都是。我唯一的希望是等你安全回家，我们一起悲伤。"[102]

随着时间的流逝，达尔文开始意识到，他对婚姻的理智的心理学分析并没有抓住要点。年轻时，达尔文在列举不结婚的理由时，他把"跟妻子相处"列为负担，他本以为跟妻子在一起会减少他跟"俱乐部智者对话"的时间。但结婚后，他学会了享受家庭生活中各种不起眼的小事，其中一件就是在下午，夫妻二人为对方读书。达尔文喜欢那种有幸福结尾的小说，他会一遍又一遍地读奥斯汀的小说，"直到读不下去为止"。[103]

达尔文晚年时对蚯蚓很着迷，这种无脊椎动物启发他写出了生平最后一本科学专著，即《通过蠕虫的行动形成蔬菜霉菌》(The Fomation of vegetable Mould, through the Action of Worms, with observations on Their Habits)。令爱玛奇怪的是，她发现自己跟丈夫兴趣相同，这对老夫妻会一起坐在花园里观察土里的蚯蚓。[104]

爱的旅程

1882年，达尔文因心力衰竭快要不行了，医生开的药不起作用，他被疼痛折磨得很痛苦，神志不清，但他大声呼唤着爱玛。[105]据说，达尔文临终前在床上向上帝祷告，该死的病魔让他终于接受了爱玛的信仰。但事实是，达尔文并没有向上帝祷告，这位伟大的科学家把最后一口气留给了自己的妻子。达尔文告诉爱玛："我一点儿也不害怕死亡，请记住，你一直是我特别称职的妻子。"很多相关传记都指出，当时达尔文看着爱玛，用小得几乎听不见的声音说："我的爱人，珍贵的爱人，请告诉孩子们，让他们记住，他们对我一直都很好。"[106]

插曲

离婚

周围的东西全坏掉了,只有我们自己还没有坏。

——约翰·厄普代克,"自来水管道"[1]

"梅普尔斯夫妇想离婚,而且两人谈论离婚已经有很长时间了,但好像一直都没离成。"[2]《罗马的两张单人床》的故事就这样展开了。这是约翰·厄普代克的一部短篇小说,讲述了一对正要离婚的夫妻的故事。故事一开始,理查德·梅普尔斯和琼·梅普尔斯入住了罗马一家饭店的房间,却发现房间里的床不是双人床,而是两张单人床。对理查德而言,这种摆设是个不祥的预兆,提醒他,夫妻俩逃不了离婚的结局。

厄普代克这部小说是他带自己的家人到欧洲旅行后不久写的。厄普代克的这次欧洲假期更像是流亡:厄普代克被抓到有外遇后,夫妻俩离开了自己居住的小镇。[3]但是,厄普代克照例忍不住又把自己的生活写进了小说里。他经历了什么,就在作品中写什么,他了解20世纪美国社会中爱与婚姻的痛苦。[4]于是，他写了梅普尔斯夫妇的故事。这个故事里，梅普尔斯夫妇到罗马旅行，却跟他人有了私情，即便改变了家里的布局，一切也都没变好（梅普尔斯夫妇在后院建了一个网球场），两人之间的积怨像石膏墙上的洞一样，越来越大。有一次，琼和理查德一起出去吃晚饭，两人正谈着他们婚姻出问题会对孩子们造成什么样的影响。琼看着自己喝空了的酒杯，打断丈夫的话说："一杯酒再也不够两个人喝，是不是很奇怪？"

有时候，厄普代克太过诚实了。他写了一部小说，结果却发现无法出版，起码在当时出版不了。（厄普代克后来坦白说，他"尝遍了女人的眼泪，然后把背后的故事讲出来，用10磅Janson字体、Roman字体和斜体字写成了一部小说"。[5]）不过，他的坦白通常使他作品里描述的依恋关系给人一种不安的感觉，好像是读者在偷听，偷听的内容都是些没人敢曝光的家庭生活片断。他的诚实在"分开"一章中最让人难忘。这一章中写的是有天晚上，梅普尔斯夫妇告诉了孩子们他们要离婚。（厄普代克传记作家亚当·贝格利称，厄普代克"就在故事发生几周后，他如实地记录了这个故事。这是真事，这个故事是关于说出真相，以及掩盖真相"。[6]）理查德和琼决定跟孩子单独说他们要离婚的事，但是，理查德在一家人吃晚餐时忍不住哭了起来，琼不得不让孩子们一起知道了这个可怕的消息。结果当然不怎么样。其中一个孩子问："你们关心我们什么？我们只是你们名下的附属品而已。"[7]

插曲 离婚

最糟心的是之后的情景，当时理查德正跟大儿子谈他跟妻子离婚的事。理查德向儿子坦白说："我恨自己不得不告诉你我们要离婚的事实，我的确恨自己。我父亲活着时是绝对不会对我做出这种事的。"[8]一开始，大儿子一直在安慰理查德——大儿子似乎很从容地接受了父母离婚的事情。但是后来，当理查德到大儿子房间给他晚安吻的时候，他注意到儿子已是泪流满面。大儿子当天晚上的那句话让人心碎，儿子哭着在理查德耳边问："为什么？"这句话很关键，也很有智慧，但是，理查德回答不上来。[9]

这个故事的重要性在于梅普尔斯夫妇俩过度的矛盾心理。离婚不可避免，这对夫妻已经分居多年，但是，最终盖章离婚时，婚姻的终止仍然让人觉得困惑和恐惧。"梅普尔斯夫妇来了"一章是厄普代克在自己正式离婚8周后写的，他在这一章中描述了梅普尔斯夫妇在法庭上尴尬的离婚仪式，离婚仪式就像反面的结婚仪式。（法院准予厄普代克夫妇无过错离婚，这是马萨诸塞州最早的几个无过错离婚案例之一。[10]）人们在结婚时有牧师和父母参加，离婚时有法官和律师参加；结婚时有亲吻和微笑，离婚时有罪恶和愤怒。爱的承诺让路给了法律协商。然后，还有孩子，并不是所有孩子都能接受父母离婚这件事。

马萨诸塞州郊区成为厄普代克"离婚后的休养乐园"，他是在那里写下这些故事的。[11]当时，美国离婚率明显呈上升趋势，1960—1975年间离婚率涨了一倍多。[12]离婚率上升，部分是因为无过错离婚法的实施。1969 年,加利福尼亚州成为美国第一个允许夫妻因"无法调和的分歧"而离婚的州,这要归功于罗纳德·里根州长。厄普代克的小说也抓住了美国社会中这些让婚姻制度更加贴心和人性化的文化变迁。当时,恋爱自由,避孕不难,越来越多的女性步入职场,离婚不再像以前那样让人感到耻辱。

这些社会变迁对人造成了很大影响。梅普尔斯夫妇的故事是纵向的——读者可以按时间顺序了解这个家庭解体的整个过程。厄普代克写这部作品的时间还与有关离婚的最早的科学调查的时间相近。1972 年,弗吉尼亚大学的 E.梅维斯·赫瑟林顿研究了几百个刚刚离婚且有孩子的家庭。她跟踪研究了这些家庭几十年,调查方式有家访、问卷调查和长时间的采访等。

调查结果让人惊喜。比如,赫瑟林顿发现,跟男性相比,女性首先提出离婚的概率更高,有 1/4 的男性称"没想到妻子竟然想跟自己离婚"。[13] 她发现,离婚后,很多男性进入"一夜风流"的阶段,他们会跟人随便交往,发生短时间恋情。[14] 但是约一年后,这些随意交往和短时间恋情变得令人沮丧,这些男性往往会开始琢磨更认真的恋情。赫瑟林顿发现,多数人很少会跟之前的婚外情对象结婚,大多数离婚夫妻(甚至那些说自己离婚后情况很不错的人)仍然在怀疑之前离婚的决定是否正确。[15]

赫瑟林顿最令人瞩目的研究结果是关于这些离婚家庭的孩子们。她的研究指出，约75%的孩子能够接受父母离婚。[16]赫瑟林顿在2000年的一次采访中说："但是，不要忽视大多数孩子对这一点仍感到非常消沉。这些离婚家庭的孩子即使在24岁成人时，也仍然会说父母离婚是他们生活中最大的心理创伤。但是，他们受的心理创伤并非永远都不会愈合，他们有复原力。"[17]

剩下25%的孩子则情况糟糕。这些孩子受父母离婚影响很大，内心很挣扎：他们的成绩下降，经常发泄情绪，还有严重的心理问题。这些孩子中有些人会康复，赫瑟林顿研究了那些后来一直都没有康复的孩子。赫瑟林顿指出："我研究了40年后，便不再怀疑，我知道离婚的破坏力很大。离婚的确会毁了一个人的生活。"[18]对这些离婚家庭里的孩子而言，父母离婚带来的糟糕后果会有多米诺效应。跟其他人相比，这些孩子辍学、吸烟的概率要高得多，他们成年后离婚的概率也更高。[19]随着时间的推移，这些相关性会造成严重的影响。特曼历时研究自20世纪20年代以来一直在跟踪研究1 500多个高智商者。研究发现，童年时父母离婚是这些孩子"英年早逝的最强且唯一的预测因子"。[20]平均而言，离婚家庭的孩子比那些完整家庭里的孩子早去世约5年。

其他纵向研究也得出了类似观点。心理学家茱迪丝·沃勒斯坦（她大部分时间都在加州大学伯克利分校任教）花25年时间跟踪研究了加州马林县131名来自60个破碎家庭的孩子。她的研究表明，约1/3的孩子完全克服了父母离婚阴影的影响，并且与父母都保持着积极正面的关系。[21] 另外 1/3 的孩子"在父母离婚后明显过得很不好",而且出现了临床抑郁症的症状。[22] 还有 1/3 的孩子情况介于两者之间。*大多数孩子说,他们仍然希望父母能重新在一起,即使在父母离婚几年后,孩子们还是这么希望。

就像厄普代克作品中主人公的离婚结局一样,离婚方面的研究最后得出的结果也令人非常不满意:没有简单的答案,只有角色和相关性。结婚时,我们起誓说要永远相爱,永远在一起。但是,有 40% 的婚姻是失败的。(每个婚姻基本上都是在碰运气。)现代浪漫故事慢慢接受了婚姻的不确定性,也认可了爱并不确定,爱也会消退。斯蒂凡妮·孔茨在《婚姻的历史》一书中回顾了婚姻悠长的发展史,从中世纪随处可见的家庭暴力[23]到同性婚姻被逐渐认可。整体而言,在她笔下,婚姻是在往开明的方向发展,更为灵活,也更为宽容。孔茨认可婚姻往这个方向发展也有风险,但是,她坚持认为,这些社会变迁带来的好处远胜于其带来的坏处。

离婚表示婚姻失败,但也意味着人生中有了第二次选择的机会。做

---

* 如何解释这些差异?研究只能找出相关性,从统计数字里推出一些信息。沃勒斯坦指出,其中一个主要的风险因素是父母闹离婚时家里孩子的年龄。父母离婚时才十岁出头的孩子似乎问题最大。沃勒斯坦在其《第二次机会》(Second Chances)一书中写道:"小孩一遍又一遍地告诉我们,他们多想要一个完整的家庭,多想被父母保护。"但是,他们想要的家和保护都没有了。他们经常感觉自己被遗弃,只能在没有明确榜样的情况下学习如何恋爱。这个研究结果跟明尼苏达大学风险与适应纵向研究的研究结果相契合。明尼苏达大学风险和适应纵向研究发现,与其他时期相比较,青少年时期的亲子关系更为重要。这个时候,孩子们正要自己独立,寻找自己的爱情,最需要家庭这个安全港湾,而父母离婚会把这一切都搞砸。

了几十年格兰特研究的精神病学家乔治·范伦特，基于对哈佛男生的采访，最初认为"父母离婚是孩子心理不健康的一个主要指标"。[24] 离婚意味着一个人不愿意再跟对方有爱的承诺，或者意味着他可能不会处理依恋关系。在范伦特的研究中，那些哈佛男生的父母之所以婚姻失败，不是因为夫妻关系不好，而是因为做丈夫的一方做得不好。*

不过，就像潮水退去后石头才会露出来一样，很多东西要等时间久了才会有答案。格兰特研究中的哈佛男生在七八十岁的时候，范伦特详细询问了他们的婚姻情况。不出所料，刚结婚时就很幸福而且婚姻一直持续着的哈佛男生中，有90%的人现在仍然很幸福。[25] 而处于不幸婚姻中的哈佛男生，有90%的人现在仍然不幸福，他们仍然感觉糟糕，甚至认为自己应该离婚。但是，让范伦特惊讶的是那些离了婚后再婚的哈佛男生的情况：他们中约85%的人说，"他们现在的婚姻很幸福，平均婚龄已有33年"。[26] 这个结果让范伦特不得不重新思考他对离婚所持的观点。他开始相信，婚姻失败不是由性格缺陷造成的，它"往往是由性格外的其他问题造成的"，结束一段婚姻有时是找到新的幸福的唯一出路。（范伦特自己结了5次婚，最近他刚刚跟第一次婚姻中的4个

---

* 根据格兰特研究，离婚最常见的原因是酗酒，57%的离婚是因为"夫妻中至少有一方酗酒"（Vaillant, *Triumphs of Experience* [Cambridge, MA: Belknap Press, 2012], 198）。尽管尚不清楚这些数字是否只适用于格兰特研究中的哈佛男生，但范伦特认为，"酗酒可以说仍然是现代社会科学研究中最容易被忽视的一个因素"，尤其是它可导致夫妻关系破裂。

孩子联系上。)"因为跟妻子离婚，我和孩子们之间出现了各种紧张的关系。离婚不利于家庭稳定，不利于家庭幸福，也违背了宗教誓言，孩子们很少会感到幸福。但是，离婚也可以是为了打破过时的社会礼仪，为了逃离长期的家庭暴力，或是为了纠正一个错误的决定。"[27]

现代婚姻之所以意义非凡，就是因为婚姻很脆弱——这很矛盾，而且让人喜忧参半。因为可以自由选择是否离婚，所以夫妻双方选择留在婚姻里则意义深长，这也部分解释了为什么当今一段好的婚姻会比以前更让当事人受益。无过错离婚实际上是承认人性有缺点：人是善变的动物，我们都是不完美的爱人，我们容易嫉妒、自私，而且容易犯错。(双方都有错，所以相当于都无过错。)令人悲哀的是，离婚很常见，这个情况起码表明了一点：爱很艰难。如果一个人能拥有坚贞不渝的爱，该有多幸运。

这是厄普代克作品的重要主题之一。厄普代克花了数年时间把自己的婚姻生活升华为艺术作品。厄普代克的这部短篇小说在"自来水管道"一章中讲的是梅普尔斯家维修房子里生锈的水管。一位水暖工想卖给理查德一个新水泵，他说原来的水泵坏了。这件事让理查德很沮丧，他想："周围的东西全坏掉了，只有我们自己还没有坏。"[28] 管子漏水，水泵坏了，婚姻结束了。没人知道还有什么没坏，我们能做的就是把坏掉的部分修好，努力坚持下去。

第四章
信仰的力量

神就是爱。住在爱里面的,

就是住在神里面,神也住在他里面。

——《约翰一书 4：16》

信念是黑暗中唯一的明灯。

——索伦·克尔凯郭尔

美国内战一开始并没有被视为真正的战争——它也许是战役，但不是战争。当时，南北双方都确信对方很快会投降，认为对方没有面对死亡的胆量。南卡罗来纳州的一名参议员发誓他会喝下南方脱离联邦造成的伤亡之血，他说，"不会超过一小杯"。联邦军队的一名将军承诺说，一下午的布尔朗战役就可以镇压叛乱。

他们全都错了。美国内战从1861年一直持续到1865年，当时的美国成了人间地狱，到处都是年轻士兵的尸体。约75万士兵因枪伤、痢疾、炮击和刺伤等原因死于战场或医院。[1] 死亡人数多得令人咋舌，比美国历史上其他所有战争加起来的死亡人数都多。如果美国一场现代战争的士兵死亡率和美国内战时士兵死亡率相当——内战造成了2%的美国人死亡，约10%的年轻白人士兵在内战中死去——这意味着约有700多万个生命消失。

史学家德鲁·吉尔平·福斯特在《这受难的国度：死亡与美国内战》（*This Republic of Suffering*）一书中指出，美国内战死亡人数太多，导致美国不得不改变丧葬方式。[2] 美国为此做了很多实际的改变：联邦政府为士兵遗孀发放了抚恤金，而且为了运送士兵遗体回家乡，发明了新的运输方法。（一家运输公司推出了可以冷冻遗体的灵柩车厢。）

爱的旅程

此外，还出现了新的葬礼礼仪和赞美诗形式，以及新的墓地颂歌和遗体保存技术。福斯特指出，这些新的丧葬方式仍然无法阻止阵亡士兵家人提出的关键问题："这些年轻人去哪里了？"[3]

第一眼看到这个问题时，你会觉得答案显而易见：他们都去天堂了。问题是，传统意义上的天堂并不怎么吸引人，它安慰不了人们失去亲人的痛苦，因为传统的天堂意味着抽象的共性、飞翔的天使和对《圣经》的学习。（艾米丽·狄金森写道："我不喜欢天堂，因为那儿是星期天，永远都是。"）因此，内战期间，教徒开始改变关于来世的说法——这种改变发生在全美范围内。教堂布道、圣经评论，以及牧师与教士之间的私下谈话和书信中，都出现了这种变化。人们重新描述天堂的样子——天堂不再是神秘的地方，我们故去的爱人都在天堂里。天堂新概念的倡导者们希望，他们描述出来的天堂能给那些失去亲人的人带来些许安慰。

在这些宣扬天堂新概念的宗教声中，有一个声音格外引人注目，它来自伊丽莎白·斯图亚特·费尔普斯。费尔普斯当时18岁，她的未婚夫死于安蒂特姆之战。两年后，费尔普斯开始撰写她的第一部小说《天门并不敞开》(The Gates Ajar)。她说，写这本书的目的是安慰自己和那些与自己一样"痛彻心扉"的女性。[4] 小说以日记的形式展开，日记的主人名叫玛丽·卡伯特。日记内容从玛丽得知她的兄弟战死沙场后不久开始。得知消息后，玛丽悲痛欲绝，甚至连牧师都安

第四章　信仰的力量

慰不了她。但是，就在玛丽开始考虑自杀的时候，她的寡妇阿姨威妮弗雷德·法西兹过来看她。小说余下部分基本是两个女人关于天堂和来世的对话。威妮弗雷德没有从传统角度谈论天堂——传统的天堂是一个不停地"布道和祈祷"的地方[5]，她从家庭角度描述了天堂。她说，天堂里的一切基本上跟现实中的一样，有花、食物和书，区别只在于，在天堂我们能与去世的亲人见面，而在现实中不能。（天堂更像是家庭聚会。）这意味着玛丽的兄弟并没有离开她，她"只是看不见他而已"。

当全美人民陷入悲痛之时，费尔普斯这种有关天堂的新概念被证明很有感召力。*那些死去的士兵并没有死在战场或被埋在无名墓中，他们在天上跟朋友和家人一起欢笑呢。爱还在，即使肉体已经不在。《天门并不敞开》后来在19世纪最畅销的书榜上排名第二，仅排在《汤姆叔叔的小屋》之后。[6]这本书的成功引起了其他作品的效仿。史学家菲利普·肖·帕卢丹指出，在费尔普斯写下《天门并不敞开》后的十年里，人们对来世的兴趣突然大增，约有100本谈论天堂的书陆续出版。帕卢丹指出："这些书用图画描述了天堂的样子，可想而知，这些书里的天堂看起来就像家一样。"[7]

---

* 福斯特指出，这种新的宗教信念对战士的影响要复杂得多。她写道："这种信念在全美广泛流行，让人们心里能够接受内战死那么多人的事实。对永生的自信可能让士兵更愿意去冒险牺牲。"Drew Gilpin Faust, *This Republic of Suffering: Death and the American Civil War* (New York:Knopf, 2008), 175.

爱的旅程

天堂的新概念改变了很多美国人对于来世的想法。人们不再认为天堂是虔诚的新耶路撒冷。《天门并不敞开》中的女主人公玛丽·卡伯特这样描述天堂的样子："粉饰法、冷漠的老生常谈、模糊、非现实、神和坐着颤抖着的我的未来。"[8] 与之相对比，在天堂的新概念里，人们坚信死亡只是短暂的分离，死亡是跟最爱的人永远在一起之前的暂时的停歇。

19世纪这些关于天堂的小说都是低俗小说，作为史料用处最大。*人们读《天门并不敞开》[更不用说其续篇《天门之外》(Beyond the Gates)和《天门之间》(The Gates Between)了]就是为了对抗美国奇怪的陈旧的来世概念。在旧的来世概念中，人们关心的是一些实际问题，比如喜欢的衣服会不会在天堂（当然在），生前被锯掉的肢体是不是又安回到身体上去了（有可能）。19世纪那些关于天堂的小说给人们带来的慰藉不容小觑：它们是治疗集体创伤的文化范例。对于内战后的美国而言，这些"唯心论"的作品让人们在面临众多亲人死亡时，拥有了一种深层次的自我安慰的方法，并让人们在一定程度上了解了什么是他们可以紧握的永生。尽管美国内战的惨无人道最终迫使人们对

---

* 艾米丽·狄金森是受《天门并不敞开》影响的很多艺术家中的一个。布朗大学文学教授巴顿·列维·圣阿蒙德在《艾米丽·狄金森和她的文化》(Emily Dickinson and Her Culture) 一书中指出，狄金森从费尔普斯的小说中得到了很大的安慰。狄金森当然没有全盘接受费尔普斯的观点——狄金森警告自己说"人保守的唯一秘密/是永生"。不过，圣阿蒙德令人信服地指出，《天门并不敞开》帮助狄金森把她后来所写的诗歌中的"情感、象征和哲理表述得更加合理了"。

第四章　信仰的力量

上帝提出了前所未有的质疑——体面的上帝怎么能允许这样的杀戮发生？——但失去亲人也成了人们信教的主要原因：因为失去亲人，人们把神与自己的亲人联系在一起，也把神和自己爱与被爱的需求联系在一起。

把爱和宗教联系在一起是个很奇怪的假说，也是一个古老的理念。圣经关于爱的著名诗篇《雅歌》中就有关于爱和宗教的内容。但丁的《神曲》，其主题也是爱与宗教。但丁认为人类的每种爱都指向神的爱，对但丁而言，爱上另一个人是达到精神圆满的最佳方式，精神圆满是信仰的核心。爱上帝和爱人类的感觉一样，会让你的神经变得活跃，皮肤有触电般的感觉。我们都知道上帝跟我们同在是什么感觉，这种感觉无法言传，只有经历过才知道。

上帝如何跟我们同在，这一直是个不解之谜。没有人知道上帝是不是真的存在，也没有人知道有没有天堂，甚至没有人知道《圣经》的哪些内容是真的，或者哪个版本的《圣经》是真的。我有我的信仰，你有你的信仰。不过，尽管上帝是不可知的，很多人仍然可以从上帝那里得到非常大的慰藉。人们谈起自己的信仰时，到最后都会说到他们如何爱神，以及神如何爱他们。

神的爱和其他类型的爱一样，可以改变人的生活。

爱的旅程

非正常心理下的神迹

哲学家、心理学家威廉·詹姆斯的《宗教经验之种种》(The Varieties of Religious Experience)一书探讨了美国内战喧嚣背后美国人的宗教体验。他的书反映了当时福音派的兴盛：到处都有某人突然皈依宗教和得到上帝神秘启示的故事。人们与去世的亲人交流和传递救世主声音的故事也随处可闻。詹姆斯相信所有这些故事，他认为，宗教经验只是人生经历的一部分。詹姆斯指出："上帝真的存在，因为上帝的神迹真的存在。"[9]

詹姆斯不是在捍卫神迹。相反，他只是想了解超自然的信仰背后有哪些自然的动机。以查理·芬尼皈依宗教的故事为例。查理·芬尼是第二次大觉醒运动的领导者，而且是欧柏林学院的院长。詹姆斯在《宗教经验之种种》一书中几次提到芬尼，说芬尼的信仰来自上帝跟他同在时，他体会到的那些神秘的情感。芬尼说："圣灵已降于我身，进入了我的身体和灵魂。真的，我感受到神的爱，一次又一次地感受到……我的心中充满了这美好的爱，这种感觉无以言表。因为信神而感受到的喜乐和爱让我不禁大哭起来。"[10] 詹姆斯指出，宗教体验中会不断出现信神得爱的情况。从很多方面看，各种信仰的相同之处正是在于信神得爱。信神得爱，这是福音派复兴的原因，也是中世纪修女们得到的启示；这也是圣人愿意奉献自己的身体，以及信徒遇到困扰时向主祷告

第四章　信仰的力量

的原因。*

对詹姆斯而言，这些皈依上帝的故事道出了人们信仰的动机。人们并非凭着理智走上信教之路，相反，人们信教是出于神降临在某人身上时，他最开始感受到的强烈的情感。（济慈的哲学观点更适用于描述宗教信仰——靠"我们的脉搏"证实神的降临）。詹姆斯指出，宗教体验就好比"情感中枢的感觉变为既深情又和谐的爱的感觉"，以及感到"极致的喜悦"，就像谈了一场很棒的恋爱。[11] 在《宗教经验之种种》著名的段落中，詹姆斯坚称，宗教体验是"宗教内在的原始资料，而哲学准则和神学准则是副产品，就像被译为另一种语言的译文一样，是第二位的"。[12]

詹姆斯的观点非常有先见之明。近年来，研究人员开始认可他的心理学观点，即宗教体验往往来源于难以言表的依恋。神可能是个抽象的存在，但是信徒通过与神建立最亲密的关系，感觉到了神的存在。（奥古斯丁说，"神爱我们每一个人，就好像我们是世界上唯一可以被爱的

---

* 也许，最著名的皈依上帝的故事发生在《忏悔录》中，奥古斯丁描述了自己如何苦苦挣扎于强烈的宗教情感对他的重要性。他问："我爱你（神），但我爱神的什么？"奥古斯丁说，他爱的"不是（神）美丽的外表，不是暂时的荣耀，也不是世人眼中所珍视的亮光"。但是之后，就在读者开始担心奥古斯丁的爱是不是完全超自然时，他讲述了自己宗教体验方面的细节："不过，有一种光让我爱……我爱神时感受到的拥抱——有一种光、一种乐曲、一种芬芳、一种食物、一种拥抱，是我爱神后才有的。我爱神时，我的灵魂沐浴着永不被空间影响的光，我听到永不会随时间消逝的乐曲……我永远不会离开神的怀抱，永远不会感到厌倦。我爱神，这才是我所爱的。"St. Augustine, *Confessions*, trans. Henry Chadwick (Oxford: Oxford University Press, 2009), 183.

那个人"。）威廉与玛丽学院的心理学家李·柯克帕特里克的研究指出，人与人之间的依恋方式和人与神之间的依恋方式具有相似性。[13] 柯克帕特里克指出，我们与神的联系往往满足了依恋理论中的 5 种基本需求。第一种需求是寻求接近：人们想跟神有亲近感，所以人们祷告，唱赞美诗，参加宗教仪式。第二种需求是依恋对象给自己被保护的感觉，《圣经》里的"神"经常被描述为高高在上的父亲的形象，保佑我们在生命的无常中永远平安。第三个需求是信徒依赖神，他们将神视为安全的港湾，让他们在探索世界时有自信和安全的感觉。（柯克帕特里克指出，神是"盾牌""磐石"和"壁垒"，这样的说法在《圣经》中很常见。[14]）第四种和第五种依恋关系需求涉及分离和失去的伤痛，分离和失去会给人带来压力和悲伤。柯克帕特里克引用了一些放弃信仰的故事，即"离开上帝"的故事，作为没有信仰往往会导致痛苦和不安的证据。哈佛大学神学院的神学家戈登·考夫曼指出："上帝是绝对称职的依恋对象。"[15]

考夫曼说上帝绝对称职，是指上帝一直都在，上帝是一个"孩子需要他时总在孩子身边的"父亲的角色。这是上帝受人欢迎的一个原因。[16] 在日常生活中，信徒在感到压力和紧张时会向上帝祷告，这就和婴儿寻找父母的安慰一模一样。这种做法基本是一种本能反应。心理学家安德列亚斯·比格加德和佩赫尔·格兰奎斯特在研究中让一群信教的瑞典学生不经意地看到电脑屏幕上闪过"母亲走了"这几个字（这几个字是亲

第四章 信仰的力量

子依恋关系中大人吓唬孩子的用语[17]），这几个字在电脑屏幕上一闪而过，非常快，学生不可能有意识地看到，他们知道他们看见了几个字，但不知道这几个字到底是什么。（对照组的人屏幕上闪现的则是一句中性的话："人们在走路。"）之后，学生们需要填写问卷。这个问卷的目的是评价这些学生对亲近神的渴求程度，以及他们对神的依恋程度。例如，他们寻求安慰时会求助于神吗？他们愿意向神倾诉自己的情感吗？与对照组的学生相比，看到"母亲走了"这句话的学生明显更想求助于神。格兰奎斯特的另一项研究发现，当孩子们听到故事里的那个孩子需要安慰后——因为故事里那个孩子的狗死了、病了或从自行车上摔下来了——他们会把一个象征神的东西放在离故事中的孩子图片更近的地方。而且，这些孩子们听到不需要安慰的孩子的故事时没有这么做。（读给孩子们听的这些故事都写在纸板上。）当孩子拥有安全型母婴依恋关系时，实验效果更明显。这表明我们一开始怎么看待神，在一定程度上受我们最亲近的依恋关系的影响。[18]

对110名信教的以色列犹太学生的研究也得出了同样的结论。[19]研究人员让每个学生无意识地接触到了3个不同的词语（语义启动）。（跟之前的研究一样，这些词只在屏幕上停留20毫秒，速度太快，受试者是无法有意识地看到的。）第一个是个中性词——表示"帽子"的希伯来语；第二个是略微焦虑型的词"失败"的希伯来语；最后一个是严重焦虑型的词"死亡"的希伯来语。之后，这些学生以最快的速度

爱的旅程

识别屏幕上出现的字母组合是不是一个真正的词。其中，有些是随机的名词，比如"笔记本""窗户"；有些词则跟上帝和宗教信仰有关，如"祷告""拯救"。不出所料，接触过焦虑型词语的学生对跟神有关的词语反应更迅速，尤其是那些有安全型依恋关系的学生。研究人员指出，这证明信徒将上帝"完全视为避难所"，只要有需要，他们就会向神寻求帮助。仅仅因为焦虑这一点，就已经让我们更具宗教思维了。

这项研究只是部分说明了神的魅力。因为神无处不在，所以，信仰神意味着一个人永远不会孤单。孤单让人感觉糟糕，但神可以带给我们极大的安慰。芝加哥大学尼古拉斯·埃普利的研究指出，即使只是经历一段短暂的孤单的时光，也会让人们越来越依赖"非人类的东西"，比如，万能的神、聪敏的宠物和复杂的电子产品。[20] 约翰·弥尔顿在《失乐园》（Paradise Lost）中写道，神创造了夏娃，是因为亚当需要"附带的爱"（collateral love），有了夏娃，亚当便不再孤单。弥尔顿俏皮地指出，亚当可能相信神会满足他这样的情感需求。

信仰可以给人带来很大的安慰，尤其在困难时期，更是这样。这有助于解释为什么内战期间美国国内的宗教生活会发生变化。内战让美国经济和社会满目疮痍，空气中弥漫着死亡的味道，几乎每个家庭在内战中都失去过亲人。在这人人心碎、举国哀悼的时刻，我们不应该奇怪为什么这个受难的国家会出现一种新的来世观，当然，我们也不应奇怪

第四章　**信仰的力量**

为什么美国的南部各州（这些州约有15%的10—44岁的男性在内战中战死）会突然关注强调个人体验（对慈爱的神的个人体验）的基督教。[21] 人们失去了那么多，但是神依然在身边，神给人带来了附带的爱——他们虽然失去了亲人，但有神在身边就不会孤单。

信仰治愈的是孤单这种不怎么严重的问题，所以信仰的重要性很容易被人贬低。另外，如果神是不可知的，我们又怎么知道神爱我们？我们怎么知道天堂像家一样？（奥古斯丁指出，"如果你认为自己理解神，那神就不是神了"。[22]）不过，从神那里寻求安慰是人类特有的一种非凡的心智能力。虽然神不会回答我们的问题，也不会在早晨亲吻我们，或在晚上跟我们争吵，但是，我们中有许多人仍然选择与神同在，让神成为我们生活的一部分。神是我们生活的支柱，神在我们生活的黑暗时刻带给我们无限的慰藉。尽管我们对抽象的神的情感跟我们对家人和朋友的情感不一样，但是这两种情感产生的原理是一样的：它们都由同样的神经系统生成，服务于同样的需求。威廉·詹姆斯坚持认为，神是否真实存在，这不是问题的关键——人们感觉到了神，这才是关键。

补偿假说

1919年，戈弗雷·米诺·卡米尔出生在波士顿一个富裕的郊区家庭。作为家中唯一的孩子，卡米尔进了最好的私立学校上学，有一屋子

爱的旅程

佣人听他吩咐。家庭优势掩盖了一个可怕的诅咒:卡米尔从来都不知道什么是爱。卡米尔的母亲既多疑又冷漠,她不准卡米尔跟邻居家的孩子玩。卡米尔的父亲大部分时间都在操心他在波士顿上层社会的地位问题。(卡米尔后来说,父母是那种人,会把一架施坦威大钢琴放在客厅,但从来不弹。)

爱的缺失给卡米尔的心里留下了创伤。大学三年级的时候,卡米尔被精神病学家诊断为情绪不稳定。他说自己经常生病,但是医生并没有重视他对自己病情的描述,而认为他只是有顽固的疑病症。医生说:"这个孩子表现出的是常见的神经症症状。"之后,一名社会调查员建议卡米尔说:"筋疲力尽的时候,你可以稍微缓一缓,然后继续坚持下去。"卡米尔的回答既沮丧又自怜:"但是,我缓过之后也没用,而且我已经撑了很久很久了。"[23]

之后,卡米尔的状况变得更加糟糕,他开始对他人有攻击性的臆想。他认为自己患了精神分裂症。他去医学院读书,结果搞得一团糟;后来,他参加了"二战",但一直是列兵。战后回到家乡,他又解除了婚约。医学院毕业后不久,卡米尔企图自杀。他被认为"不适合从医"。[24] 第二年,他患上了肺结核,住了 14 个月的院。[25]

不过,生活总是充满惊奇,总有意想不到的转机。卡米尔在人生最低谷的时候——他一直都担心自己精神分裂——在被折磨得快不行的时候,他体会到了重生。重生的那一刻,他感到"精神觉醒"——他

第四章 信仰的力量

看到了耶稣基督出现在他住的病房里。[26] 几十年后，卡米尔在一封信中描写了他的重生时刻："暮色寂静之时，房间一角突然有道耀眼的光出现，就像室内的一颗超新星。本能地，我爬下床，跪在地上，感觉神就在那里，他就是《旧约》中神的样子。我没听到任何声音，但是神的旨意很清楚：'跟随我。'我的双腿颤抖着，满眼是泪。之后，我慢慢回到了床上。"在叙述重生对他精神生活的影响时，卡米尔说："神关心我，有段时间我感觉自己疯疯癫癫的，但是在天主教中，这被称为'恩典'。"[27]

遇到神后，卡米尔的生活立即发生了改变。他很快就出了院——药物终于产生疗效，他从长期抑郁中慢慢恢复。卡米尔后来成为一名成功的精神病学家，专门治疗患有严重心理健康问题的儿童。尽管卡米尔仍然有自己的小问题，但他一直把那次精神觉醒视为他一生中的转折点。卡米尔说："以前我遇到心理问题时总去找别人咨询，现在，人们找我咨询心理问题。我很享受这一点。"[28]

戈弗雷·米诺·卡米尔是格兰特研究中的一个研究对象。格兰特研究是个纵向研究，自1938年以来一直都在跟踪研究268名哈佛本科学生。尽管卡米尔去世已经十多年了（他在阿尔卑斯山旅行时因心脏病突发去世），但是，格兰特研究的负责人乔治·范伦特仍然继续着他对卡米尔的研究，因为卡米尔的人生经历非常有教育意义。范伦特尤其关注神的启示的作用——耶稣突然现身是如何让卡米尔看到了人生中第

爱的旅程

一缕爱的阳光？尽管范伦特一直对神的启示这一点持怀疑态度——他指出，"我自己（40岁）更倾向于认为是有爱心的护理照顾（让卡米尔康复）"[29]——但范伦特也知道，质疑神的启示没什么意义。他说："我需要再多研究几年，在情感方面再多成长几年，这样才能认真地对待爱。爱的使者到底是什么样子——是神、护士、孩子、好心人，还是其他——因人而异。不过，爱就是爱，这一点无须质疑。"[30]

范伦特的意思是，尽管有人怀疑神的启示是否存在，但是没有人怀疑神的启示的作用。有时候，神的启示具有破坏性，历史上有过很多圣战。但是，就像对哈佛本科生的研究指出的那样，信仰带来的与神同在的感觉会成为人们强大的生活动力。卡米尔在医院病房里体验到的重生不仅治愈了他的生理疾病，后来还帮助他成为称职的丈夫和父亲，让他专注于自己生活中最重要的依恋关系。卡米尔72岁时给范伦特写了一封信，他在信中说："世界上有很多有问题的家庭，我就来自这样的家庭。其他人会说自己在外面取得了多少成就，而我重视和欣赏的则是内心的成长。我在事业上取得了不错的成就……但是真正令我心存感激的是，我慢慢成长为现在的我：自在，快乐，不孤僻，高效。"尽管卡米尔不是很确定他到底经历了什么，但他还是相信他的精神觉醒拯救了他，让他克服了儿童时期的悲伤，并让他成为一个更有爱心的丈夫和父亲。[31]范伦特谈到他跟卡米尔的一个女儿相处时的感觉，他说："我采访过不少格兰特研究中的哈佛本科生的孩子，但卡米尔女儿对

第四章 信仰的力量

卡米尔的爱最让我动容。"[32]

所有这一切都缘于卡米尔得到的神的启示。对于卡米尔来说，他在医院得到神的启示是一次爱的教育、一次依恋经历，这种爱的教育和依恋经历他以前从未体验过。*研究人员称之为信仰的"补偿假说"——人们通过信仰神，抚平了自己在依恋关系方面受到的心理创伤，并消除了自己在生活其他方面经历的失败感。有时，这一过程始于生命的逝去，这也是很多人在所爱之人去世后会变得更加虔诚的原因。[33] 但是，大多数时候，这个过程的出现是因为当事人童年时期长期缺乏依恋关系。最近，佩尔·格兰奎斯特和李·柯克帕特里克对 11 册文献所做的元分析研究指出，在儿童时期有过不安全型依恋经历的人，在成年后突然皈依宗教的可能性大约是其他人的两倍。**像卡米尔一样，他们开始意识到，他们跟神是一种"补偿性的依恋关系"，这种依恋关系能够帮助他们"管理好自己的焦虑情绪，并获取明确的安全感"。[34] 因为跟神有了依恋关系，他们"重拾了自信，提升了自我价值感，体会到了巨大的喜

---

* 为了说明人的爱与神的爱之间有相关性，范伦特讲了个故事："有一个阿根廷精神病学家让人们给上帝画一张像。当然，大家都说：'我不会画，因为我不知道上帝长什么样。'但最后，因为专家一再坚持，人们便开始画。他们画完后，专家又让他们画自己家人的照片。结果，他们画的上帝的模样和自己家人的模样，看起来基本一个样"。

** 在美国圣灵降临节传统中，"舌语者"指那些发出无意义、没人听得懂的音节的人，他们认为这些无意义的音节是上帝的灵言。有一项研究指出，85% 的舌语者"拥有舌语的神恩前都经历过明显的焦虑危机"，但是，他们对舌语的新能力让他们感觉比以前安全。Lee A. Kirkpatrick, *Attachment, Evolution, and the Psychology of Religion* (New York: Guilford Press, 2005), 62.

悦感，焦虑感明显降低"。[35]

这一因果关系也出现在宗教实践活动中：每种信仰都会有各种仪式，这些仪式会帮助信徒感到与他们的神更加亲近。斯坦福大学人类学家 T. M. 吕尔曼花费数年时间参加葡萄园教会活动——参加葡萄园教会活动的是灵恩派。吕尔曼称，这个教派的信徒更强调"个人属灵经验"，其基本观点是"神想成为我们的朋友"，如果我们通过祷告与神建立了联结，那么"神会回应我们的祷告。神的回应包括神放进我们脑中的思想和画面，以及神让我们身体感受到的感觉"。[36] 信徒面临的挑战不是让神说话，因为神一直在与我们对话，其难点在于学会聆听。吕尔曼将之比作超声技师培训——超声技师必须学会如何解读"屏幕上绿色的模糊波线"。[37]

2013 年进行的一项实验中，吕尔曼和同事演示了这个过程。[38] 她首先将斯坦福大学的基督徒学生随机分为两组，要求第一组学生一周六天、每天听 30 分钟神学家卢克·提摩太·约翰逊关于福音书的讲座（讲座录音都下载到了 iPods 上）；第二组学生则要听鼓励他们"直接感觉神"的录音。第二组学生在冥想时，会听到《圣经·诗篇 23》的内容。"耶和华是我的牧者……看站在我们面前的耶和华……看他的脸……看他脸上发出的光……注意看他的步态……看耶和华领我们走过的山……感觉青草地上吹来的风……闻风中青草的甜美味道……听鸟儿歌唱……注意感觉一下跟随这位牧者时的感觉。"这些指令中间都有停

第四章 信仰的力量

顿，研究人员鼓励聆听者与耶稣"进行个人对话"。

实验结论令人关注。四周后，吕尔曼发现，直接感觉神的那组学生与神建立起了更加紧密的关系。（吕尔曼认为，宗教经验像其他经验一样，都是熟能生巧。）另外，新的信仰也有实实在在的好处：那些直接感觉神与自己同在的学生称他们的压力和孤独感明显降低，精神明显好转，起码跟那些听神学讲座的学生相比，情况是这样的。此外，林恩·安德伍德的研究也得出了类似结论：当人们证实了"我能直接感觉到上帝对我的爱"时，他们的心理就越来越健康。尤其在一个人经历人生困难时，这种效果更明显。根据安德伍德的研究，频繁的灵性经历会让经历过家庭暴力、心脏病发作的人以及慢性病患者的精神抑郁状况有所好转。[39] 对这些信徒而言，上帝不仅解释了宇宙为何存在，而且成为他们非常需要的依恋对象，这是给予他们安慰和爱的永久源泉。其他研究（如李·柯克帕特里克和菲利普·谢弗的研究）也指出，人们与上帝的安全型依恋关系，和他们的身心健康状况之间存在很强的相关性。总的来看，安全型依恋关系会让一个人的孤独感、抑郁感和负面的身心症状减轻，从而提高他的生活满意度。[40] 柯克帕特里克指出，这些研究结论跟人们恋爱时安全型依恋关系带来的益处相似。[41]

这些研究表明，信仰具有实实在在的好处。但是我认为，这其中也有风险：科学研究可能会被误认为是在低估上帝的重要性。人们看到这些研究后，可能会得出结论说，神只是人的神经系统活动带来的意外结果，对有些人而言，神只是他们一辈子都离不开的一个想象中的朋友。描述信仰的实用性时——信仰如何克服抑郁以及信仰如何让神经安定下来——人们有可能得出结论说，信仰只有这些用处，上帝只是自我帮助的另一种形式而已。

这种担心由来已久。威廉·詹姆斯在写《宗教经验之种种》时，内心也很挣扎，也有过这种担心。詹姆斯开始写这本书的时候，已经放弃信仰了。他在一封信中写道："我跟任何宗教的任何神都没有实际的'相处'，我羡慕那些与神共处的人。"但是，詹姆斯坚持认为，科学研究需要严肃对待宗教体验，宗教体验是文化的一个普遍存在这一点，我们不能忽视。（詹姆斯说，科学研究往往陷入"医学唯物主义"，结果，"圣保罗在大马士革路上的所见被贬成因为他枕叶皮质病变"。）对詹姆斯来说，精神信仰是了解人类本性的一个窗口，通过了解人类的精神信仰，我们可以了解人如何对待自己的弱点、局限性和孤独感。在《宗教经验之种种》"病态的灵魂"一章中，詹姆斯讲了一个"法国记者"的故事——这个人处于"精神紧张状态，到了极其糟糕的境地"。这个年轻人描述自己"恐惧得发抖"，陷入了"从未有过的不安全感之中"。

但是，他并没有自杀或患上严重的抑郁症。处于人生危机中，就在他"病态情感"达到极端程度时，他找到了信仰，并因此获救。他说："我心中蔓延着极端的恐惧，如果我当时没有读到《圣经》中'永生的神是你的居所'之类的文字，……我觉得我真的会发疯。"

第四章　信仰的力量

《宗教经验之种种》出版两年后（1904年），这本书的法语译者写信给詹姆斯，想要这本书里学生写的信的原件。詹姆斯回信说他无法提供信的原件，因为这个故事是他自己编造的。这是他自己的故事，是他自己的情感，他就是那个借由《圣经》得以继续生活下去的人。尽管詹姆斯余生都在与忧郁症做斗争，尽管他逐渐放弃了自己的信仰，但他从未忘记过那段难受的时光教给他的东西。上帝改变了人们的生活，即使上帝不存在。

比自己更强大的力量

1934年冬天，华尔街破产的证券经纪人威廉·格里菲斯·威尔逊身处曼哈顿一家昂贵的康复中心，他在清醒和不清醒的状态间游走，并尽力避免发生震颤性谵妄*。威尔逊正在接受所谓的颠茄疗法，这是亚历山大·兰伯特博士设计的一种排毒方案。兰伯特是康奈尔大学的医学教授，同时也是泰迪·肯尼迪的私人医生。兰伯特所开的药其实是一种毒药，因为需要给患者定期注射颠茄，还要使用其他"流浸膏剂"。大剂量使用颠茄是致命的，即使是小剂量使用颠茄也会引发严重的幻觉。[42]

威尔逊戒酒的最初几天，颠茄被注入他的静脉。（之前威尔逊曾尝

---

* 震颤性谵妄是一种急性脑综合征，多发于酒精依赖患者突然断酒或突然减量。——编者注

爱的旅程

试过各种方式戒酒,但最后都以失败告终。他常常狂饮杜松子酒和果汁做成的混合饮料,差点儿命都没了。)威尔逊明白,如果他退出治疗,后果将会是致命的——他会出现震颤、发烧、做噩梦和癫痫发作等一系列化学级联反应。但这次治疗似乎特别痛苦,也许是颠茄或注射颠茄时使用的镇定剂导致的,威尔逊不清楚他到底能不能承受得了。如果他大脑仍不能马上平静下来,那么他需要再注射一针才能活下来。

戒酒的第二天到第三天晚上,威尔逊的"抑郁症严重到了无法忍受的程度",他感觉好像自己"跌入了谷底"。但是,就在他坠入最绝望的境地时,就在他准备重新拿起酒瓶时,他向着无尽的黑暗大声喊道:"如果有神在的话,让他显身吧!只要神显身,我什么都愿意做,什么都愿意做!"接下来发生的事,威尔逊是这么描述的:

> 突然,房间被一道强烈的白光照亮。我感到一阵狂喜,无法用语言形容。记忆中,我仿佛是站在山上,吹过来一阵风——这阵风不是空气中形成的风,而是精神上感受到的风。风吹到我身上,我自由了。慢慢地,狂喜消退。我躺在床上,但我是在另一个世界,另一个全新的意识的世界里。我全身心都感觉到上帝降临在我身上,让我有种神清气爽的感觉。我对自己说:"这就是传教士们信奉的上帝!"我心里感到非常平和,当时想:"所有不愉快、让人烦恼的事,现在都无所谓了。在上帝那里和在上帝的世界里,什么事都不重要了,我没有烦恼了。"[43]

第四章 信仰的力量

这里必须指出，威尔逊本人并非笃信宗教，他认为自己充其量是个文雅的不可知论者，接受人类之外有超能力者，但完全蔑视任何有组织的宗教。（威尔逊说："当他们提到我个人的神是什么时……我会感觉很不愉快，我绝不相信这种理论"。[44]）不过，他现在却在一间小小的病房里与神共处。[45]

威尔逊认为自己的精神不正常，他叫来医生并说了自己看到神的经历，因为他担心这是由酗酒导致的脑部损伤引起的。威尔逊的医生反复安慰他说，没什么好担心的，停药后大脑有奇怪的想法很正常。不过，医生临走前，给了威尔逊最后一个建议："现在不管你有什么想法，不要放弃，孩子，坚持下去。"[46]

威尔逊做到了。第二天，他开始读朋友留下来的一本书。[47]当时，威尔逊脑子里还是一团糟，那本书讲的内容也很奇怪，但他还是读懂了那本书的要点——它讲的是人与神共处的经历，"总是像突然而至的礼物"。这本书的作者是威廉·詹姆斯，书名是《宗教经验之种种》。

读这本书的那段时间成为威尔逊生命中最重要的时光。书中人们与神共处的故事让威尔逊相信自己并没有疯——理智的人有时都会看到神。这些故事揭示了一个更深层次的模式，这个模式帮助他了解到了为什么得到神的启示那么重要。他开始注意到，书中几乎所有经历过宗教觉醒的人的共同点就是"痛苦、折磨和不幸"。和威尔逊一样，这些人在人生最低谷的时候遇到了神。威尔逊后来写道："基本上都是在一个

爱的旅程

人的内心深处感到绝望和无助时，最需要神。这一切也都发生在我身上。我当时非常绝望，是的，就是绝望的时候，然后，神的启示正好就发生在我身上了。"[48]

内心深处的绝望——这是受挫的另一种说法。挫败感让人痛苦，但是，威尔逊坚持认为，解决这种痛苦并没有捷径。他说，一个酗酒的人在没得到神的爱的拯救之前，必须先经历不被人爱的感觉。[49] 当然，神的拯救不是治愈，它只是开启了一场永远不会结束的战斗而已。尽管威尔逊在病房里与神有了最初的相处，但是他当时正在痛苦地跟酒精做斗争。接受颠茄疗法几个月后，威尔逊去俄亥俄州的阿克伦市出差，在那里，他经历了一生中最大的折磨。当时，威尔逊正在酒店大堂里站着，他的内心突然感到非常恐慌。他听到酒吧那边传来嗡嗡声，又感到自己嘴唇发干。他想到了对自己忠诚的妻子，觉得她应该和更好的人生活在一起；他想起了自己的父亲，想起自己还是小孩子的时候，父亲就离开了家。这些痛苦的想法反复出现在他的脑海里，只有喝下威士忌才能阻止这些想法出现。（此时，酒看起来像是唯一可以缓解酒精中毒症状的东西。）威尔逊看了看酒店周围，神不在那里。然后，他做了一件当时对他来说最合适的事：他找了一位牧师，这位牧师帮他联系了一位名叫亨丽埃塔·塞伯林的年轻女士。

塞伯林非常了解酗酒的破坏性影响。那几年，她一直在努力帮助好友的丈夫鲍勃·史密斯医生戒酒。但是，她所有的努力都失败了——

第四章　信仰的力量

史密斯比以前喝得还多。电话上这个名叫威尔逊的陌生人请她帮忙，让她安排一次跟其他酗酒者见面的机会。于是，她给史密斯夫妇打了电话，并帮双方约在第二天下午见面。

威尔逊看到史密斯医生后，意识到他的状况很糟糕。威尔逊看到史密斯双手发抖，嘴上出汗，宿醉后脸色苍白。站在他面前的这位史密斯医生完全被酒精毁掉了。威尔逊带史密斯去了一个小房间，然后把自己的故事告诉了史密斯。他跟史密斯谈到了自己的童年（威尔逊出生时，他们一家就住在佛蒙特州东多赛特的一家酒吧后面，这对酗酒的他来说真是太"合适"了）；还谈到了1929年股市崩盘时他的钱全亏了，当时他有什么感觉。他说到自己几次失败的戒酒经历，以及绝望之下他如何采用颠茄疗法。威尔逊也向史密斯描述了自己看到神的情景。不过，当他明确地说他并不是为了拯救史密斯，而是为了拯救自己时，他的话很有力："我给亨丽埃塔打电话，是因为我需要跟另一个酗酒者谈谈。我需要你，鲍勃，可能甚过于你需要我。谢谢你耐心地听完了我的故事。我现在知道，跟你谈完，我就不需要喝酒了，谢谢你。"[50]

匿名戒酒者协会就产生于威尔逊和史密斯这次谈话之后，当时他们对自己能否成功戒酒感到绝望。威尔逊在阿克伦市出差时意识到，光有信仰是不够的，人们只有通过帮助别人，才能帮到自己；只有跟别人分享自己无力戒酒的经历，才能获得成功戒酒的最终力量。接下来的一个月，威尔逊和史密斯开始传播自己的信仰，他们到病房和教堂、街边

爱的旅程

和酒店大堂这些地方去关心别人。几年后,威尔逊写了戒酒需要的12个步骤,这12个步骤是根据他自己的个人经历编成的自我觉醒故事。(威尔逊写了12个戒酒步骤,他这么做并非偶然——他喜欢仿效耶稣及其十二门徒。)戒酒第一步是承认自己对戒酒无能为力,其中有六步都谈到了有一个比自己更强大的力量,或威尔逊所称的"我们信任的神"。这几步都提到要坚持下去,直到最后一步,即第十二步。"第十二步,将自己'精神觉醒'的信息传递给其他酗酒者,以便拯救其他酗酒者。"从醉酒到头脑清醒,从绝望到精神觉醒。威尔逊说,这个过程是戒酒的人必须经历的,也是人生必须经历的。

威尔逊编写12步戒酒法时,大量借用了威廉·詹姆斯书中的内容和《新约》的内容。之后,12步戒酒法成了全世界普及度最高的戒酒疗法。目前,来自170多个国家的200多万名酗酒者曾经参加过匿名戒酒者协会组织的115 000次小组会议。各地的戒酒者小组活动都是自发的,协会好像只有小册子,没有领导人也没有发言人,没有会费或其他费用,几乎没什么规则,也没什么等级关系。尽管协会结构松散,但是12步戒酒法拯救了无数酗酒者。尽管12步戒酒法不是人人都适用,但是它还在继续拯救生命。[51]

不过,我们必须明确指出,关于匿名戒酒者协会还有很多未知之处,这种方法也有不确定性。[52]部分原因是,参加协会的酗酒者都是匿名的,很难进行长期的科学研究。而且,协会的成员流动性较强,因为会员都

第四章　信仰的力量

是"根据需要"自由参加小组会议。这样一来，酗酒者如何戒酒成功，可靠的数据很难找到。协会到底在哪些方面对成功戒酒发挥了关键的作用，的确很难确定。12步戒酒法并不是人人都适用，因此在如何戒酒方面仍需要进行更多的研究，探索更多的治疗办法。*[53]

相关专家最近已经着手研究协会的优势，虽然这些研究还有很多的局限性。其中被引用次数最多的一个研究，花费15年时间跟踪研究了628名匿名戒酒者协会的成员。该研究的结论指出，酗酒者长期不再沾酒跟他们参加协会之间有明确的相关性。[54]戒酒第一年没参加过协会活动就成功戒酒的人仅占34%，另外66%的酗酒者都是参加过6个月或6个月以上协会活动后才不再喝酒的。这一结果并非异常：一篇文章对74个研究文献进行元分析后指出，参加协会活动与不喝酒之间存在相关性。[55]

为什么参加协会活动有效果？跟其他疗法相比，威尔逊的十二步戒酒法还是非常有效的，原因是什么？从1998年起，哈佛大学格兰特研究负责人乔治·范伦特一直是协会A班（不喝酒小组）的理事。

---

*　有批评者指出，匿名戒酒者协会最明确的局限是，其戒酒步骤对女性成员而言比较过时。威尔逊的十二步戒酒法基本只针对男性，只有在"写给妻子们"一章中是针对女性的，内容是建议女性对她们酗酒的丈夫要有耐心。另外，心理学家夏洛特·卡西尔认为，十二步法——主要目的是减少酗酒者的"自私"和"自恋"行为——可能会对女性酗酒者产生副作用，因为女性酗酒者已经"不管出什么问题，都会责怪自己了"。Charlotte Davis Kasl, *Many Roads, One Journey: Moving beyond the Twelve Steps* (New York: HarperPerennial, 1992), 10.

范伦特是因为格兰特研究中的研究对象才开始关注酗酒问题的,他发现这些哈佛本科男生很多最亲密的关系是因酗酒而解体的。[56] 不过,酗酒问题常常是有办法解决的,约一半的人通过协会的帮助或与十二步戒酒法类似的方法戒掉了酒。平均而言,"稳定戒酒"的人参加协会活动的次数是那些反复戒酒的人的 20 倍。[57] 参加过 30 次协会活动的格兰特研究中的哈佛男生里,有 80% 以上的人长期保持着不喝酒的状态。[58] 范伦特说:"你要是参加一下协会的活动,就不会轻易说协会没什么用了。它真的能帮助人们成功戒酒。真正有效的治疗,我还是很喜欢的。"

范伦特认为,协会之所以有效,其中一个重要的原因是灵性体验。范伦特在《酗酒的自然史》(*The Natural History of Alcoholism*)一书中调查了格兰特研究中的哈佛男生和其他人的酗酒情况,他指出:"在治疗酗酒时,卡尔·马克思所说的'宗教是人民的鸦片'这句话背后,其实蕴含着一个非常重要的治疗原则。"[59] 他接着说:"宗教给人带来的舒适感可能的确和吸毒给人带来的舒适感一样。"新墨西哥大学心理学教授 J. 斯科特·托尼根的研究支持了这一点。托尼根和同事在跟踪研究了 130 名参加匿名戒酒者协会且刚刚戒酒成功的酗酒者长达 9 个月后,得出结论说,若一个人的灵性体验出现变化,那么他的喝酒习惯也会出现变化。跟其他人相比,那些更加信奉神的人戒酒后又复喝的情况要少些。[60] 威尔逊后来也试着解释为什么他自己的宗教皈依经历给他带

第四章 信仰的力量

来了长久的好处："我真正的意思是，我有了宗教体验，它让我感知到神的存在，感知到神的爱和神的无所不能。最重要的是，神对我的信任。"[61] 即使在最困难的时候，威尔逊也从未失去神的爱。[62]

不过，范伦特也指出，光有宗教信仰是不够的。信仰神可能会改善我们的情绪，但大多数酗酒者要保持头脑清醒不喝酒，只有信仰是不够的。[63] 毕竟，威尔逊不仅仅是在医院见到神后就被拯救了，见到神的宗教体验只是第一步。威尔逊长时间戒酒是在他跟史密斯医生谈话之后。此后，这两个有酗酒经历的人成了非常好的朋友。

建立新的人际关系是戒酒康复项目中一个基本的部分。最近对参加匿名戒酒者协会的1 726名酗酒者的调查发现，下决心帮助他人的酗酒者（一般通过成为资助人的方式）戒酒的可能性大约是其他人的两倍。[64] 范伦特说："戒酒以后，你会突然觉得生活很空虚，这些新建立的人际关系正好填补了这种空虚感。和其他依恋关系一样，在这些新建立的人际关系中，你若关爱别人，那么别人也会关爱你。"协会致力于将酗酒者从依赖酒精转为依赖他人。

戴维·福斯特·华莱士曾经指出，讲述匿名戒酒者协会和其他形式的十二步戒酒法的书里不可避免地充斥着陈词滥调。（华莱士在二十七八岁时曾经因酗酒和滥用药物去过康复中心。）他说得对：威尔逊及其追随者写的书里满是幼稚的神学以及和贺曼公司卡片上的格言一样的内容。如果有人还没准备好接受存在比人类更强大的力量，

201

爱的旅程

那么他可能会认为书里的那些话都是胡说。(华莱士在《无尽的玩笑》一书中称:"……匿名戒酒者协会里的讽刺家[①]就是教堂里的巫师[②]。"[65])不过,华莱士还发现,书里那些乏味的戒酒内容与戒酒根本没有什么关系——这些句子表达的戒酒理念不适用于个人戒酒体验,也不适用于进行个人批评、学习《塔木德》,或详细审查。12步戒酒法就像听起来那样简单且直白。但有时,12步戒酒法本身并不重要,重要的是这些方法背后的意义。华莱士喜欢引用他在康复中心接受治疗时听到的一位参加了几年协会活动的老年酗酒者的话:"笨蛋,信不信不重要,重要的是你要跟其他酗酒者坐在一起,和他们交流。"[66]

敲墙交流

法国哲学家西蒙娜·韦伊讲了一个故事:两个囚犯都被单独关押,但他们的牢房紧挨着,中间隔了一堵墙。时间久了后,两个囚犯学会了通过敲墙互相交流。韦伊说:"墙既是两人之间的阻隔,也是两人之间相互交流的媒介。我们跟神的关系也是如此,每一种阻隔也都是一种关联。"[67]

[①] 这里的讽刺家指的是讲述个人体验的戒酒者。——译者注
[②] 这里的巫师指的是牧师。——译者注

第四章　信仰的力量

　　我第一次接触这个比喻是在克里斯蒂安·威曼的作品中。[68]威曼原来是个诗人，后来转行成为评论家，他非常赞同韦伊的比喻。他说，他尤其关注有限意义上的救赎——有希望，但"渺茫且唯一"。（打字让我们可以跟人交流，但要打字就得敲墙。）又苦又甜的主题在威曼的所有作品里随处可见。他的作品一次又一次地提到"明亮的深渊"，即洞穴深不见底，却发出明亮的光。这就是生活。这是多么深不见底的洞啊。这又是多么明亮的光啊。

　　威曼出生在得克萨斯州的斯奈德市，这是西部草原上"一个地势平坦、风沙肆虐的小城"。威曼在严格的美国南方浸信会家庭里长大，所以他认为有信仰是理所当然的事情，他认识的人中就没有不信教的。当成为东海岸一所大学的新生时，他生平第一次遇到了一个无神论者——那是一个"非常新潮的"大学生，他说自己"没有信仰"时特别随意，就像在要一片比萨饼似的。威曼以为这个新生很快会体验到上帝降临的时刻，但是这个时刻没有到来。在学了满脑子的科学理论和怀疑论后，连威曼自己都不像以前那样信仰自己的宗教了。威曼非常喜欢现代主义，他开始喜欢现代主义代表人物托马斯·艾略特的长诗《荒原》（*The Waste Land*），并决定成为一名诗人。诗歌成为威曼之后20年的生活中心，突然有一天他不再写了。威曼说："一直以来，我经历的文字和世界之间的关联……没有了。我感觉我是在看一部关于自己生活的电影，而非真正地生活着。这是一部老旧的无声电影，没有色彩，没有声音，只有我一个观众。"[69]

多年后，尽管威曼不再写诗，但他后来成了《诗歌》杂志（*Poetry*）的主编——《诗歌》是世界上最有影响力的诗歌类杂志。威曼在事业上很成功，但是他感觉很累，没有幸福感。不过后来，威曼说，他生活中出现了一件让他惊喜的事情，他恋爱了。威曼是这么描述他跟妻子丹妮尔约会的情景的："我清楚地记得芝加哥埃尔姆大街上那家小小的埃尔伯特咖啡店，我们就是在那里第一次约会的。当时，我用眼角余光看到一个波洛克牌子的糕点盒，阳光突然落在一个空盘子上，那是一只银盘子。"恋爱以后，威曼感觉自己以前从未像当下活得这么真实，他"完全被生存本身打动了"。威曼想的不是韦伊书里关于囚徒敲墙交流的那些句子，他想的是韦伊的另一句话："快乐是对现实满溢的感觉。"威曼有生以来第一次感觉到了满溢的爱。[70]

后来，威曼结了婚。婚礼8个月后，[71] 在威曼39岁生日那天下午，他被诊断得了致命疾病。他所患的巨球蛋白血症是一种无法治愈的血液疾病。很快，肿瘤遍布全身，他全身插满了管子，接着是无望的骨髓移植。没有医生说得出他还能活多久。

怎样才能应付这突然的打击？诗歌没有用，疼痛是实实在在的。威曼说，结婚后被诊断出生病让他更加痛苦："如果几年前被诊断出患有癌症的话……我不确定我的反应会有这么强烈。这看起来像是命运的安排，确认了我关于生存的所有思考，而我的反应，我认为，一样是宿命性的。"[72] 但现在，他的失去感更加强烈。他为自己感到悲伤的同时，也在为自己的妻子感到悲伤。想到夫妇俩以后没有多少时间一起享受生活，一起享受幸福，他非常悲伤。

快乐和悲伤、爱和失去爱的恐惧……这些情感让威曼再次回到上帝身边。被诊断出患癌不久后的一个星期天早晨，威曼与妻子放下报纸，去了教堂。这是个小教堂，教徒中既有年老的德国移民，也有年轻的夫妇。[73] 威曼记不太清礼拜仪式和布道的内容了，但他清楚地记得礼拜结束后，他和妻子回家路上的细节：婉转的鸟叫声、地铁的轰隆声以及梓树开着的白色花朵。"天空灰蒙蒙的，湖面很平静，湖水的颜色好像变深了。"

这个场景很能说明问题：威曼重新皈依了自己的信仰，并不是因为教堂，而是因为周围的世界，这个城市、这个湖面和这班地铁，因为身边和他一起走着的妻子，因为妻子让他感觉到的爱。威曼在他的评论和采访里，都说自己之所以有信仰，并不是因为患癌，而是因为他恋爱了，恋爱让他的"现实世界"更加丰富。他精神丰满，找到了生存的意义，感受到了自己需要的那种爱，起码对他而言，补偿假说是需要的。威曼在2012年接受克丽斯塔·蒂皮特的采访时说："我们往往认为，爱让恋人眼里只有彼此，没有其他，我们认为恋人之外的所有一切都是静止或无感的。但实际上，我所经历的却是（我有了孩子后的经历也是如此），我们需要的是其他的爱，是来自家人之外的爱。你知道的，我们总觉得家人的爱还不够，我们一直想要更多的爱。我认为，这个能满足我们更多爱的需求的，能够给我们提供额外力量的，就是信仰。"[74]

"额外力量"，这是诗人提到神秘力量时用的词。对威曼而言，爱有高深莫测的力量，爱来到他身边，进入他的生活，让他在寻找生活重心时再次遇到了神奇的上帝。在那个时刻，那个"既美好又糟糕的时刻，即使有理智，也没有什么用"，威曼感受到了耶稣的力量。威曼在一篇描写自己信仰的文章中，引用了英国作家伊丽莎白·鲍恩的话："撇开一切只为遇见一个人，最后却发现自己遇到了世间所有的一切。"[75]

世间所有的一切也包括死亡。现在，因为癌症，威曼正慢慢走向死亡。信仰帮助他与病魔做斗争，信仰就像"灯塔和堡垒"，帮助他战胜疼痛。[76]威曼并不是因为有过看见上帝的经历，才有了信仰。他承认，他并不知道接下来会发生什么，未来到底是无声的黑暗还是亮闪闪的光明，他不清楚。目前他的病情有所缓解。他承认，他恢复信仰的时间点会让人怀疑他是不是因为患癌才信教："皈依宗教往往发生在一个人的生活出现巨大变故之时或在那之后，尤其是经历精神创伤之时或之后，这有时被作为证据，用来质疑人们皈依宗教的行为。这些质疑者会说，经历了生活痛苦的人，他们的脑子会变得不正常，因为人在绝望或死亡边缘思维会变得简单，他们会抓住任何能帮助自己脱离痛苦的东西，因此才会向神呼求。"[77]

但是，威曼并不在意这种质疑。他认为，信仰就像爱一样，完全是一种个人体验，而这种个人体验只有当事人自己才能了解。威曼认为

第四章　信仰的力量

自己的经历是一种赐福。他说："我从小到大接受的错误观念是，若要得到上帝的爱，就必须放弃人世间的爱。但是，我的经历正好相反。"信仰不仅拓宽了威曼的朋友圈，还让他跟家人变得更加亲近。

让我特别感兴趣的一点是，威曼的信仰之路（他先放弃信仰，后又重拾信仰）体现出了依恋与信仰的相互交织。对爱的需求最终回归到信仰这一中心点上。《约翰一书4:16》中的话很有道理："神爱我们的心，我们也知道也信。神就是爱。住在爱里面的，就是住在神里面，神也住在他里面。"

这些话很神秘，会是人们永远解不开的谜团。但是我认为，这些话不仅阐明了宗教体验的来源，而且还明确说明了，我们无可言喻的信仰是发自本能，也是基于同样的本能，让我们跟家人和朋友紧密联系在一起。尽管我们永远理解不了为什么会出现宗教体验，但是我们仍然可以惊叹于宗教体验竟然有这么大的作用，惊叹于人在与神交流后能改变生活。

但这并不意味着只有神才可以打开人的心扉，也不意味着神比认知行为疗法、超验冥想或其他任何入世的方法能更有效地解决有关人类的悲伤、绝望和上瘾等问题。正如威廉·詹姆斯很久以前指出的那样，对慈爱的上帝的个人体验决定了为什么有些人会信教，而有些人不信。要么见过上帝，要么没见过上帝，但是无论如何，一个人都无法用理智来决定自己的信仰。詹姆斯于1901年在他名为"宗教与神经学"的讲座中指出："我们经历感情脆弱时刻和经历神奇时刻时……会有强烈的内在权威感和启发感。但是这种体验不多见,而且并非人人都有。有的人可能一生都没有这种体验,有的人的经历不仅无法证明这种体验存在,还可能刚好否定了这种体验的存在。于是,有的人跟随个人体验中神的指引继续谱写自己的人生,有的人则按照没有神指引的普通人的路继续走下去。这样一来,人们对神的评价才会出现不可思议的差别。"

威曼是那些听从"个人体验中神的指引"的人之一,对此他好像有点儿惊喜,这一点体现在了他的作品中。被诊断患癌后不久,威曼又开始写诗了。他最开始的一首诗是这样写的:

我再次来到我一切所知的边缘,
相信没有人相信的:[78]

威曼说,这首诗就这样结尾了,结尾处是个冒号。他的诗用冒号结尾,是因为他真的信奉什么东西吗?他明确知道自己相信的东西是什么吗?威曼信奉的宗教很奇妙,这是他在芝加哥一家咖啡馆谈完话和教堂活动结束后的一次散步中产生的。最开始是爱的感觉——他想跟妻子在一起的迫切愿望;之后,因为神经系统的奇妙作用,这种情感引发了我们对爱人之外的东西的信仰。突然,威曼听到了敲墙声。现在,他只是努力让自己尽可能跟墙贴得更近些,离神更近些。

插曲

失爱

吞噬我那颗凡心吧；沉迷情欲，被囚禁在一个垂死的动物身上。

——威廉·巴特勒·叶芝,《驶向拜占庭》

爱不会永远存在。这是个可怕的事实。人生短暂，因此爱不会永存。哈罗德·布鲁姆写道："爱会消逝，爱人会去世，这些都是实际的存在。"[1] 尽管爱让我们拥有了最单纯的快乐，但爱不可避免地终将逝去，会给我们造成极大的痛苦。我们所受的最重的伤痛都是看不见的，比如某人去世。

这就是心灵破碎时遭受的那种痛苦。若用比喻手法来描述这种强烈的感情，那就是：身体中心位置的那个地方，象征生命的跳动着的心房，被击碎了。击碎它的是一种感情。（几乎所有语言都用"破碎的心"来形容恋爱失败。）*这个比喻可以从生理角度进行解释。一种理论是，破碎的心遭受的痛苦会引起负责"或战或逃"反应的交感神经系统，以及负责镇静、休息及消化的6副交感神经系统，同时做出反应。[2] 总之，失去爱让我们的世界变得乱七八糟，大脑会同时启动所有神经系统，这就像就着双份浓缩咖啡吃安眠药。心碎的感觉就是被夹在这两者中间。

失去爱的感觉很可怕，它会让我们患上神游症这样的心理疾病，至少是暂时性地处于这种状态中。有一项研究调查了114个刚被爱人抛弃的人。该研究发现，其中有40%以上的人都患上了临床抑郁症。[3] 更为严重的是，约有1%—2%的人因为严重的情感创伤患上了应激性心肌病，他们的心肌变弱，功能降低。[4] 对这群人而言，"心碎"不是一个比喻，而是事实，他们的心脏的确是碎了。

在失去爱的过程中，我们的伤口剧烈疼痛。我们通常认为自己会永远痛苦下去，会一直有这种失去感。我们会服用药物，但是药物不管用；我们会去看心理医生，但是医生的话也不起作用。什么都不管用。我们会一直感到痛苦，失去爱人的痛苦似乎无法消退。

不过，之后，奇妙的事发生了：我们的心被治愈了。我们的心没有破碎，我们的复原力比自己想象得更强大。近年来，研究人员开始关注人为什么会突然康复——经历了可怕的情感事件后，遭受创伤的人身上

---

* 例外情况比较少见，比如，印度尼西亚用的是"破碎的肝"。

插曲 失爱

到底发生了什么，让他们得以神奇地康复？（研究人员估计，每年约有20%的人会经历创伤性事件。[5]到目前为止，最常见的创伤类型是失去至爱。）研究人员曾经认为，失去至爱会让人丧失生活的能力——生活要么继续下去，要么就患上创伤后应激障碍。但是，很多研究发现，悲伤和伤害也可以给我们带来某种神奇的好处。尼采说，那些杀不死我的，会使我变得更加强大。尼采这么说可能夸张了些，不过，他说的是对的。

这种现象的专业术语是"创伤后成长"。创伤后成长基本上是在偶然的情况下被发现的，当时研究人员正在研究沉船事故的后期影响。诺丁汉大学社会学教授史蒂芬·约瑟夫在《杀不死我们的》（*What Doesn't Kill Us*）一书中描述了当时的具体细节：1987年3月6日晚，"自由企业先驱号"渡轮从比利时出发，驶向英国多佛。当时船上载客约500人，有80名船员。遗憾的是，一名本该去固定舱门的船员，当时在船舱里睡着了。渡轮离开码头的时候，舱门一直开着，水不断灌入。船沉得太快，90秒内，已经倾斜了30度角。他说："船沉得太快，警铃甚至都没来得及响。家具、汽车、卡车和乘客全都倒向左舷。人与人互相撞在一起，撞到船身上，滑到冰冷的海水里。舷窗内向坍塌，水灌入客舱。船上断了电，黑暗中传来人们痛苦和惊恐的喊声、尖叫声。尸体浮在冰冷的海面上。当时很多人以为自己会死，还有很多人失去了亲人，他们目睹了无法想象的恐怖场景。"[6] "自由企业先驱号"

渡轮沉船事件是20世纪最悲惨的海难之一，193名乘客和船员在泽布勒赫港的浅水区遇难。

沉船事故发生不久后，约瑟夫和同事就开始对幸存者展开研究，寻找方法帮助他们排解失去亲人的悲伤和痛苦。约瑟夫在试图了解创伤后应激障碍的成因时——约25%的幸存者表现出创伤后应激障碍症状——出乎意料地发现，很多幸存者说（基本上是事后的想法）沉船事故让他们变得更好了。约瑟夫据此又增加了调查问卷中的问题，询问幸存者在灾难发生后，生活有没有变化；如果发生变化的话，那么这些变化是正面的还是负面的。

约瑟夫说，研究结论令人吃惊：有43%的幸存者称，经历了这场灾难后，他们发现有正面影响。灾难的确很可怕，但是幸存者在灾难发生后，会变得比以前更加坚强、善良，他们不再像以前那样在意小事。灾难打断了他们原本忙碌的生活，让他们不得不思考一些人生的大问题，比如自己正过着什么样的生活？想成为什么样的人？

约瑟夫的研究结论不仅适用于海难事故的幸存者。在约瑟夫和同事首先发现灾难会带来正面影响后，其他研究者也对此进行了深入的研究。北卡罗来纳大学夏洛特分校的临床心理学家理查德·泰代斯基和劳伦斯·卡尔霍恩反复指出，大部分人开始相信这些"高压力"事件让他们变得更加坚韧。（尽管关于创伤后应激障碍的论文大都有关心理和逆境——一篇文献综述发现，关于创伤后应激障碍的文章数量是创伤后成长相关内容文章的25倍[7]，但创伤后成长是更为常见的影响。[8]）泰代斯基和卡尔霍恩说："创伤后成长不仅仅让我们回归原本的生活，对有些人而言，它还是意义深远的个人成长经历。"[9]灾难事件的具体细节不是那么重要：心理学家在离了婚的人、越南战俘、学业不顺的大学生、艾滋病病人、悲痛的父母、癌症幸存者、寡妇和鳏夫身上都发现过创伤后成长。[10]人们常常把创伤后成长比作大地震后的重建工作。地震可能会让人们发现，关于世界的一些基本假设是错误的，地面不总是静止的。重建之后，城市中心的建筑往往会更加坚固。地震后，有些建筑没倒，有些建筑倒塌；有些建筑完好无损，有些建筑被严重摧毁。重建后，城市变得更加坚固。同理，经历创伤后，人也会变得更加坚强。[11]

创伤后获得的新力量并不是来自悲伤，悲伤本身是静默的，并没有什么好处，我们不应该把悲伤传奇化。研究指出，如果把不幸视为一个自我评价的机会，视作重新评价自己生活的一个不可多得的机会，不幸就会有好的一面。（其背后还必须有强大的支持者，帮助受创伤者排解悲伤。）痛苦让我们的生活变得更有意义，因为一个人在经历不幸后经常会意识到，生命是短暂的，亲情比什么都重要。这虽然不是最原始的智慧，但却是我们在黑暗中才能学到的智慧。约瑟夫称："通常，灾难幸存者对待最亲近的人的方式会发生变化。他们意识到生命是脆弱的，人与人之间的关系是生命中最重要的一个方面，他们会比灾难事件发生前更加珍惜家人和朋友。"依恋的快乐让我们决心比以前更加依恋他人。

这么说，很多人会不理解。很多人认为，在遭遇失去和心碎事件时，头脑理智的人都将学会独立生活，因为独立生活更加安全。

但是，我们不想要安全。一旦坠入情网，我们都会变得很莽撞。人总有一天会死，虽然悲惨，但这是每个人必然的结局——我们爱的人有一天会去世，除非我们在他们之前先离开。但是，我们活着时拒绝接受这个事实，因为只有这样，我们才能感觉到自己还活着。

感谢上帝，我们从来都没有学会接受这个事实。

第五章
回忆：
关于爱的故事

也许我以前不像现在这么爱他。但在这种情况下，
美好的回忆真让人受不了。
——简·奥斯汀，《傲慢与偏见》

爱虽然短暂，但忘掉很难。
——巴勃鲁·聂鲁达

两个男人在一场乡村宴会上爱上彼此，其中一个比另一个年长几岁，已婚，是一位功成名就的诗人和波尔多市议会议员；另一个人刚刚从法学院毕业，家境富裕。年长的男子长得很丑，年轻的男子却异常英俊。没有人知道两人初次相遇时聊了些什么，但是，他们聊天后变得越来越亲近。年轻的一方这么描述他们当时见面的情况："我们被彼此吸引，特别聊得来，之后便互相追随。从那时起，我们就成为对方最亲近的人。"[1]

这个故事发生在16世纪50年代末的法国西南部。当时，法国国王在马上长枪比武中受伤去世，法国处于长时间的宗教战争中。但是，这两位男士脑子里只有他们之间的感情，没有其他。他们不担心别人会怎么想，也从不隐藏对彼此的强烈的感情。他们的爱大胆而且冒险，他们不在意别人的眼光。"我们之间的友谊是世间唯一的，任何关系都无可比拟，"[2] 年轻的男子写道，"如果要问我为什么爱他，我感觉只有这么说才能解释：因为是他，因为是我。"[3]

他们会花很多时间在乡间散步，一起骑马奔驰在阿基坦林间。他们什么都谈：政治，酒，新世界的吸引力，苏格拉底，昏迷的人是否还会有痛感。（年轻的男子说有痛感，年长的说没有。）他们给彼此写诗

爱的旅程

（这些诗多数都写得不怎么样），给彼此写让人脸红心跳的长信，夸赞彼此间的友情。年轻的男子写道："我们的灵魂完全交融在一起，难分彼此。"[4] 年长的男子同意他的观点，指出他们两个人的关系已经达到"爱的至高点……没有理由担心子孙后代不愿意把我们放在著名友人之列，只要命运允许"。[5]

然后，突然间，友情结束了。坏消息发生在某个星期一。年轻的男子邀请年长的男子过来吃晚餐，年长的男子说自己感觉不舒服，肚子痛，患上了痢疾。第二天早晨，年长的男子写信说病情更严重了，什么都吃不下，连水都喝不了。年轻的男子赶过去，但是年长的男子怕他被传染上痢疾，让他回家。年轻的男子拒绝离开。

几天后，噩梦开始了。年长的男子说自己"比死好不了多少"，他出现了可怕的幻听现象。另外，他还发烧打战，"大汗淋漓"。[6] 他上吐下泻，被痛苦折磨了约十天，长叹一口气后，就"断气了"。这时，正是周三凌晨3点。艾蒂安·德·拉·波埃西就是那位年长的男子，他在世上仅活了32年零9个月17天，就因为痢疾去世了。*年轻的男子在波埃西死后又活了30年，但是，他永远没有走出波埃西去世的伤痛。

活下来的年轻男子就是米歇尔·德·蒙田。蒙田一直都在坚持写他

---

* 波埃西最著名的作品《论自愿为奴》被广泛视为讨论专制政府的开山之作。波埃西认为领导人是腐败的，唯一的理智之举是公民彻底抵制政府。

第五章　回忆：关于爱的故事

和波埃西之间的友情，我们才得以了解他们这段真挚的感情。这段感情在蒙田最著名的《蒙田随笔集》中出现过，我们在蒙田的日记和书信中也能找到这段真挚友情的影子。蒙田访问意大利时，波埃西已经去世快20年了，但他仍然怀念着这位朋友。在日记中，蒙田承认自己"沉浸在对艾蒂安·德·拉·波埃西的痛苦的回忆中，我一直处于思念的痛苦中，从未恢复过，这种痛苦的确让我备受折磨"。他后来将自己所有的作品都献给了这位早已不在人世的朋友。他说，波埃西去世后，他"感觉自己已不完整，不过是半个人而已"。[7]

蒙田的写作才华让他把失去挚友之痛转化为了创作灵感，失去挚友之痛成为他艺术创作的源泉。对波埃西的回忆让蒙田创造出了他自己独特的散文形式。[*8] 他再也不能跟他的挚友说话了，于是他开始跟自己讲话。他的创作来自他独处时的独白。[9] 传记作家唐纳德·弗雷姆说，蒙田的创作只是简单替换了一下谈话对象，"由读者替代了他去世的挚友"。波埃西去世后，蒙田失去了挚友，但他学会了哲学思考。蒙田说："只有波埃西一个人喜欢我真正的样子，他走时也带走了真正的我，这就是为什么现在我要费劲地解读自我。"[10]

《蒙田随笔集》中记录了蒙田对自我的解读。过去无法改变，波埃

---

* 蒙田坚持认为，如果波埃西还活着的话，他会继续专心写日记，这样就不可能写《蒙田随笔集》了。Donald Murdoch Frame, *Montaigne: A Biography* (New York: Harcourt Brace, 1965), 83.

爱的旅程

西再也回不来了，因为死神把门锁上了。但是，在挚友去世后，通过不懈地寻找自我，一点一滴地仔细回忆，蒙田让他的挚友永远活在了自己心中。蒙田呐喊道："我在这儿，只要我在，你就在！"

可塑性回忆

如果一个人生命中的大部分时间都在哀悼、怀念自己难得一遇的"最丰满的灵魂伴侣"，那么毫无疑问，他是真的很悲伤。但是，除却悲伤，蒙田的作品还一直有自怜的面纱。他好像从未觉得生活艰难，也没有对上帝耿耿于怀。相反，蒙田一直对依恋对象念念不忘。虽然挚友已经去世，但蒙田称"他一点儿都没变，仍然活在我心中"。蒙田没有办法，只有靠回忆继续生活，但只有回忆是不够的，他的爱一直都在，虽然他所爱的人已经不在了。

这种爱可能有些极端，但也佐证了一个真理：回忆在，爱就在。尽管我们认为爱是现在时，但若要长长久久的爱，则依赖于过去的回忆，回忆那些我们永远不会忘记的场景和故事。我们跟对方的朝夕相处，会慢慢建立起依恋关系。我们可以通过回忆一起走过的日子，回忆一起度过的时光，让彼此之间的依恋长长久久。正是有了曾经一起相处的时光，才会有现在的亲密关系，因为爱的感觉既是一种回忆，也是一种经历。

第五章 回忆：关于爱的故事

为什么回忆和爱会相互交织在一起？答案是，因为人类的记忆并不稳定：人在回忆时会改变自己的记忆。[11] 这就是所谓的"记忆再巩固"（memory reconsolidation），这跟以前我们对回忆的比喻完全不同。自柏拉图开始，我们一直认为记忆是对过去一字不漏的完整的记录，大脑是个硬盘，会如实地储存所有的资料。* 记忆一旦形成，就会一成不变，在大脑里被封锁起来，永远不会被改变。

但是这种记忆模式是错误的。一段记忆形成后，就会出现变化。我们会觉得自己的记忆正确且稳定不变，但实际上记忆总是会被修改、被重写、被重新制造。"重新"二字意味着一切都会被改变。

下面是一个记忆再巩固的例子。我还能想起我第一次亲吻妻子时的情景，这种感觉像极了一个尴尬的电影场景。当时我们躺在卧室的地板上，房间里放着范·莫里森唱的《星体周》（Astral Weeks）。我侧过身，头下面还有一只剩了一半意大利面的碗，我鼓足了勇气，把嘴放在她的嘴上，左手搂住她的脖子。我甚至还能闻到她身上的香皂味。

这段回忆永远且深刻地留在了我的脑海中。但是，再巩固科学却认为，这段记忆（让我感觉如此固定，不会有什么变化）在我每一次回忆时，都会出现变化。每当我想起那个吻，眼前重现的当时的场景都会

---

* 每个时代的技术不同，关于记忆的比喻也会不同。柏拉图把记忆比作蜡板上的印刻，而现在提到记忆时，几乎总是要提到电子世界，似乎我们的记忆是由 0 和 1 构成的。

爱的旅程

发生变化，相关的东西也会有所改变。有些细节信息被强化——我记得我是在背景歌曲唱到"塞浦路斯大道"这句歌词时才开始亲吻她的，但其他的信息就记不太清了，有的场景直接忘了，有的细节则被补充进来。这意味着记忆不怎么像电影——电影场景是被定格在胶片上固定不变的，而记忆不是固定不变的。记忆更像是戏剧，同一个剧每次演的时候都会有细微的不同，记忆也是如此。同一段往事，每次回忆时都会不同。

剑桥大学心理学家弗雷德里克·巴特莱特是最早提出记忆不是固定不变这一观点的学者之一。他在研究中发现研究对象的记忆出现了细微偏差，这让他确定，记忆并非固定不变。以前关于记忆的研究主要是关注死记硬背，这些研究常常会涉及对一长串随机选取的数字的记忆。巴特莱特的研究则不同，他让调查对象回忆的不是数字，而是故事。在他的研究中（他的第一次研究是在1917年），他让学生读一个来自艾古拉克（Egulac）的印地安人在河边打仗的民间故事。15分钟后，他让学生复述这个故事。让巴特莱特惊讶的是，学生复述的内容跟他们读的有很大的不同。学生省略了一些无关紧要的细节，但故事中的戏剧性情节得到了突出和加强，而且加入了说教式的寓意。[12] 基于研究，巴特莱特总结说，人们平时对记忆所持的观点都是错误的。他说："回忆不是对一段往事固定不变且无生命力的记忆，而是一段充满想象力的重构。"[13]

第五章　回忆：关于爱的故事

这跟依恋关系有什么关联？如果记忆固定不变，我们就会适应这种固定不变的记忆带给我们的快乐。我可能会对回忆开心的往事失去兴趣，或对向他人描述自己喜欢的场景失去兴趣。我会对回忆第一次接吻感到厌烦，或者对回忆儿子的第一次微笑感到厌烦（他第一次笑的时候只有两周大，当时是边笑边放屁）。但是，记忆是不靠谱的，有时也是不完整的。记忆的内容总会按照我们现有的知识被重新解读，闲聊、随机的想法和最近的经历都有可能改变记忆内容。

这些变化通常让人觉得不太好，因为这意味着记忆多变、不可靠，总是出现差错。不过，当蒙田抱怨那些"又美好又可怕"的回忆时，他开始喜欢上记忆差错带来的好处。记忆差错让他能够在回忆过去的时候，仍然"保持新奇"。[14] 尤其是当蒙田回忆自己最爱的挚友时，他的记忆并没有出现习惯化，而是一直保持着新鲜感。这一点特别重要。虽然蒙田不能再与波埃西一起长时间散步，但是他通过回忆找到了跟波埃西交流的办法。只要蒙田还记得他与波埃西在一起的往事，他就不孤单。

易变的记忆不仅仅留住了回忆，还留住了我们想要永远铭记的那些快乐。另外，可塑性回忆程度适当的话，还会让我们有机会对一些往事释怀。这种回忆方式能让我们直面生活中最艰难的时光。对一件往事的回忆每次都不同，我们因此可以不断美化回忆，并想办法对一些一直无法忘记的往事释怀。

223

爱的旅程

过去与现在连贯的重要性

过去的不总是过去了。弗洛伊德在《文明与缺憾》(Civilization and Its Discontents) 一书中，将成年人的大脑比作罗马这个城市。他说，我们最好把自我比作一个个年代基础上的城市遗址。尽管大多数遗址看不到了——罗马建筑建在古代遗迹之上，新建高速公路的原址是水渠，天主教堂建在先前异教徒的院落遗址之上——但是，古代遗址的设计仍然影响着现代城市的规划，决定着现代城市街道和公园的布局与规划。弗洛伊德说："过去曾经存在过的不会随着时间而消失，最新的发展是建立在先前的发展之上的。"[15]

昨天的重要性有助于解释为什么弗洛伊德信任谈话疗法。对这位精神病学家来说，谈话疗法只是对思想的考古活动，真正的考古挖掘使用的工具是铁铲，而思想考古使用的工具是语言。挖掘出来的大部分东西是沉闷的、无用的、无意义的昨天，但是有时挖掘会让我们有不少发现。我们以为已经忘掉的东西其实根本就没有被真正忘掉。这样一来，治疗的目的不是把过去忘掉，因为过去不是一扇可以关上的门。相反，弗洛伊德想象中的治疗师能够改变病人的人生，能帮助病人在废墟上建立新的城市。

为什么回忆过去是心理治疗的根本？弗洛伊德的逻辑很直接：病人必须直面已经发生的事，因为过去的事并非可以随意忘却，压抑没有效

第五章 回忆：关于爱的故事

果。* 弗洛伊德后来坚持说，压抑说是"整个精神分析的大厦得以建立的基石"。[16] 既然我们没有办法选择忘却，就只能想办法跟回忆一起活下去，这就是谈话疗法的基本内容。弗洛伊德开始提炼他的精神病学方法，他得出结论说，一个人必须做到了解自己的过去，不了解自己过去的人处理不好亲密关系。在学会如何爱之前，我们需要学会如何回忆往事。

虽然弗洛伊德的观点有错误的地方，但是他关于记忆重要性的观点是正确的。以明尼苏达大学风险与适应纵向研究中研究对象的生活情况为例。这项研究是在20世纪70年代中期进行的，研究对象是267名儿童，这些儿童的妈妈都是单身母亲。（我们在第一章中已经讨论过这个研究的主要结论。）其中，艾伦·斯鲁夫、格伦·罗斯曼、埃琳娜·帕德隆和拜伦·埃格兰的研究讨论了成人依恋关系访谈（Adult Attachment Interview，简称AAI）的调查结果。[17] 访谈只是关于儿时回忆的结构化对话，对话的核心内容是关于亲密关系。（这个访谈像是一个弗洛伊德式的治疗过程，这并非偶然。）访谈时间的问题举例如下：

请用5个形容词来描述一下你跟母亲的关系，从你有记忆的童

---

* 蒙田说："越想忘掉的，越是深刻地留在了记忆中。"

爱的旅程

年开始到现在。

记忆中你第一次跟父母分开是什么时候？

童年时你经历过父母或其他亲人去世吗？

访谈都录了音，之后被转成文字。受访者会聊到他们儿时的创伤和家庭伤害，所以这些对话经常会变得紧张。根据这些对话，斯鲁夫等人按照爱因斯沃斯的基本依恋类型，把受访者分成了安全型、回避型和焦虑－抵制型三种类型。果然，有安全型依恋的成人描述的是安全型童年，他们关注的是幸福的场景——生日派对、圣诞晚餐、婚礼，他们常常描述家人的正面影响。人生并不完美，但通过爱，他们的人生变得更美好了。

再来看一下那些依恋关系有问题的受访者的情况。回避型依恋关系的受访者讲的故事是负面的。他们的童年回忆很少，说起自己有记忆的部分的时候，不仅内容较少，而且很乏味。焦虑－抵制型依恋关系的受访者的问题则刚好相反。他们在说起自己的童年时会说得特别细致，但会从一个紧张的情节突然跳到另一个情节，而且两个情节之间没有任何关联。很多情况下，他们讲起往事时感情非常投入。

研究结论很明确：童年时期的依恋关系影响着我们长大成人后的人生。不过，明尼苏达大学的研究者最关注的是孩子们成长过程中有什么变化，他们尤其想研究那些一开始生活很糟糕但成人后能保持心理健

第五章 回忆：关于爱的故事

康，并且能够跟他人建立安全型依恋关系的人。这些人（一些研究将他们称为"赢得安全型依恋关系的人"）知道如何才能克服童年时期的悲伤和不安全感。研究者指出，这种进步是心理疗法的明确目标，即帮助病人战胜他们面临的心理问题。

这些孩子后来是如何努力赢得安全感的呢？一个重要的变量是他们的记忆与现在生活之间的"连贯性"，至少在进行成人依恋关系访谈时，他们的记忆跟现在的生活之间是有连贯性的。研究者指出："准确描绘心理状况靠的不是儿时回忆的内容，而是描述儿时回忆时与现在生活的连贯性的情况。"另外，通过观察受访者讲述自己创伤往事的方式，以及他们是否将自己的创伤往事"成功地放进"个人更大的故事里，研究人员就可以判断出受访者属于何种依恋类型，可谓"三岁看老"。不过，回忆总是可以改变我们童年的意义。

这让人不禁提出一个常见的问题：回忆怎样才能与现在产生连贯性？这些人是怎样改变自己的人生的？明尼苏达大学的研究者指出，赢得安全型依恋关系的人后来拥有安全感，大都是因为他们得到了他人的支持，帮助他们直面自己痛苦的童年时光。艾伦·斯鲁夫有一次在电子邮件里写道："有的人在遭遇痛苦经历之前，曾有过安全型的依恋关系；有的人则是在痛苦经历后才与他人建立起安全型依恋关系。"但他指出，一些人只靠自己，是很难克服童年的痛苦并在以后的人生中跟他人建立起安全型依恋关系的。最终，是爱的经历让他们的人生变得具有连贯

227

性，爱的经历也贯穿了他们的生活。

在精神病学家丹妮尔·西格尔的研究中，有个病人是这样描述她跟父亲之间糟糕的关系的："我父亲失业了，他对此感到非常烦恼。很多年来，我感觉他一直都很抑郁、很无趣。他会出去找工作，找不到就会对我们大喊大叫。小时候，我一直很烦父亲的行为，所以跟父亲不亲近。"[18]

随着采访的继续，这位病人把她这段"不怎么理想的养育经历"放进了更大的情景中——她没有否认父亲的这种行为让儿时的她有了创伤感，但是她又解释说，这段经历让她变得更加坚强。她说："我必须一直控制自己的愤怒，19岁后，我跟父亲的关系已经僵化。我认为，我之所以有今天这样的生活，部分原因是我跟父亲共处的那段艰难时光。"

分析成人依恋关系访谈录音材料时，西格尔关注了这个病人回忆往事时的语调和整体思路——她没有归罪于任何人，也没有进行理想化。相反，她把自己经历中这些独特的部分全都讲了出来，并说出她从过去的依恋关系中得到了什么。她今天在生活中表现出的坚韧——她也通过努力赢得了安全型依恋关系——正是来自过去的坚韧往事。

这项研究表明，童年往事的真正意义不在于往事本身，而在于回忆往事的方式，以及这些往事是如何被保持在记忆中的。尽管那些通过努力赢得安全型依恋关系的人跟一些烦恼的同龄人一样有悲伤往事，例如

第五章　回忆：关于爱的故事

被虐待、被忽视和父母服刑的经历，但是他们在提起自己早年的经历时，都有办法让这些经历变得有意义，他们让自己经受过的动荡和痛苦变得有意义。时间久了之后，这些人的叙事方式成为标注他们成人依恋关系类型的最佳指标。美国作家琼·狄迪恩指出："我们把自己的故事说出来，是为了能活下去。"换言之，因为生活太苦了，我们就自己把故事说出来了，但不管怎样，我们仍然要继续活下去。

明尼苏达大学研究中的调查对象是极端的例子，这些人从儿时起生活就很艰难。但是，这项研究发现的逻辑关系适用于所有人，因为如何面对自己以前的依恋关系将决定这段依恋关系的未来走向。回忆往事的方式非常重要，它是预测夫妻是否会离婚的一种很有效的评估方式，简单得不可思议：研究人员让新婚夫妇到房间后，讲一下自己的婚姻生活，讲讲他们是怎么认识的，最近一次的严重吵架吵成了什么样。之后，按照他们所说的内容，研究人员在生活自控能力的7个栏目上给他们打分，7个栏目的内容是几个不同程度的依恋类型和"生活混乱"状况。下面是一对在"生活混乱"状况一栏得分较高的新婚夫妇的对话：

> 采访者：你们两个人是怎么认识的？对彼此的第一印象如何？
> 莱尼：我们是在一个晚会上认识的，我对她的第一印象很好。
> 温蒂：嗯，当时我们俩没怎么说话。
> 采访者：然后呢？

爱的旅程

  莱尼：她在我们认识的第二周就搬到我这里住了，因为她住的地方着火了。

  温蒂：我只是必须找个地方住，他当时说，"嗯，好啊，你可以过来住一段时间"。

  采访者：你对莱尼的印象怎样？

  温蒂：还不错吧，我觉得。

  采访者：之后发生了什么？

  莱尼：她妈妈得了癌症，我们决定搬到威斯康辛去照顾她妈妈。

  采访者：你俩做得真棒。那时候你们在一起多久了？

  温蒂：大约一年。

  采访者：是怎么决定一起照顾妈妈的？

  莱尼：不记得了。

  温蒂：就只是那么去做了，就像我房子着火那次一样，没多想。[19]

  请注意这对夫妻话里的意思，他们的话表明他们对生活是缺乏控制的。温蒂和莱尼说起他们的关系时，只是谈到他们生活中发生了什么。他们并不是自己决定一起生活的，也不是自己决定搬到威斯康辛的，只是因为生活中发生了不幸的事，这些事替他们做了选择。

  相较而言，一对夫妻如果在"生活混乱"状况一栏得分低，那么在"自我奋斗的自豪感"（克服逆境的共同的自豪感）一栏中就会得分

第五章 回忆：关于爱的故事

很高。

> 兰迪：我们结婚时，琼宁怀孕4个月了。
>
> 采访者：所以你觉得你们"必须"结婚了？
>
> 琼宁：不是，根本不是。
>
> 兰迪：我觉得我更尊重琼宁的决定，并不是"好吧，我们现在得结婚了"。（他强调自己当时很尊重妻子的决定。）
>
> 琼宁：我觉得结婚是出于对我的保护，是不是？[20]

这对夫妻奉子结婚，所以双方家庭都不认可他们，而且都没去参加婚礼。不过，兰迪和琼宁对往事的回忆反映出，他们两人掌控了自己的生活，对人生中出现的意外情况有能力应对。意料之外的婚姻是个危机事件，但是他们找到了度过危机的办法。研究者称，对自我奋斗感到自豪的夫妻……和在"生活混乱"一栏得分高的夫妻经历的生活动荡情况可能相似，但是两种类型的夫妻对待逆境的方式非常不同。采访时，区别就更加明显了。研究人员问兰迪和琼宁哪天结婚时，他们强调的是他们有多么快乐，而不是有多么混乱。兰迪说："婚礼很棒，结婚时我们用了一艘船，船装点得特别漂亮。"[21]

对52对夫妇进行口述采访后，华盛顿大学心理学家金·布尔曼、约翰·戈特曼和林恩·卡茨发现，夫妻如何描述彼此的生活，将预示出

爱的旅程

他们接下来的 3 年内会不会离婚。预测的准确率高达 94%。[22] 这个数字令人惊讶：只是观察一对夫妻如何谈他们的过去，研究人员就能预测他们未来会怎么样。

那么，哪些是关键的指标？其中一个变量是，这对夫妻能否将他们的故事——好的与坏的经历——放进更大的关于爱和拯救的故事里。最幸福的夫妻不只是谈他们的幸福时光，他们能够从每次的苦难中发现正面积极的信息。研究人员指出，像兰迪和琼宁这样的自我奋斗者，一直在用大量细节讲述创伤和艰苦的经历如何让他们之间更加亲近。因此，以这种态度看待逆境的夫妻，关系会更加亲密。时间久了，他们之间的关系也会变得越来越好。）另一个变量是"我们"。幸福的夫妻在讲他们的故事时，一直都在用"我们"这个词。他们关注的是影响他们两个人的事件，而不是影响其中一方的事件。比如，他们会说："我们学会了让步""对我们来说，那是个艰难时刻""我们没事了"。

这些研究表明，我们必须留住过去的回忆。生活是一团麻，充满着意外、不可预测性和变故。所以，我们要给自己建构一个与现在有连贯性的过去，过去的经历是有意义的。有时，这意味着我们在睡觉前要解决掉两人的争吵，有时则意味着我们要把苦难经历说成"引以为豪"的故事。我们要坚信苦难也是财富，要把人生视为夫妇共同前行的旅程。我们不应该逼自己忘掉过去，尽管很多东西最终都会被遗忘。我们要想办法把记得的往事好好讲出来。

第五章 回忆：关于爱的故事

如何讲往事，我们可以向蒙田学习。蒙田的散文以其散漫而著称，他的散文里包括很多深奥的主题，比如食人族、拇指、塞内卡人、放屁和悔罪等。在一篇关于独处的散文中，蒙田一开始谈的是人性之恶，之后，他转到苏格拉底，最后又谈到如何确保船里货物的安全性。他像平常那样，离题万里地谈东谈西，一直到这篇散文的中间部分，才写出这句名言："世上最重要的事莫过于懂得如何让自己属于自己。"[23] 写下这句名言的时候，蒙田好像终于厘清了自己杂乱的思路，这才是他一直想说的。

蒙田是怎么想到这句话的？通过写，然后重写，蒙田一直都在修改他的作品。（他承认，"我无法把握我的写作对象，他飘忽不定、摇摇晃晃，像醉汉那样，自然而然地喝醉了"。[24]）《蒙田随笔集》的手稿上总有修改痕迹：他会在空白处写上新的引言，有些句子被划掉，或加上新段落。出版的终稿里很多页上都有手写的修正。如果蒙田有更多时间，可以想象，他会像巴尔扎克短篇小说里"疯狂的艺术家"那样，不断地修正自己的画，直到这幅画变成一堆无意义的颜料。[25]

不过，这可不是蒙田作品最后的命运。的确，有时候蒙田补充的内容让我们无法理解，但是，大多数情况下，他的改动会让《蒙田随笔集》的水平更上一层楼。弗吉尼亚·伍尔芙评价蒙田时说："（蒙田）反复修订这些散文的同时，生活的意义也一次比一次明确。不过，下一次修改到底是什么时候，敬请期待吧。"[26] 伍尔芙强调蒙田忠于生活，她这样评价蒙田是正确的。相较之下，批评者批评蒙田的散文没有逻辑而且错误百出，这些批评者都没有批评到点子上。蒙田的写作目的并不是建构一个完美的论点，他只是想把自己的所思所想写下来，自由联想是他写作时使用的一种哲学手法。[27]

我们在谈论往事时也要用同样的方法。要想让一段过去有意义，我们就要回忆这段往事，让思绪回到内心最深处的记忆。大部分往事都没多大意义，很容易被忘掉。这就是谈话疗法经常令人厌烦的原因。如果我们能花足够的时间回忆，如果我们对过去这段往事不断地重新回忆，那么我们最终会找出这段回忆的意义。就像蒙田一样，他每次改动都会发现新东西。蒙田说："如果其他人像我一样专注地审视自我，就会像我一样发现自己有多么无知愚蠢。不过，若没有这些无知和愚蠢，也就没有了我。人人都是如此，既无知又愚蠢。能意识到这一点的人生活会更好一点，尽管我不知道到底会好在哪里。"[28]

除此之外，我们还有其他选择吗？已经发生的，我们不能让它不发生，我们也无法控制自己不去回忆。这意味着我们必须想办法直面往事。得克萨斯大学奥斯汀分校社会心理学家詹姆斯·佩内贝克花了几十年时间研究直面往事（尤其是那些人们特别不想记起来的往事）的好处。佩内贝克做这项研究是因为一个叫沃伦的本科生。[29] 沃伦在大学一年级的时候成绩优秀，但他在大二时得了严重的考试焦虑症。之后，他不得不为此休学。佩内贝克最开始是在实验室研究沃伦，给他戴上心跳监测

第五章 回忆：关于爱的故事

仪，问他各种有关情感生活方面的问题。沃伦对大部分问题都不怎么回应。比如，问到他女朋友时，沃伦回答，他们"对性有些分歧"，但不怎么严重。（他的心跳基本没什么变化，每分钟 77 次。）佩内贝克在问他关于学校、前途，甚至他没通过考试这些问题时，他的心跳都没什么变化，沃伦回答问题时很平静，也很冷静，他的心跳基本没什么变化。但有一个问题让沃伦的心跳急速加快，当佩内贝克问他父母离婚的事情时，他的心跳差不多快了 30 次，几乎达到每分钟 100 次。沃伦坚持说父母离婚没有给自己造成创伤时，他的身体反应非常大。沃伦说："他们离婚，没什么大不了的。"看上去父母的事不值得讨论，但佩内贝克后来让沃伦自己看心跳情况，沃伦对此也感到非常吃惊，因为他一直不知道自己对父母离婚这件事竟然感到如此烦恼。这让沃伦意识到，他必须思考一下自己的负面情绪了，他必须弄明白负面情绪从何而来。尽管内省没有让沃伦的情绪消失，但他的考试焦虑症消失了。佩内贝克说："直面创伤有助于我们理解过去的苦难，并且最终明白过去的苦难是怎么回事。谈论或写下以前压抑的经历，可以相应地把当时的苦难转化成语言或文字。苦难被转为语言或文字后，我们就可以更好地理解这段经历，并最终接受这段经历。"[30] 这种治愈通过语言或文字进行，只是谈论苦难——努力把情绪转化成语言或文字，效果就非常明显。

在佩内贝克最著名的一项研究中，他和桑德拉·贝尔随机对一些大

爱的旅程

学生采取了写作疗法。控制组的学生就一个表面性的主题（比如怎样利用时间）写作，实验组的学生得到佩内贝克下达的指令："写一篇关于最让你焦虑的经历或最具创伤性经历的文章，什么都可以写。但不管写什么，你都应该写下影响自己很深的，最好是那些你从不愿跟别人细聊的事情。释放自己并直面心底的情绪和想法是非常重要的。"[31]

连续四天，实验组的学生都在写，他们写的是自己的黑暗秘密。一个女生提到，她10岁时，妈妈让她在奶奶来家里前把玩具整理好，她没有按照妈妈的吩咐做，结果，奶奶被一个玩具绊倒了，骨盆摔裂，并且在手术过程中去世了。这个女生说，她现在仍然天天都在责备自己。有的学生写了自己受到性骚扰的经历，有的学生则写了酗酒对自己的影响。研究人员读到这些文章后感到"震惊和悲伤"："值得关注的是，这些大学生竟然有过如此可怕的经历。不过，他们仍愿意把经历过的事情写出来。颇具讽刺意味且令人不快的是，整体而言，这些学生的高中成绩平均分和美国大学理事会公布的考分都高于平均分，但他们现在都在中等大学里学习。这些学生就是那些被称为'在优越的经济条件和安静的郊区环境下长大的孩子们'。"[32] 他们每个人的生活中好像都有令人感到绝望的事情，他们都想找人倾诉。

佩内贝克之后继续跟踪研究这些学生。一开始，研究并没有多大进展：这些学生说把秘密写出来后，感觉更糟糕了。情感宣泄是一种诅咒。但是，几个月后，写出秘密创伤的学生明显更不容易生病，至少

第五章　回忆：关于爱的故事

跟那些写表面性主题文章的学生相比是这样的。不管是严重的抑郁症还是普通的感冒，都可以看到这种相关性。（后来的研究有助于解释这种相关性，写作疗法能提高免疫系统功能，起码从接种疫苗后血液中抗体数量增加这一点来说是这样的。[33]）另外，接受写作疗法的学生的学分都提高了，酒也喝得少了。*

为什么在日记里倾诉一下会让你感觉更好？情感宣泄的主要好处是，人们可以有机会重新讲故事。佩内贝克在《敞开心扉》(Opening Up by Writing It Down)一书中写道："那些得益于写日记的人在重新讲故事。[34] 他们第一天写的时候，经常会只写写创伤事件的具体经历……一天一天坚持写下去后，他们写的东西会成为一个跟目前生活有连贯性的故事，它有明确的开头、中间和结尾部分。"[35] 人们过去的秘密创伤（有害健康的长期压力的由来）成为励志经验，让他们能更好地应对未来的困难。约翰·厄普代克说："写作能让我们的记忆变得清晰，同时也改变了我们的记忆。"[36] 佩内贝克指出，不幸的经历让这些受访者发现了生活中什么最长久，什么最重要。

这种智慧来自人们对过去的回忆。20世纪最有影响力的一位精神

---

* 佩内贝克在得出研究结论后，给人们提出的建议是，遇到麻烦事后，一定要找时间把自己的烦恼写下来。即使只有15分钟，你也应该努力把事情怎么发生的、自己有什么感觉和为什么有这样的感觉等写下来。佩内贝克说，我们要注意的关键点是，不一定要在创伤事件发生之后马上去写，"事情发生后，如果你当时感觉不堪重负，而且感觉写下来效果不好，那就不要写，过段时间再写，这样更好一些"。不管什么时候写，你一定要写。写下来之后，会有长久的好处。

分析学家埃里克·埃里克森认为，让回忆有意义是成熟人格必须完成的基本任务，他称之为自我整合（integrity）。埃里克森认为，谈话疗法的目的是帮助人们把故事讲到自己可以接受的程度，尽管仍然有遗憾。（埃里克森认为，自我整合外的其他选项是痛苦和绝望。）他说："自我整合就是接受自我，接受人生只有一次，接受自己生命中那些重要的人，接受生活现在的样子，知道自己不能换一种活法。"他接着说："这意味着，你要用跟以前不一样的新角度爱自己的父母，而不是希望父母有所改变，你要对自己的生活负责，你一定要接受所有的事实。"[37] 尽管我们认为记忆是不可改变的，但是埃里克森认为，回忆总是可以被重写，墨汁永远不会干。因此，我们必须把我们的故事不断地讲下去，直到这个故事成为一个能给我们带来平和、安慰和意义的故事。

晚餐——与家人一起回忆往事

回忆如此重要，让人不禁去问一个实际的问题：我们应该从哪里学习如何回忆？讲故事是需要技巧的，要有榜样的引导和实际的经验。

这个问题的答案其实很平常：我们从家人那里学会如何回忆。这个答案是由心理学家马歇尔·杜克、珍妮弗·博哈内克和罗宾·费伍什给出的。这三位来自埃默里大学的学者一直在做家庭叙事这个项目，其中最有名的就是一个名为"你知道吗"的调查表。[38] 这个调查表包括 20 个是

第五章　回忆：关于爱的故事

非问答题，内容是关于孩子对自己家庭情况的了解程度。这些问题包括：

你知道爷爷、奶奶、外公或外婆在哪里长大吗？
你知道父母有过什么好的或坏的经历吗？
你知道妈妈上学的学校名字吗？
你知道爷爷和奶奶或外公和外婆第一次见面是在哪里吗？

这些问题虽然都很简单，但研究人员发现，孩子们在"你知道吗"调查表的得分与他们的身心健康各种因素之间存在显著的相关性。研究发现，"你知道吗"调查表得分高的人，其自我感觉和自控能力都更好。与他人相比，这些人不太容易焦虑，行为不太容易出问题，而且性格更加坚韧。

但你要注意，不能把相关性和因果关系搞混。研究人员指出，关于家族历史，是没办法进行应试性家庭教育的，比如把家族历史突击教给孩子们，没办法帮他们一下子在调查表上拿高分。要让孩子在调查表上拿高分，真正渠道是家人之间的交谈，这样的交谈会让孩子们不经意地了解到自己家族的历史。马歇尔·杜克说："谈什么不重要，交谈的过程才重要。我们认为，家人交流的过程是原因。孩子想听家族故事，就需要坐下来专心听，不能分心。一家人里，有讲故事的，有听故事的。家族故事需要一遍一遍地讲，家人们需要有很多一起坐下来的时间，而且需要多年来一直这样做。"[39]

爱的旅程

很多家庭常常在吃晚餐时坐在一起回忆往事，其他时间大家都很忙，没有时间聊。基于此，埃默里大学的学者们对亚特兰大 40 个中产阶级家庭聚餐时的聊天进行了研究。分析这些家庭聊天的内容后，学者们发现，家庭聊天的质量与儿童情感生活之间存在相关性。研究发现，晚餐聊天中最有效的一种聊天方式是讲一个"前后连贯的家庭故事"，家人们可以一遍又一遍地回忆，直到一家人回忆起的事大家都感觉说得通为止。博哈内克等人的论文《家庭成员晚餐聊天中的故事互动》指出："要讲一个前后连贯的家庭故事，就必须把故事的每一个部分都说明白，家庭成员可能会时不时地提出异议、更改内容，也可能会在评价一番后，把故事重新讲一遍。"[40] 回忆什么并不重要。研究中，这些家庭什么都聊，比如他们会聊到去迪士尼乐园玩，会聊上个周末干了什么，等等。重要的是，家人在一起回忆，而且每天都会在一起回忆往事。

这么看来可能有点儿吓人，好像什么时候回忆往事跟什么时候做作业、什么时候弹钢琴一样有了时间表。但是，家庭聊天资料显示，一家人自然而然地开始回忆往事，往往效果最好。研究人员发现，很多有意义的聊天都始于同一个基本问题："今天过得怎么样？"比如，在互相问候后，父亲贝克问他 13 岁的女儿贝卡乐队比赛的情况，父女两人的对话是这样的：

贝卡：我们没去听其他乐队的演唱。我们本来想去的，但是，

第五章 回忆：关于爱的故事

你知道的，我们当时不得不走。

父亲：啊，我想起了我在合唱团唱歌时候的情景，当时我还在上高中。

贝卡：哦。

父亲：我们当时唱得不怎么好。（他和贝卡都笑了）我记得我们好像得的是第三或第四名。

贝卡：是啊，是啊。你瞧，我不喜欢我们合唱团的一点是，他们的声音的确好听，但是，他们全都唱得特别小声，（小声说）你知道的。[41]

注意，贝卡一开始回应父亲问题时，特别简略，这样很容易让谈话进行不下去。但是父亲让谈话进行了下去，他把话题转到回忆往事上，谈到自己以前上学时发生的事。另外，他通过跟女儿贝卡讲自己当年的失败经历（"我们当时唱得不怎么好"），鼓励贝卡把她当天的不安说出来。（"我不喜欢我们合唱团的一点是……"）研究人员称，这个普通场景举例说明，家庭聊天中总会出现个人回忆，这样对孩子们理解自己的经历很有帮助。

家人一起回忆往事有好处，这一点很明确。[42] 在家人一起回忆往事次数多的家庭里长大的孩子，心理更加健康，自我认同感更强，他与家人之间的关系也会变得更加紧密。对家庭历史了解更多的孩子和家长

爱的旅程

在"家庭功能"量表上的得分也更高，因此这个"家庭功能"量表是一个常用量表。[43] 其他研究也证实了家庭聚餐有很多好处。桑德拉·霍夫斯和约翰·桑德伯格指出，评估幼童学习成绩好不好的最佳指标之一是他们跟家人一起用餐时间的长短。[44] 相较于待在学校的时间、做作业的时间、参加集体运动项目的时间或是去教堂的时间，跟家人一起用晚餐的时间更能反映出幼童在课堂的表现情况。（在宗族、性别、收入、父母的受教育程度、家庭成员的情况这些变量都得到控制的情况下，这种相关性很稳定。）其他学者发现，这种相关性会一直持续到这些孩子的青少年阶段，每周跟家长一起用餐达 5 次以上的青少年，其学习成绩更好，喝酒抽烟的情况也更少。[45]

可惜，孩子们跟家人一起用餐的时间变得越来越少。霍夫斯发现，在 1981—1997 年间，父母与孩子用餐时的聊天时间减少了 33%。*[46] 加州大学洛杉矶分校家庭日常活动斯隆中心的一项研究发现，只有 17% 的中产阶级家庭会定期一起用餐，即使是全家人都在家，情况也是如此。（最常见的用餐方式是，家庭成员分别在不同的时间、不同的房间里用餐。[47]）几乎所有的家长都说他们想跟自己的孩子多聊聊天，但是，他们每天不受打扰地跟孩子聊 10 分钟都很困难。科技发展让这

---

* 孩子们不跟家人一起用餐，那么他们在干什么呢？孩子们称，他们更多的时间花在了玩电脑、参加体育活动以及做作业等"有组织的活动"上。

第五章 回忆：关于爱的故事

个问题变得更为严重，让孩子分心的电子产品实在太多了。

弗吉尼亚·伍尔芙曾经说过："1910年12月前后，人类的性格改变了。"这是她最有名的名言之一，当时她这么说是为了抵制现代文学。但这句话也提醒我们，每一个时代都会成为新的时代，一两个新技术，就会开启下一个全新的时代。21世纪也是这样。我们的生活被电子屏幕完全改变了，我们的眼睛一刻都离不开这些发光的电子屏幕。如果伍尔芙还活着的话，她可能会发现，2007年，第一部苹果手机被推出后，人类的性格再一次发生了改变。

但是，尽管处于这些新玩意和新电器中间，我们仍要记住人类的性格中到底哪一点一直都没有变化。现在，这一点比以前对我们还要重要。科技并没有改变一切，我们仍然非常需要依恋关系，我们的生活仍然被我们讲的那些故事所塑造，我们跟别人一起吃饭时还是喜欢讲那些故事。吃饭是人与生俱来的活动，吃饭似乎将我们与他人以各种神奇的方式联系在了一起。我们跟他人一起吃饭的时候，会讲起自己的过去。个人回忆互相交汇，每个故事都将成为更大的故事的一部分，我们一遍又一遍地讲，直到我们将故事熟记于心。

我研究记忆是出于个人兴趣。我经常想，如果有一天我不得不跟自己的孩子说我有些遗憾，那么我会告诉他们我失去了什么，怎么失去的，我是怎么让他们的母亲（我的妻子）和那么多我爱过的人伤心的。我会告诉他们有哪些事我很遗憾，很多年后，这种遗憾的感觉仍然那么强烈。

我也希望我可以告诉孩子，我有些什么成就，告诉他们我是怎样学着做一个令人满意的父亲和丈夫的——成为这样的人所花的努力远远超过我的想象。我会告诉他们，我是怎样天天给他们读《小马宝莉》，跟他们一起玩乐高积木，下午一起去远足的。（远足累了的时候还会把他们扛在我肩头。）我陪着他们，一起待在家里，慢慢明白生活中到底什么最重要。

这就是我想告诉孩子们的故事。我其实可以跟他们讲述另一个版本，但是我选择这么跟他们讲，因为我可以选择。我们是故事里的主角，我们同时也是负责讲故事的人。我要找到一种让孩子们接受的讲故事的方式。怎么讲故事决定了我们怎么生活。

关于这一点，蒙田是最好的证明。他在年轻时失去挚友后，本可以放弃自己，沉溺于悲伤，但他没有这么做，相反，他把悲痛升华，化为写作的动力，推出大量的作品，这些作品无一不回响着他与这位挚友思想碰撞的火花。回忆他跟波埃西之间的往事让他感到心安，他意识到，通过回忆往事，他开始认识自我。

生命快要走到尽头的时候，蒙田深受肾结石的折磨。他开始思考人生的终极问题。他在坐便器前弓着腰，一边骂着"尿道里的石头快把我疼死了"，一边陷入深思。蒙田知道自己快死了，但他并不害怕。他说，波埃西的死让他知道了生命的真谛——没有什么是永恒的。有一天，他

第五章 回忆：关于爱的故事

家的房子会倒，葡萄藤会枯萎，酒窖里的酒会坏。岁月是把最锋利的刀，谁都逃不过。我们越早接受这一点，就可以越早好好活下去。蒙田上述的观点跟西塞罗的名言"探讨哲学就是学习死亡"很相似。

乍看上去，这句话让人费解。死不需要哲学，死也不需要什么教育。但是，蒙田特别喜欢西塞罗的这句名言，甚至将其作为《蒙田随笔集》中一章的标题。我猜，蒙田有可能喜欢西塞罗这句话传递的斯多葛主义。西塞罗的这句话把哲学总结为一种跟死亡达成和解的方法：接受人生的一切都很短暂这个事实。对蒙田而言，智慧就是有关这个主题的——接受残酷的现实。如果生活不艰难，如果心不会破碎，我们过去的回忆就无足轻重了，我们没有这些往事也可以活下去。但事实是，生活很艰难，心也总会破碎，所以我们过去的回忆就变得极为重要。

西北大学心理学家丹·麦克亚当斯花数年研究了回忆的不可思议的作用。最近几十年来，他关注了那些在"再生力"（generativity）方面得分特别高的人。再生力是一种跟慷慨和无私相关的性格。"具有再生力的成年人"会努力回馈社会，麦克亚当斯在《拯救自己》（*The Redemptive Self*）一书中写道，"他们努力工作，让世界变得更好，这不仅是为了他们自己，也是为了后代"。[48] 这种无私精神真的有好处。麦克亚当斯发现中年人的再生力与精神健康之间具有很强的相关性，具体而言，那些乐于奉献的人很少会出现抑郁的情况。[49]

麦克亚当斯认为，再生力常常来自一种特别的人生经历，他称之为

爱的旅程

"救赎的故事"。这类故事一开头先是关于苦难和罪过，通常是吸毒、离婚和生病，结尾则是赦免和神的恩典，或是麦克亚当斯所称的"从痛苦状态转为更好的情形或状态"。（有意思的是，救赎的故事远比简单的幸福故事更能反映出一个人的身心健康状况。[50]）跟创伤后成长一样，人的状态变得更好不是因为痛苦本身，而是因为随着时间的推移，人从最困难的经历中学会了如何变得更好。麦克亚当斯在书中引用了一位再生力很强的成年人在其困难时期得出的经验："我死的时候，我猜，身体里的化学物质可以用来滋养一些植物，比如玉米。但是，我做的好事将会留在孩子的心中和那些我爱的人的心中。"[51]

救赎的故事可能让人感觉有点儿利己主义，听起来像是对过去错误行为的一种辩解，是原谅罪孽的一套漂亮说辞。但是，这些关于过去的故事——尽管主观、偏颇，不可避免地有很多不准确的地方——却塑造了现在的我们，并决定了我们会成为什么样的人。《圣经·罗马书》中说："就是在患难中、也是欢欢喜喜的，因为知道患难生忍耐，忍耐生老练，老练生盼望。"《圣经》里的这段内容提到的患难、忍耐、老练和盼望之间的关系总是正确的吗？患难总能带来更好的结果吗？当然不是。但是，有时候我们需要相信患难并不是坏事。

说到这里，我又想起另一个关于家族历史的研究，这就是埃默里大学的家庭叙事项目。对受访家庭聊天录音，以及听孩子们讲自己父母的童年故事后，学者们把这些家庭分为三种基本类型。[52]第一种是向上

第五章　回忆：关于爱的故事

型家庭，父母讲家庭里的奋斗故事，某个亲人如何从一无所有到最后通过努力工作得偿所愿。第二种是向下型家庭，关注家庭的没落，比如家里原来有什么，现在失去了什么。不过，最有效的是第三种家庭。这类家庭的家庭叙事中既包含成功的故事，也包含失败的故事，被称为摆动式家庭叙事。这种家族叙事方式最健康、最成功：让孩子看到家族有起有落，有过成功也有过绝望，有过失败也有过原谅。马歇尔·杜克最近接受伊丽莎白·库里洛采访时说："这些故事里有英雄式的人物，也有人经历过很糟糕的事但挺了过来。如果让孩子们感觉自己跟英雄式人物的故事有连续性和相似性，就会让他们变得更加坚韧。"

为什么摆动式家庭叙事这么有效？部分原因是，摆动式家庭叙事有什么就说什么。如果我们想让孩子学会如何生活、如何爱，就需要告诉他们，生活不容易，爱需要付出。人的一生中，会流血、流汗、流泪，也会有差点儿崩溃的时刻。每个人都是有弱点的，也会有生活混乱不堪的时候。如果想渡过难关，你就需要直面这些问题。

家人一起分享回忆，不管分享的是人生的高潮还是低谷，是幸福还是心碎，都有额外的好处。我们回想生活中的起起伏伏时，会把重点转到最重要的东西上：那些持久的情感。生活兜兜转转、变故不断，但我们会发现生活中最重要的是什么，什么才是真正持久的东西。回忆的最后，我们都会谈起恒久的依恋、长久的愿望和持久的人际关系。每一段往事都成了一个关于爱的故事。

插曲

爱的对立面

爱的对立面是什么？答案好像显而易见：爱的对立面是恨。如果爱是想跟人亲近，即亲吻、拥抱和抚摸，那么恨就是想疏远所恨的人，或者想冲他的脸来一拳。

但是，这个显而易见的答案是错的。爱和恨在我们大脑中是连在一起的，这两种强烈的情感都是由同一组脑神经结控制的。这虽然还不是定论，不过，约翰·多拉德、尼尔·米勒等人在20世纪30年代末发表的一系列论文中提出的挫折—攻击假说，首先为这种观点提供了佐证。这些研究人员用电极刺激老鼠大脑的奖赏回路，老鼠立即表现出很舒服的样子。如果关掉电极，老鼠就会变得很凶，去攻击刚刚让它感觉舒服的电线。

实验老鼠就好比是愤怒的恋人，人类学家海伦·费舍尔称这种现象为"爱恨交织"，并且指出这是心碎的常见症状。你也许已经不再依恋

插曲　爱的对立面

某人，或者刚刚对配偶发了火。不管是哪种情况，都令人惊讶——爱怎么会那么容易就变成恨？费舍尔指出，这种变化是可以逆转的，因为"负责愤怒的主要神经紧连着负责奖赏的前额叶皮质中央区域"，恋爱也是奖赏之一。[1]

托尔斯泰和妻子索菲亚之间的恩恩怨怨就是一段著名的爱恨情仇的故事。这对夫妻于1862年第一次相见，那时候索菲亚才18岁。猛追索菲亚不久后，托尔斯泰就给她写了封正式的求婚信。信的开头，托尔斯泰向索菲亚告白，称他对她爱得不能自拔。在接下来的几段中，他写了他无法入睡，还抱怨了索菲亚家人，又夸奖了自己的作品。然后，托尔斯泰才进入正题，恳求她说："你把手放在心口上告诉我，不用急着回答。看在上帝的份上，你不用急着回答，你告诉我该怎么做……请你诚实地告诉我，你想成为我的妻子吗？"索菲亚满心欢喜地答应了他。[2]

不过，爱情神话在两人结婚不久后就破灭了——他们的婚姻生活中充满了愤怒和失望。托尔斯泰和索菲亚都是日记狂人，因此，我们可以从他们详细而痛苦的描述中发现两人之间的感情是如何起起伏伏地发展的。有些日记的内容充满爱意，例如，托尔斯泰到外地写作，两人很久没见面，索菲亚在日记中描写见到他回家时的惊喜："他回家时，我总是因为太幸福而病倒。"[3] 日记中还写到索菲亚在烛光下熬夜抄写托尔

爱的旅程

斯泰写的潦草的句子时的快乐,*托尔斯泰也像索菲亚一样在日记中写满了对索菲亚的爱。1863年初的一则日记中,托尔斯泰就像是个新婚不久的兴奋的新郎:"早晨或晚上醒来一看见她,我就忍不住爱她……她穿着黄色连衣裙,抬着下巴、吐出舌头的样子,我特别喜欢……我还喜欢她……",还喜欢她什么,托尔斯泰就省略了,好像他太爱她了,无法用语言表达出来。[4]

不过,日记中也记录了很多两人吵架的场景,他们的吵架声太大,连房间都在震动。[5]两人为是否做爱争吵——托尔斯泰想做爱,索菲亚不想做,因为索菲亚不想无休止地怀孕。(25年间,索菲亚生了13个孩子,这也许解释了她为什么不想做爱。)托尔斯泰认为索菲亚是个被宠坏的伯爵夫人,觉得她不愿意帮助别人,只想过舒服和奢华的日子。他们为孩子吵架,为钱吵架,还为托尔斯泰吃素而吵架。索菲亚觉得托尔斯泰太懒,不喜欢洗澡,但是托尔斯泰不听。他们争吵的大都是无关痛痒的小事,所以,他们总能相互妥协,并且告诉彼此,关系可以修复。他们的爱变成恨,恨又变成爱,周而复始。

他们的婚姻状况一直如此,不过,最后关系恶化了。托尔斯泰临终前,决定离家出走。他坐火车南下,却困在了不知道是哪个地方火车站

---

* 威廉·夏伊勒为托尔斯泰夫妇写的传记很感人。他指出,索菲亚是托尔斯泰非常重要的助手和编辑。根据索菲亚的估计,她抄写《战争与和平》的草稿起码7次,差不多有21 000页。William Shirer, *Love and Hatred: The Stormy Marriage of Leo and Sonya Tolstoy* (New York: Simon & Schuster, 1994), 69.

的站长室里。索菲亚恳求托尔斯泰见见她,他却拒绝相见,他说:"见面会死人的。"(托尔斯泰和索菲亚已经结婚48年了,但托尔斯泰还在做躲着不见她的游戏。)照片中,索菲亚看起来悲伤、绝望,她站在火车站站长室外,垫着脚尖,努力看向窗里。她的胳膊放在窗台上,上面落满了雪;她的头上围着白色围巾,旁边是一篮子脏衣服。她想做的只是看看他,最后再见他一面。[6]

每种依恋都有黑暗面,这是普遍现象。托尔斯泰夫妇只是其中一个极端的例子。(俄罗斯现实主义作家费奥多尔·陀思妥耶夫斯基曾经指出,"与梦想中的爱情相比,现实中的爱情艰难而痛苦"。[7])两人若离得太近,就会看到对方的弱点。当两人一起住、一起睡、一起洗漱时,才会发现对方所有的不完美,并且会对对方的不完美感到愤恨。更令人惊奇的是,这种愤恨就像爱的感觉一样会持续很长时间。其他情感会受习惯影响,但爱和恨这两种感情会一直存在于我们的脑海中:我们怀有强烈感情(即使这种感情是恨)的对象会越来越引起我们的关注。负责爱和恨的神经也会始终处于兴奋状态。

这就让我们回到最开始的问题了:爱的对立面是什么?有人认为是漠然、无聊。这个答案首先由埃利·威塞尔提出。[8]海德格尔曾经说,无聊就是感受到时间的流逝。爱的魅力就在于,爱让我们感觉不到时间的流逝。爱不能让时间停止——什么都不能让时间停止,但是,爱的力量很神奇,它会让时间失真,扭曲我们对时间的感知。一开始,我们坠

爱的旅程

入情网，在幸福的恋爱初期，我们会感觉时间过得太快。之后，爱得持久也会出现时间失真的现象。爱得持久，意味着爱赢过冲动、诱惑或寻欢作乐。时钟滴答滴答作响，时间一分一秒地过去，但处于真爱中的我们留意不到时间的流逝。爱持续着，直到我们死去。

你所爱的那个人即使不在身边，他也会留下印记。爱意味着永远不会不去关心。你可能对他生气，或者嫉妒他，但他对你而言，永远不会变得无聊，他永远都是有趣的。一年一年过去，你变老了，这一点不会变。出于一些无法解释的原因，前任对你而言一直都很有趣，你永远都不会忘掉他。你会在社交网络上看他的新动向，留意他的消息，你还会不断地梦到他。若是偶然在街上遇到他、在同学聚会上瞥见他，或看到他挽着别人的胳膊，你也做不到漠视，因为心跳加速已经出卖了你。

第六章

坚毅：
如何让爱持久

要散发光芒，就必须忍受燃烧的痛苦。
——维克多·弗兰克尔

投入多，就是想留住更多。
——罗伯特·弗罗斯特 [1]

20世纪30年代早期,维克多·弗兰克尔在维也纳接受精神病学家培训时,正是大家受弗洛伊德影响最盛时。弗兰克尔继承了这位伟人的观点,他曾经指出:"所有的精神创造其实都只是性欲的升华。"弗兰克尔认为人类大脑只是由本我驱动的机器,很多时候,大脑只想要性、糖和闪光的东西。

可惜,弗兰克尔后来发现弗洛伊德的这种心理治疗理论在他实际治疗患者时起不了什么作用。弗兰克尔在施泰因霍夫医院"自杀防治中心"当医生的时候(他在那里工作了四年多,治疗过数千名有自杀倾向的妇女),开始怀疑他接受过的培训。[2] 患者接受他的治疗后,状况并没有什么改善,他们仍然有自杀倾向。基于此,弗兰克尔总结说,快乐肯定不是生存的主要动机。这些妇女感到绝望,不仅仅是因为本我挫败。

这些妇女总想自杀,到底是因为生活中缺失了什么呢?弗兰克尔认为,找不到生活的意义是导致她们抑郁的原因。他故意把给患者的诊断书写得很模糊。他知道,世上不存在一个人人适用的解决方案,每个人生活的意义都不相同。有的人生活的意义是照顾别人,或是发展一段持久的依恋关系;有的人生活的意义是拥有艺术才能,或是有宗教信仰,或

爱的旅程

者是写一本小说。不过关键是，意义才是生活的重心，"人出于本能可以活下去，人生有意义也会让人活下去"。弗兰克尔认为，我们追求的不是幸福本身，而是让我们感到幸福的东西。

受这种观点的影响，弗兰克尔推出了自己的心理治疗方法，他将其称为"意义治疗"（logotherapy，logo 在希腊语中的意思是"意义"，therapeia 的意思是"治愈或修复"，"logotherapy"的字面意思就是"意义治疗"）。作为临床医生，弗兰克尔的目标不是解除患者的痛苦或打消患者的忧虑，他的目标是告诉患者如何找到生活的意义。尼采说过，一个人知道自己为什么而活，就可以忍受任何一种生活。[3] 弗兰克尔就是想帮助人们找到生活的意义。

但是，弗兰克尔推出意义治疗法的时机实在是不能再差了。他推出意义治疗法后不久，1938 年年初，纳粹占领了奥地利。跟其他犹太人一样，弗兰克尔被要求使用分配到的中间名"伊斯雷尔"，还必须戴上一枚黄色的六芒星标记。被施泰因霍夫医院开除后，弗兰克尔按照纳粹的要求在自己的小公寓里开设了一个办事处，他被称为"犹太医护人员"。

即使在这种黑暗的时刻，生活仍要继续。弗兰克尔继续给病人看病——他只能给犹太人看病，同时，他开始写书讨论意义治疗法的临床应用情况。第二年，弗兰克尔爱上了一个名叫蒂莉的护士，并在 1941 年与蒂莉结婚。他俩是纳粹统治下在维也纳结婚的最后两个犹太人。[4]

第六章 坚毅：如何让爱持久

几个月后，弗兰克尔和家人被遣送到特莱西恩施塔特集中营。在这个地狱般的地方，约53 000名"居民"被关进了原本只能容纳4 000人的地方。[5]为了让自己忙碌起来，弗兰克尔继续治疗被关进来的人，并且做了几场演讲。他演讲的主题五花八门，内容既包括爬山心理学，也有犹太人居住区的自杀事件。弗兰克尔甚至开始继续写书。在书的初稿中，弗兰克尔描述了他在特莱西恩施塔特集中营的经历："能够让你克服外部困难和内心烦恼的，只有意识到生命中你仍有任务要去完成这一点。"[6]纳粹不能夺走弗兰克尔生活的意义——他仍然在工作，仍然在写作，仍然爱着妻子，纳粹夺不走他最重要的东西。

纳粹没有停止。1944年10月，弗兰克尔和蒂莉被送往奥斯维辛集中营。他们从拉牛的火车上下来，很快就被纳粹士兵分开，甚至连吻别都来不及。纳粹要求弗兰克尔脱光衣服，把衣服全部上交。弗兰克尔虽然已经习惯了这种羞辱，但是他想留下上衣，因为上衣里有他写的书，他只有这一份底稿。他不断央求纳粹让他留下上衣。一开始，一个纳粹士兵看起来好像有点儿同情他，但后来，这个人脸上浮现出残忍的微笑。弗兰克尔回想道："他一开始是同情的笑，接着更像是得意、嘲讽和侮辱性的笑。对我的请求，他只对我吼了一个字：'呸！'集中营里犯人经常用这个字。"[7]弗兰克尔的央求并没有起到作用，他只能眼巴巴地看着自己的书被胡乱扔到一堆破布里。纳粹给了他一身囚服穿上，这身衣服的主人刚刚被送进了毒气室。

爱的旅程

在奥斯维辛集中营待了3天后，弗兰克尔被送上了另一列火车。他被遣送到了考夫林三号营，这个地方是达毫集中营的一部分。弗兰克尔的健康状况比其他囚犯好，所以纳粹让他挖隧道。党卫军士兵对囚犯特别残忍，他们不仅对囚犯大喊大叫，还用步枪枪把狠狠地打囚犯。就在弗兰克尔想着自杀的时候——只要走出队伍，他马上就会被党卫军用枪打死——有个简单的想法改变了他。他回忆说：

> 我生命中第一次领悟到了一个真理，这个真理曾被很多诗人赞颂，也被很多思想家视为最高智慧。这个真理就是，爱是人类追求的最终目标和最高目标。之后，我理解了人类诗歌、人类思想和信仰传达的最大秘密的真正含义：拯救人类要通过爱与被爱。我意识到，一无所有的人仍会因为想着所爱之人而感到幸福，即使那只是一瞬间的幸福。[8]

只要这么想，就会有力量。之所以有力量，不是因为这个想法本身，而是因为这么想会让人在最艰难的情形下坚持活下去。弗兰克尔没有走出队伍，他没有死，所以我们才能读到他的回忆录。

弗兰克尔一生都致力于研究活着的意义。他想知道忍耐的奥秘，知道为什么他能仅靠回忆妻子和父母活下去。为此，这位精神病学家开始研究自己，试图了解爱到底是如何让他继续活下去的。

第六章　坚毅：如何让爱持久

弗兰克尔不是在寻找最终的答案，他知道他的问题永远都没有答案。尽管如此，他知道自己必须追问这些问题。我们的确能通过回忆爱和所爱的人，从黑暗中得到一点儿光亮，继续生存下去。这不是什么解决方案，只是一点儿光亮，照亮自我了解之路。

下面也是一个关于在黑暗中得到一点儿光亮的案例。

野兽训练

故事发生在艾森豪威尔礼堂的台阶上，这个大剧院位于纽约市西点镇的哈德孙河河岸。这是新兵来到军校的第一天，时间是早晨6点30分。简短的情况通报会后，新兵们被要求跟自己的家人说再见，他们只有90秒时间。之后，新兵们上车穿过校园，来到谢耶大楼，在那里，他们将整理"军容"：头发被剪短，接种各种疫苗，还要换上军服（一件白色T恤，黑色短裤，锃亮的正装鞋，长到膝盖的黑色袜子）。他们衣服上用别针别了一个小册子，在行进的过程中，小册子上的标签被一个个撕掉。到黄昏时，小册子上只剩下了票根。那天晚上，新兵列队来到"平地"（the Plain）——这是一块绿地，是1778年军事要塞原址，新兵要在这里宣誓效忠。

第二天以及接下来6周，这些新兵每天都要在早上5点30分起床，顶着夏日的高温，行军12英里（1英里≈1.609千米），并且被

爱的旅程

长官不断纠正错误的动作。他们要学会如何快速组装 M4 步枪、移动射击、如何列队行进，以及穿着湿衣服在野外过夜。他们与外界完全隔绝，不能用电子邮件和电话，也不能收寄包裹。在西点军校，这个艰苦阶段被称为"野兽营训练"，简称"野兽训练"。

西点军校的工程心理学家麦克·马修斯告诉我："我们的目的是让学员在基础训练阶段就感觉要累垮了。所以，我们会让他们一大早起床，让他们一直训练，直到晚上很晚才结束。有时候，我们会布置 10 个训练项目，但他们只有练 7 个项目的时间。我们想知道，他们是怎么考虑先练哪个项目的，是怎么应对压力的。"[9]

并非所有新兵都应付得了高强度的训练。根据学校的历史记录，约有 5% 的新兵在野兽训练阶段退学，后 4 年里的退学率则超过 20%。西点军校入学门槛高，培养一个候补军官要几十万美元，所以它一直在想办法降低退学率。几十年来，西点军校靠"考生全面分数"这个系统来预测哪个学员最有可能成功完成野兽训练。全面分数基于学员各项指标得分，统计内容非常复杂，包括体力、一对一面谈、SAT（美国高中毕业生学术能力水平考试）分数和高中成绩排名等。[10]

2003 年，马修斯总结说，"考生全面分数"和其他传统选拔模式有局限性，西点军校需要推出新办法，更准确地预测到底哪些学员能成功完成训练。马修斯说："我们开始相信，毅力是个黑匣子，我们怎么也不明白为什么有些学员就是完不成训练。"

第六章 坚毅：如何让爱持久

这个问题在伊拉克战争时期变得更为严峻。伊拉克战争久拖未决，军队征不到足够的士兵，尤其在军官层级，人手更是不够。据美国国防部统计，5年内约有20%的少校职位空缺，或由下级军官履行少校职责。[11] 国防部给出的预估数字让马修斯觉得，西点军校的毅力培训是个非常紧迫的问题。他针对这个困惑请教了很多为军队工作的心理学家。具体问题包括：有相关的毅力测试吗？为什么有的学员退学了，有的却永不言弃？如何帮助学员成功完成野兽训练？

他后来听到了宾夕法尼亚大学教授安杰拉·达克沃思的故事。

安杰拉·达克沃思在新泽西州的郊区樱桃山长大，就在费城一条河的对岸。安杰拉来自一个华裔家庭，她的父亲是杜邦公司的调色化学师，专业是自动抛光。家里人对她学业成绩的要求很高。高学分要求换来了好结果，安杰拉在班里成绩优异。高中毕业后她被哈佛大学录取。她从哈佛大学神经生物学专业毕业时，各门成绩都是优秀，还获得过马歇尔奖学金，到牛津大学深造。但是，读了两年研究生后，安杰拉开始厌烦研究。她后来离开了学校，去麦肯锡公司做了一名管理顾问。[12]

安杰拉发现自己不喜欢这份工作，她不想这样生活下去，决定开始全新的生活，并且一心想当一名老师。于是，安杰拉去了一所位于纽约市下东区的中学任教。这个学校教学质量不太好，学生成绩普遍不高。安杰拉在那里教七年级数学。在她的努力下，学生的成绩有了飞速的进步。不过，安杰拉后来离开了那所学校，因为她要搬到美国西部去生活。

之后，安杰拉还去了几个学校任教——在旧金山的一所高中教课，后来加入了一家教育初创公司。接着，她决定重回学校学习。2002年，安杰拉在32岁时申请去宾夕法尼亚大学心理学研究生院深造。

就在安杰拉准备开始新生活时，她关注到哈佛大学和牛津大学同学的成败。安杰拉发现，同学的人生经历表明，天赋和成就之间没有相关性。这一点让人非常惊讶。上学时最聪明、最出色的同学在成年后生活困难重重，不断换工作，不断换研究题目，他们的人际关系也不长久。相较之下，有些人上学时表现平平，但成年之后却事业有成。这些上学时成绩平平的人，毕业后踏踏实实地工作。现在，他们虽然才30岁出头，但生活稳定，工作出色。安杰拉一直以为自己很出色，但是看看周围同学的情况，她不得不承认自己属于第一个群体——上学时表现出色，但成年后仍没有找到自己的位置。

在宾夕法尼亚大学，安杰拉与积极心理学领域著名的心理学教授马丁·塞利格曼一起工作。积极心理学研究的是如何将科学原则应用于追求幸福。不过，达克沃思关注的不是转瞬即逝的快乐，她关注的是毅力，即面对挫败时如何继续努力。

达克沃思在实验室研究毅力时很艰苦。她最初的实验是让中学生花几分钟完成乏味的智力测验。但是，因为没有多少对比度，所以研究意

第六章 坚毅：如何让爱持久

义不大。而且，这些孩子大多都不愿意放弃，他们会泡一个下午，装作有毅力的样子。

达克沃思很沮丧，但她发现，研究虽然辛苦，但很值得。反思实验中出现的意外情况后，她意识到，自己实际是没找对视角，她关注的毅力不是实验室规定时间里的毅力，而是有时间跨度的毅力。自控力关注的是孩子在 15 分钟内吃不吃棉花糖，尽责关注的是在小测试中遵守规则。达克沃思研究的不是这些，她想研究的是，到底是什么支持着人们去追求那些需要花数年才能实现的更高层级的目标。人生是一场马拉松，不是一场短跑比赛。达克沃思想知道，人们靠什么才能跑完全程的马拉松比赛，到底有哪些因素导致有些人没有跑完全程？

实验心理学往往关注快速研究，这种研究方法在研究对象对研究任务失去兴趣前，或研究对象在脑扫描仪房间里产生幽闭恐惧之前，就能将他们之间的差别加以量化。可惜，这些可以被量化的差异往往不是人生最重要的差异。这就像通过让一个人快跑 1 000 米来测速，但我们期待的是可以预测出他跑 42 千米的耐力如何。

让我们举例来说明这种研究的乖离率和盲点。20 世纪 80 年代早期，明尼苏达大学心理学家保罗·赛克特受到一些连锁超市的委托，寻找一种方法去测量超市收银员的收银速度。[13] 他很快就想到了一个聪明的方法。他用电子扫描器自动记录收银员在一个普通工作日售出的商品数量。赛克特根据扫描器记录的资料，对几百个收银员收银的速度快慢

爱的旅程

进行排序，并了解他们是如何收银的。这些收银员并不知道自己被监控了。

并不是每一个超市都安装了电子扫描器。所以，赛克特必须找到第二种测量方法，测定那些没有安装电子扫描器的超市收银员的收银速度。在这些超市里，他用了一个很直接的方法：不靠扫描器，而是在购物车里放25件商品，然后请收银员尽快结账。（经理拿着秒表站在旁边计算时间。）这种测量方法被称为"最大检验"。收银员在经理的密切注视下，被调动出极大的积极性，他们会尽快结完账。

赛克特开始琢磨这两种测量方法之间的差异。这两种方法测量的是同一个数据——收银员的收银速度。但是，赛克特担心会得出互相矛盾的结果。所以，他决定检测200名收银员的收银速度，然后对比两种测量结果。他很快发现，两种测量方法的相关性非常小。赛克特告诉我说："我遇到了一个非常实际的大问题，比如说，一家超市连锁店想开除25个速度最慢的收银员，但根据测量方法的不同，要开除的人员名单也会不同。"[14]

赛克特将这种情况称为"典型—最大检验差异性"，它成为近年来评估人性时遇到的最大问题。我们以为获取的所有最大检验的资料会让我们深刻地了解人的行为，但是这种观点往往是错误的。我们想量化的东西，即行为中突然出现的那些峰值，和我们想知道的东西之间并不一

第六章 坚毅：如何让爱持久

致，这让人很头疼。赛克特说："这些高风险的检验方式可以非常好地评估天赋，但是行为不仅跟天赋有关，还跟努力有关。"我们需要进行长时间的研究，而不是快速检验。爱默生说得对："学问积年而成，而每日不自知。"

若要了解赛克特的发现有多重要，我们可以看一下亲密关系方面的研究。尽管我们想让突然涌出的爱（欣喜若狂和相识之初的激情和狂热）更有意义，但是，爱到底有多宝贵，只有经历了时间的洗礼才能知道。（在典型的人类行为中，亲密行为是需要训练的。）下面的内容虽然令人失望，但却是事实：每一种爱都会经历野兽训练那样的时期，这段困难时光会检验出双方是否是真爱。出现困难后，接下来发生的事最能说明问题，因为能看出双方是否愿意付出努力，是否愿意修复裂痕，是否还愿意继续发展下去。要知道是不是真爱，不是看双方说了什么话，而是看双方愿不愿意坚持下去。

达克沃思的导师马丁·塞利格曼对她的思路虽然很感兴趣，但是仍然比较谨慎，因为达克沃思提出要对人的个性进行长时间的跟踪研究，而且是在没有实验室严格控制的自然环境下。塞利格曼甚至没有再跟她谈论过这个话题，直到达克沃思确定了她到底要研究人类的哪一种个性。达克沃思一开始想过各种词来指代这种个性：意志力？毅力？勇气？最后，她找到了合适的词，她要研究的是坚毅（grit）。

爱的旅程

寻找生活的意义

1945年4月27日,美国军队将维克多·弗兰克尔从死亡集中营中解救出来。他坐在部队敞篷运输卡车上面,历经艰辛回到维也纳。当时的维也纳一片废墟,几乎1/3的居民楼都被炮弹摧毁了。弗兰克尔回来后得知了妻子和其他家人的消息,但这消息令人心碎:几乎所有他爱的人都去世了——母亲、父亲、兄弟、妻子,全都去世了。

弗兰克尔心碎不已。战时因为想到妻子他才活了下来,但现在她已不在人世了。"在集中营里,我们以为处于人生的最低谷。从集中营回来后,我发现自己失去了一切,当时让我坚持活下去的东西现在都被毁掉了。我还发现,重见天日后,我们可能会陷入更深且无边的苦难中。"弗兰克尔在一封写于1945年9月的信中说:"除了哭一会儿和读一会儿赞美诗外,我好像什么也做不了。"[15]

弗兰克尔又一次想到了自杀。但是,他决定在自杀前,先完成自己在奥斯维辛集中营被纳粹毁了的那本书。几十年后,他回忆道:"死前我只想把这事完成,如果不这样做,我就不想活着。"[16]

这样一来,为了写书,他活了下来。(他当时认为自己只不过需要一点儿时间写完这本书)。这本书的大部分内容都在介绍意义治疗法,这就是后来的《医生和心灵》(*The Doctor and the Soul*)。书里有几页提到了战争的恐怖,弗兰克尔尝试描写出"集中营心理学"。在一篇散文中,弗兰克尔描写了囚犯的理想生活——"他们经常梦

第六章 坚毅：如何让爱持久

到面包、蛋糕、香烟，以及在浴盆中洗个暖和舒服的澡"[17]，他还描写了那些囚犯醒着时会"一遍遍回忆来集中营之前生活中的每个细节"，他们每天都会想起"以前生活里最常见的一些小事"。[18] 他总结说，集中营里最可怕的不是人所遭受的痛苦，因为人会习惯痛苦；最可怕的是人心中滋生了虚无主义态度，认为自己所受的痛苦都毫无意义。"集中营的囚犯性格改变，一方面是因为他们的生理状况（饥饿、睡眠不足等）发生了变化，另一方面则是因为他们的心理状态出现了变化，"弗兰克尔写道，"但是，最主要的，他们的精神态度出现了问题。"[19] 这些话颇具悲剧意味，因为弗兰克尔写这些话时，他自己的精神也崩溃了。写书是他当时活下来最大的原因，他本想写完书后就自杀。

他写完书后并没有自杀，因为他找到了活着的意义。《医生和心灵》一书出版后，弗兰克尔的朋友坚持让他多写写在集中营里的经历。他们说，更多的人需要了解大屠杀的情况。整整 9 天时间，在他那间小小的公寓房间里，弗兰克尔口述了自己在集中营的生活经历，其他人则在一旁记录。[20] 弗兰克尔一讲就是几个小时，中间只有哭的时候他才停下来。[21]

他口述的这段历史就是后来的《活出生命的意义》(*Man's Search for Meaning*)，这本书实际上是弗兰克尔对大屠杀的回忆录。书中，弗兰克尔关注了生存问题——集中营的囚犯如何在绝望的境地中生存下来。不出所料，他总结说，找到生活的意义是活下去的关键。弗兰克尔在书中提到有两个男囚差点儿自杀，这两个人想要自杀的原因一样："生活中没有什么可期待的了。"所以，他们不想再这么痛苦地活着。但是，弗兰克尔用他的意义治疗法让这两个与他同监的囚犯相信，"生活仍然是充满期待的，活着是有意义的"。[22] 对其中一个人而言，他可以想想自己可爱的孩子，孩子在国外正等着他呢，这就是他活着的意义；另一个人活着的意义，就是希望在战争结束后完成他的科研工作。只要这两个人想到自己的生活仍然有意义，他们就能够消除自杀的念头。

但是，找到生活的意义并不能拯救每个人的生命。弗兰克尔在书中明确指出，要活着就需要有生活目标。弗兰克尔自己能在大屠杀中存活下来，除了找到生活的意义以外，还得益于机会。他没有饿死在达毫集中营，是因为那个善良的狱友和那些偷来的土豆。他没有被赶到毒气室也是要有小伎俩的——弗兰克尔经常刮胡子，尽管他只能用玻璃碎片刮胡子，脸上没有胡子会让他看起来更健康。另外，因为运气好，他也没得痢疾。弗兰克尔始终认为自己能"努力找到活着的些许意义"，他本会死在奥斯维辛集中营，但是因为找到了活着的意义，所以他成功地活了下来。[23]

战争结束后，弗兰克尔根据在大屠杀中的经历，推出了一套被他称为"去反思"（dereflection）治疗法。他说，他在维也纳的很多患者

第六章 坚毅：如何让爱持久

都因为过度关注自我，陷入了不幸福感中，不可自拔。针对这种情况，弗兰克尔给出的解决方案是，让患者的注意力从自我转移到其他东西上。传统的心理治疗主要关注人们头脑里的问题，但弗兰克尔坚持认为，解决痛苦的方法在外面，而不是在头脑里面。要想幸福地生活，我们不能避开痛苦，而是要找到我们愿意为之奋斗的目标。[24]

去反思治疗法跟传统的谈话疗法完全不同。依据弗洛伊德的理论，一个人能保持心理健康是因为内心没有冲突。但是，弗兰克尔指出，冲突也是幸福生活的组成部分，人们最需要的是拥有一个不容易达到的奋斗目标。"如果建造师想加固一下老旧的拱门，他们会在上面增加重量，因为加重后拱门各处会结合得更加紧密。"弗兰克尔说，"所以，如果心理治疗师想提高患者的心理健康水平，就不用担心给患者加上一定程度的压力。"[25]

弗兰克尔的学术思维主要影响了一个人，他就是汉斯·谢耶。谢耶是一位出生于奥地利的加拿大内分泌专家，也是动物压力研究领域的先驱。谢耶认可长期压力会对人产生毁灭性的影响——压力能把人毁掉。但他也意识到，一定程度的压力对人来说还是有必要的。（谢耶写的书是"献给那些生活中不惧压力且幸福生活着的人"的。[26]）谢耶在他的书中区分了积极压力/正压力（eustress）和消极压力/负压力（distress）。这不是关于化学物质的区分，因为多数压力都会导致血液中的激素出现类似的混合。相反，这是关于苦难经历是否在为一个更大的目标服务。

在实验中受到随意惊吓的老鼠很快会因为恐惧而死掉。但是,为照顾幼崽承受同样压力的老鼠却很少发生意外。因为拥有内在目标,所以即便受苦,老鼠也会存活下来。

弗兰克尔把这个逻辑延伸到人类身上。他认为,现代人不了解自己的本性,我们一开始认为自己只有原始本能,只是为了找到最简单的快乐。但是,这种观点是个可悲的错误。他在一篇社会评论文章中说:"现在,越来越多的人生活中拥有了财富,却缺少了生活的意义。"弗兰克尔认为,人追求的不只是食物、性和衣服,因为人虽然是由物质组成的血肉机器,却受非物质欲望的驱动。人最需要的不是某种表面的幸福,而是一种长久的情感。我们之所以想让自己感到幸福,是因为我们有内在的需求。

爱要付出努力

"坚毅"是个新词,对应的却是一个熟悉的概念。达克沃思知道这一点,这就是为什么她喜欢引用19世纪思想家(如威廉·詹姆斯和弗朗西斯·高尔顿)的话。她说,这些思想家了解坚持的重要性。(比如,"热忱"和"勤奋"是成功的基础,高尔顿对此深信不疑。[27])达克沃思认为,我们忽视坚持这个美德,是因为坚持很难被衡量,我们只着迷于最大检验。

美国教育考试服务中心资助了一项基本上已被大家遗忘的研究。我

第六章 坚毅：如何让爱持久

们知道，美国教育考试服务中心负责 SAT、GRE（美国研究生入学考试）和其他一些考试，这些考试用于检测考生是否可以成功入读某些大学或去某家公司上班。20 世纪 80 年代早期，沃伦·温宁汉姆带领的心理学研究团队开始跟踪研究约 5 000 名来自不同学校的本科生，这些学校包括巴克内尔大学、威廉姆斯学院和肯尼恩学院。[28] 研究人员用十几种方法测试了这些学生的表现，比如，学科成绩、院内体育竞赛和写作材料等。这些测试让学生在 100 多种不同的性格特点上有了排名，实验目的在于发现哪些变量最能反映出本科生的学业是否成功。不出所料，SAT 成绩可以有效地反映大学成绩的高低，但它不能很好地反映出学生在其他方面的成就，比如领导力和课堂以外的成就。若要衡量领导力和课堂以外的成就，有一个性格特点被证明是更好的评价性指标，这些心理学家将这个指标称为"坚持到底"的个性特点，并将这种个性特点定义为采用"努力坚持的行为模式"的能力。[29]（有意思的是，学生坚持下去的到底是学生会活动还是啦啦队活动无所谓，重要的是他们是否坚持下去了。）坚持到底的个性特点非常重要，研究小组最后提交的报告建议大学和大学理事会应该想办法衡量这种个性特点。[30] 但是，建议并没有被采纳。

于是，达克沃思开始着手研究如何衡量坚持到底的个性特点。她想在真实环境下研究坚持，基于真实的人和真实的风险。2004 年，她跟马修斯一起在西点军校着手调查评估"坚毅"这个个性特点。问卷由

爱的旅程

12个简单的陈述句构成，几分钟就可以答完，比如，"新想法和新项目有时分散了我对之前项目的注意力""我的兴趣每年都不同"等。每个陈述句后面都有5个选项，从"一点儿都不像我"到"很像我"，程度不一。[31] 此项调查是为了衡量性格的两个方面：（1）你对目标有热情吗？（2）你愿意为这些目标做出牺牲吗？坚毅度高的人对上面两个问题的答案很可能都是"是"。这些人对自己想要的东西渴望强烈——这为意义提供了持续不断的源泉，而且他们愿意为了这个目标吃苦。

2004年7月野兽训练的第二天和第三天，西点军校让学员填写了这份问卷。这份问卷被放在113个包括其他认知和性格方面的调查中进行。达克沃思和马修斯总共收集了约1 200份问卷。之后，他们将学员的坚毅度得分与学员在军校的表现进行了对比。结果非常令人信服：那些在坚毅度方面得分高的学员（高了一个标准偏差）完成野兽训练的概率比拿了平均分的学员高60%，而那些得分低的学员退学的可能性更高。坚毅量表在预测学员去留问题上比"考生全面分数"系统更为有效。[32] "这些结果对军队而言会有点儿震撼，"马修斯说，"我们花了数十年调整实验项目，结果竟然是这个3分钟的小调查被证明可以最准确地预测夏天学员培训能否成功。"

自从在西点军校首次进行了性格特点研究后，达克沃思和她的研究生还在其他不同的领域验证了坚毅的重要性。坚毅非常重要。他们指出，根据房地产经纪人的坚毅程度，可以预测他们的成功程度，更坚毅的

第六章 坚毅：如何让爱持久

房地产经纪人其销售量更多，在房地产市场衰退时也会坚持做房地产。坚毅这种性格特点可以预测学员能否完成军队里特种部队课程[33]以及晋级全美拼字比赛总决赛。坚毅还可以预测一个人能否从芝加哥公立学校毕业[34]以及从"为美国而教"机构的教师选拔中脱颖而出。*[35] 在有关坚毅研究的一篇较早的论文里，达克沃思与合作者一起总结了坚毅的重要性："我们认为，有一个性格特点，每个领域里最出色的领导人都具有，那就是坚毅。性格坚毅的人将成功视为一场马拉松，这种人的优势是有耐性。在感到失望或无聊时，其他人会觉得应该换种活法或及时止损，坚毅的人则会坚持原来的生活。"[36]

坚毅这一概念本身就有吸引人的地方。坚毅的人的世界是通过才智赢来的，运转的是自然的英才管理制度，成功的关键是勤奋和纪律。坚毅理论认可所有关于成功的格言，跟任何有关成功的套话都不矛盾。

当然也有例外。我们往往认为事业成功需要奉献和毅力，这正是为什么性格坚毅的人更成功。但是，我们也认为恋爱成功往往不需要奉献

---

* 麦克·马修斯在其《意志坚定》一书中指出，坚毅得分与受教育程度的高低之间"基本呈线性关系"，即教育水平高，坚毅得分就高；拿到研究生文凭的人坚毅平均分最高。马修斯指出，唯一例外的是那些说自己在社区大学拿到大专文凭的成年人——他们坚毅的平均得分基本跟高学历成年人的一样。"这一结果可能会让人觉得奇怪，"马修斯说，"别忘了，社区大学的学生大多白天都要上班，而且有家庭。平衡好工作、家庭和学业的人肯定是进取心很强的人。"Michael D. Matthews, *Head Strong: How Psychology Is Revolutionizing War* (New York: Oxford University Press, 2013), 21.

273

和毅力。我们大都认为恋爱不用费劲，爱特别简单，爱上某人以后，不用努力，爱就会自然而然地持续下去。如果感觉爱得辛苦，如果这份恋爱关系需要坚毅，那么，这肯定不是命中注定的爱。让我们费心费力的爱人，我们会选择放弃。

如果你这么做，那就彻头彻尾地错了。坚毅最令人惊奇的一面，是它可以改变我们最亲密的关系。要想恋爱成功，就跟准备全美拼字比赛、练习跳跃投篮或西点军校学员在夏天高温下行军一样艰难。关于爱，最现实的情况是，恋爱不只关乎浪漫：每一次的恋爱关系也是对一个人顽强程度和忍耐力的考验，衡量即使在应该离开的时候，我们还愿不愿意坚持爱对方。

达克沃思和她的同事依据收集来的 6 362 位中年人坚毅程度测试的得分情况，研究了坚毅对于婚姻关系的重要性。结果发现，在不考虑其他个性特点和地域因素的情况下，坚毅的人比其他人维持婚姻的可能性高出了 17%。[37] 如果男方性格不坚毅，即便他对妻子有激情，这种激情也不可能持久。当婚姻关系需要他付出努力时，他更有可能放弃、解除婚约和发展婚外恋。爱是给人带来长久快乐的最终源泉，但我们也要诚实一点：爱也是最辛苦的，这就是为什么爱需要坚毅。

有时，我们还要咬紧牙关坚持下去。在谈到人际关系时，"辛苦"二字经常是冲突和争执的委婉说法。心理学家约翰·戈特曼和洛厄尔·克罗科夫研究了夫妻口头争执的次数与婚姻长短和幸福程度的相关性。一开始，他们得出的结论似乎很简单：经常吵架的夫妻对其夫妻关系感到更加不满。但是，当两位学者3年后再次调查这些夫妻时，结果反转了——争吵最少的夫妻3年后离婚的概率更高。[38]约翰·戈特曼总结道："若要使婚姻长久，夫妻双方需要把不满说出来。换句话说，婚姻中暂时糟糕的局面——吵架和愤怒，从长期来看，反而可能对婚姻健康有好处。两人时不时地生气，不会破坏婚姻关系，随着时间的流逝，这种争执还可能有助于改善婚姻状况。"[39]这项研究给我们的启示是，若要使婚姻关系持续下去，夫妻双方都需要直面自己的失败，需要拥有坚毅的性格来谈论彼此的错误和遗憾。婚姻中的冲突会让夫妻双方有压力，但冲突是婚姻的基本内容，起码夫妻二人想让婚姻关系持续下去的时候，必须直面冲突。

婚姻中夫妻二人有冲突的情况下，他们的依恋情况可以通过耐性测试反映出来。耐性测试确实可以反映婚姻状况。在乔治·范伦特进行的漫长而艰难的格兰特研究中，哈佛男生上大学时必须在跑步机上费劲地跑步。（他们要以每小时7英里的速度在坡度为6%的跑步机上跑5分钟，有的人跑不到5分钟就放弃了。）这些受试者跑步的时候，研究人员会测量他们的脉搏和血乳酸水平。令研究人员吃惊的是，受试者的外形反映不出其生理健康情况。几年后，研究人员发现了一个更让人惊讶的相关性：在跑步机上跑步时间更长的人，其依恋关系也更成功。[40]这并非只关系跑步，范伦特指出，整体而言，格兰特研究中的哈佛男生关

爱的旅程

于"耐性和克己精神"的测试结果与爱的测试结果紧密相关。[41] 范伦特说:"这些跑步测试反映了一个人的坚毅程度。测试结果显示出,坚毅不只是关于跑步,坚毅还帮助我们改善了依恋关系。"范伦特在他最近的一篇文章中写道,"幸福的支柱只有两个,一个是爱,另一个是找办法去过一种不把爱推开的生活"。[42]

范伦特的观点是,让爱持久需要内心的力量,尤其当你面对生活的艰难的时候更是如此。就像跑马拉松或完成某项基本训练一样,都需要强健的肌肉和结实的脊柱。问题是,内在的力量从哪里来?我们怎样拥有依恋关系所需要的坚毅?到底是什么让我们一直彼此相爱?

这个问题的答案是一个悖论,是一个循环性逻辑:我们要通过被爱来学会如何爱。尽管约翰·华生与同事指出,爱让我们有柔软、脆弱和被宠溺的感觉,但实际生活中爱给我们的感觉刚好相反。如果我们从来没有感受过他人的爱,我们就不会有勇气去爱他人或投入到爱中,也就不会理解爱需要什么。依恋会让我们焕然一新,让我们的一切都发生改变。因为依恋,不管发生什么,我们都能坚持下去。

依恋这个主题像交响乐的主旋律一样不断出现在我们的生活中,我们一次又一次地陷入依恋。科学研究显示,依恋关系的存在与处理压力事件的能力之间存在相关性,例如导弹袭击、经费出现问题、被糖尿病长期折磨、作战训练和大学考试时,都会出现这种相关性。[43](精神病学家艾瑞克·伯恩曾经指出,"爱是人格的心理治疗良剂"。[44])这是安

第六章　坚毅：如何让爱持久

全型依恋的儿童在幼儿园表现得比其他儿童更为独立的原因，也是父母的敏锐性高低可以反映出子女能否高中毕业的原因；同时，这也是对彼此的爱更有自信的夫妻会对工作更有自信，对失败不太会感到压力过大的原因。[45]

即使在特别极端的环境中，依恋也还是很重要。西点军校的心理学家麦克·马修斯采访了116位刚从伊拉克或阿富汗战场回来的陆军上尉和陆军少校。他请这些军官就他们最困难的战斗经历写一篇文章，然后问他们，面对战场上各种考验时，24个性格优势中的哪一个对他们而言最有用。他们回答说，团队精神是第一位的，勇敢第二位，位列第三位的性格优势则是"爱的能力"。这让人感到惊讶，起码我是这么认为的。军官们说，"爱的能力"是战场上的一个关键能力——如果战士们爱自己的战友，他们就能直面战争的创伤和纷乱。*[46]

以色列特拉维夫大学教授扎哈瓦·所罗门带领的研究小组对第四次中东战争（也称赎罪日战争）中164名以色列战俘的心理康复情况进行了研究。[47]这个研究的目的在于考察差异性，具体而言，就是考察这些战俘被释放后，为什么有的人患上了严重的创伤后应激障碍，且生

---

* 马修斯还问陆军军官，他们从战争中学到了什么，作战后他们的性格得到了怎样的锤炼。（他很关注创伤后的成长。）最常见的回答是，战斗提高了他们团队合作的能力。不过，第二个最常见的回答涉及"爱的能力"。这会让人觉得矛盾，但是战争的残酷教给他们的是，亲密的战友关系无可替代。如果没有战友的协助，单独作战是不可能的。

活痛苦不堪，有的人却过着丰富多彩的健康生活。他们发现，那些最坚强的士兵似乎对痛苦经历应对得最好，他们更容易拥有安全型依恋关系。后来，当这些战俘被问到他们怎么度过艰苦的囚禁生活时，那些拥有安全型依恋关系的士兵大都说，回忆所爱的人让他们有力量坚持下去。[48]"回忆跟所爱的人在一起"帮助他们度过了牢中的困难时光，这就是拥有安全型依恋关系的人患上严重创伤后应激障碍的情况比较少的原因。

不过，爱不是麻醉剂。那些拥有安全型依恋关系的战俘相对没有那么苦，不是因为他们爱着监狱外的什么人，如果他们真有这么一个爱人的话，可能会更痛苦，因为这会让他们明白在狱中他们失去了什么。他们没有白白受苦，他们所受的苦是有意义的，这就让一切都变得不同了。

当然，这并不意味着我们什么也不能放弃，也不意味着每段依恋关系都能被挽救回来，或者每段依恋关系都值得去投入。相反，这意味着我们应该定期回顾一下我们爱的是谁，以及爱他们什么，想想有哪几个人值得深爱。坚毅是一种稀有的心理资源，最佳人选很难找到，我们不能随意浪费在追求错误的人或二流的依恋对象上，*另外，除非我们是真的在恋爱，除非爱真的经久不衰，否则我们的忍耐力最终会消耗殆尽，

---

* 坚毅并非总是好的。美国南加州大学盖尔·卢卡斯的研究发现，最坚毅的人有时也特别固执，因为他们不喜欢放弃，并执着于不好的恋爱对象。Gale M. Lucas et al., "When the going gets tough: Grit predicts costly perseverance," *Journal of Research in Personality* 59 (2015): 15–22.

第六章　坚毅：如何让爱持久

持久力（staying power）也不可能弄虚作假，可能只有持久力是无法弄虚作假的。

以上这些研究提出的关于爱的观点跟罗密欧与朱丽叶之间的爱大相径庭。在罗密欧和朱丽叶看来，爱是一种强烈的快乐，它可以盖过任何痛苦。他们认为，爱情向前发展下去的动力是爱情本身，他们认为要拥有持久的爱，就要爱对人。但是，这种想法是虚幻的、不真实的，非常危险且荒诞。爱不是我们第一眼就能弄明白的东西，需要经历时间的考验，才能知道是不是真爱。只有时间会告诉我们，我们能成为什么样的人，我们离不开的又是什么。

选择

我在这里反复提到的一个观点或一个普遍关注的问题是，要把弗兰克尔所说的寻找生命的意义和达克沃思所说的坚毅结合在一起。[*49] 这里的重点是：爱是艰难的，爱是生活中最重要的东西，也是需要付出最

---

*　达克沃思的所有结论都基于一个人能否努力达成长期目标，比如，他能否从西点军校毕业或维持一段婚姻关系。达克沃思在最近的一项研究中发现，坚毅程度与享乐主义的生活方式没有相关性，坚毅程度最高的人最不可能去娱乐，也最不可能到购物中心去消遣，以得到暂时的快感。相反，她发现，坚毅与寻找生命的意义和信守诺言有相关性，即使性格坚毅会让人在短期内吃点儿苦头。Katherine R. Von Culin, Eli Tsukayama, and Angela L. Duckworth, "Unpacking grit: Motivational correlates of perseverance and passion for long-term goals," *Journal of Positive Psychology*, ahead-of-print (2014): 1–7.

爱的旅程

多努力的东西。(奥地利诗人里尔克说:"要对艰难的事有信心"。[50])对弗兰克尔而言,这意味着好的心理治疗师始终都不该贬低为寻找生命的意义所付出的努力,因为"要散发光芒,就必须忍受燃烧的痛苦"。

为了说明自己的观点,弗兰克尔讲了一个故事。这个故事发生在他和一个美国医生之间,地点是弗兰克尔在维也纳的办公室。这位美国医生让弗兰克尔用一句话解释弗洛伊德的精神分析法与弗兰克尔所说的意义治疗法之间的区别。弗兰克尔没有直接回答他,而是请这位美国医生先用一句话描述一下心理分析的基本内容。弗兰克尔说:"他是这么说的,'在做心理分析时,患者必须躺在沙发上,告诉医生他感到特别不愉快的事'。"[51]患者不得不向医生倾诉一些自己的秘密愿望和最见不得光的愿望。听到这里,弗兰克尔没有再浪费时间,他也用一句话回答了什么是意义治疗法:"在意义治疗法中,患者可能会坐得笔直,而且他肯定会说到让他感到特别不愉快的事。"

这些"不愉快的事"是什么?尽管弗兰克尔认为人类的爱以最基本的形式给予了我们意义,例如让他从集中营中死里逃生的就是爱,但他也明白,没有什么能像爱一样考验我们。我们会对着自己的另一半大喊大叫,也会对自己的孩子感到失望。朋友会让我们伤心,父母会让我们头疼不已。有时候,我们会感觉爱太多,不堪重负。有时候,爱让我们感受到的只有痛苦。[52]

但是,即使在心情低落的时候,你也一定要找到一点儿光亮,尽管

第六章 坚毅：如何让爱持久

光很微弱，甚至你几乎都看不到什么光。只要爱还有意义，只要你还在爱着，你就不能把这份爱放弃掉，因为还不到放弃的时候。我们一定要对持久的爱有信心，也一定要努力让爱持久。夫妻双方吵架时，你一定要主动原谅对方，也许还可以来个"床头吵架床尾和"什么的。半夜小孩在床上吐了，你不要生气，而是要提醒自己，未来的某一天，当回忆起这个情景时，我们会乐得不行。当朋友没回我们电话，一切都让我们心烦意乱时，你一定要想想曾经依恋的感觉以及以后会感受到的依恋的感觉。爱没有明确的目的地，你要沿着爱走下去，最终走向爱。在最艰苦的日子里，我们的最佳选择是：为自己的进步而赞叹，因为爱让我们做出了这么多的改变。

我意识到以上这些话不是很有用，我能给的实用的建议实在太少了。这些建议里根本没有教你如何变得更加坚毅的方法，也没有教你使生活变得更有意义的好办法。学术研究至多给我们提供了看待问题的视角，让我们知道生活中哪些东西重要，哪些东西不重要。婚姻不易，养孩子不易，有信仰也不易。生活是艰难的。如果你认真对待生活，就会发现生活的确很艰难。但是，我们没有别的出路。弗兰克尔的学生曾经请他总结一下他从自己的生活和工作中学到了什么，他把答案写到了一张纸上，然后让学生们猜他写了什么。有一个学生猜对了："生活的意义就在于，帮助他人发现他们生活的意义。"[53]

弗兰克尔知道这句话并不容易被别人接受，也知道这句话的意思很

爱的旅程

模糊,而且他明白,他是在一个愤世嫉俗的时代里推销自己关于爱的忠告,但他还是信奉这个爱的忠告。他说,他这样一个从奥斯维辛集中营死里逃生的人,总在"问自己是否配得上神的恩典,我天天都在这样问自己"。[54] 要配得上神的恩典,唯一的办法是不断去寻找生活的目标,想方设法找到依恋关系,为我们最爱的人做出牺牲。

没有人可以永远活在这个世界上。即使我们还活着,我们做的大部分事情也会被遗忘,神经系统总是在捕捉新的东西,忽视旧东西。我们也可以追求短暂快乐的生活,追求那些吸引眼球的东西,但是这些东西会像我们的内衣那样让我们熟视无睹,最后失去新奇感。我们完全可以逃离所有的依恋关系,关上自己的心门,这样就永远都不会心碎。

所以,我们必须做出选择。我们可以选择诅咒苦难,看着光,想着燃烧的痛苦。或者,我们也可以选择赞叹自己竟然有能力从苦难中学到那么多,惊叹自己竟然有能力从短暂的情感中找到一份持久的爱。

人来自尘土,也必将归入尘土,只有爱如故。

生活中离不开爱。我讲的故事里都有爱。

爱可以治愈一切。爱让我们更加坚强。爱让我们能够坚持下去。

这些都是老生常谈,却句句是真理。

第六章　坚毅：如何让爱持久

对弗兰克尔而言，这些真理并不抽象，因为它们定义了他的人生。1946 年（他写《活出生命的意义》的同一年），弗兰克尔遇到了工作室的助手艾利·施温特。之后，他向艾利求婚时，连他自己都惊讶于他竟然还会有如此的热情。弗兰克尔约会时穿着一件破旧的外套，外加一双女式鞋配他的小脚。（更好点儿的套装他买不起。）第二年，弗兰克尔和艾利结婚了。因为结婚时囊中羞涩，所以他们只邀请了几位朋友到他们的单间公寓，一起吃用水、糖和食物染色剂制作的"冰激凌"。艾利后来回忆道："我们非常幸福，虽然结婚时我们几乎一无所有，但是你不知道我们有多幸福。"[55]

弗兰克尔和艾利后来幸福地在一起生活了 52 年，他们同时还是工作上的伙伴。弗兰克尔承认，是艾利让他恢复了正常人的生活，她成了他生命的意义，他一刻都离不开她。弗兰克尔的作品也反映了他的这些变化。在后来的散文中，他很少谈到他在奥斯维辛集中营的恐怖生活，谈得更多的是普通依恋关系带来的快乐。大屠杀的幸存者成了居家好男人。弗兰克尔后来总结说，人一生下来就渴望"超越自我"，所谓的超越自我就是他所说的跟"自己以外的另一个人"处在一种依恋关系中。[56] 这一点是他从艾利那里学到的。

90 岁出头的时候，弗兰克尔的心脏功能出现了衰竭。最后一次手术前——他再也没有从这个手术中醒来，他把艾利叫到身边。在小哈登·克林贝格写的关于弗兰克尔夫妇的传记《当生活召唤我们时》

爱的旅程

(When Life Calls Out to Us)一书中,艾利回忆了她和弗兰克尔之间最后的对话。弗兰克尔说:"我在一本书里给你写了一句话,我把它藏在我们俩的公寓里了,你回去找到它。"[57]艾利花了几个月,才找到这本书。这本书是一本演讲集,于1950年出版,内容是关于他如何治疗遭受痛苦的人。他的字迹潦草,很不容易辨认——弗兰克尔几年前就失明了,但是艾利能读懂他在这本书最后空白页上写给她的这些稍有倾斜的文字:

给艾利,

你成功地将我从一个遭受痛苦的人改变为一个充满爱心的人。[58]

这句话不仅是对他余生美好生活的总结,也是对爱的力量的见证。最佳依恋关系拯救了我们,让我们有了继续坚持下去的动力。

我希望自己能从其他途径学到这个真理。起码我现在知道了这一点,这让我感到欣慰。因此,一天晚上很晚的时候,我发现自己被吸引到了电脑前,在黑暗中坐下。我心里想着我学到的一切,以及我爱的所有人,开始在键盘上敲下这些话。

尾声

爱是无限的

1

写这本书的时候,我正处于人生中比较艰难的时期,当时事情多得让我焦头烂额:[1] 带孩子,经营婚姻,努力找份像样的工作。我写这本书的目的是要解答下面几个简单的问题:爱是怎么进行的?让爱持久的是什么?为什么我们离不开爱?

对这些问题,我没有太多的答案,但我学会了从这些问题中寻找意义,并且尽我所能,努力"活出"这些问题的答案。*大多数日子,我

---

*　里尔克在《给青年诗人的信》中这么写道:"试着去爱问题本身,就像爱锁着的房子或外语书。不要现在就去找答案。答案现在还不会有,因为你现在还不足以得到你的答案。关键问题是,你要活出一切。现在,你就要把问题活出来。也许以后,未来的某一天,连你自己都没有留意到,你的生活已慢慢地靠近了答案。"

爱的旅程

是没有多少选择余地的。在这个中间阶段（处于令人兴奋的爱之初与悲惨的爱之终之间），值得骄傲的是，我完全投入到了维持依恋关系的辛苦工作中了。我每天的生活就是满足爱的需求，享受爱带来的快乐。我每天的时间全部用在给孩子换尿布、哄孩子睡觉和开车送孩子去学校这些日常家务上。这段生活听起来可能不怎么浪漫，但我觉得其中充满了各式各样的快乐，这种快乐让我的心变得更加柔软。

我从未期待能拥有这些快乐，这些快乐经常突然而至。但是，这就是家庭生活。有时候，你根本不敢相信你会变成那样一个人，你会因为一些事大笑，你会很想去某个地方。对家人的依恋让我们变成了有趣的人。

人是会变的——这一简单的事实是本书纵向研究的重要主题之一。对人进行长期研究后，你很快会发现时间这个变量很重要，不可忽视，因为每个人都会随时间流逝发生变化。人在适应生活，生活也在适应人。乔治·范伦特指出，"我们在这个世界上的旅程充满着变数"。[2]

有一点是肯定的：我们从未停止成长。自我是动态的，它是变化中的概念。不过，在不断的变化中，人们总希望生活中有些东西是永恒的，永远不会消失。这么想其实是人的天性。所以，我在本书里也写下了我的希望，这是我在学习如何爱的过程中学到的，我希望不管接下来发生什么，都不会忘掉。

尾声 爱是无限的

2

资源有限是我们这个世界的特点，并非所有的资源都用之不尽。需求大于供给，才有了生物的进化；人类生活在资源匮乏的阴影下。这一原则适用于各个领域。赤字总是经济学的主题，资源匮乏也是现代心理学的主题。现代心理学将大脑视为能力有限的机器：如果你盯着这个看，那么你就看不到那个；你想到这个，就想不到那个。由于资源有限，人们总是面临权衡取舍。

人们自然会想，这个逻辑应该也适用于爱：人类心脏的肌肉力量有限，心脏的容量则更有限。这意味着每一次新爱的出现，必然涉及旧爱的消失。依恋关系是一个零和游戏。

但是，我的经历说明，爱并不受资源匮乏这个魔咒的影响。爱上一个人后，你不会很难再爱上另一个人，而是会更容易爱上另一个人。因为爱上一个人后，就明白了爱一个人需要什么，你有了爱的能力，却没有了关于爱的错误观念。爱的圈子扩大，便能满足其他人对爱的需求。

我现在琢磨的问题就是，爱为什么可以是无限的。本书开始讨论的是"爱是持久的"这一悖论，结尾部分探讨的是"爱是无限的"这一奇迹。为人父母时，我们学到的第一件事就是爱是无限的，结果——因为发现"爱是无限的"这个说法毫无意义,我们根本受不了孩子的调皮——我们不得不再次从头学起。在儿子还没出生时,我深信自己不会像爱女儿那样爱他。我以为自己的心容不下两个孩子,再说我也没有那么多时间。我太爱女儿了,我以为自己无法重新爱上另一个孩子。但是,儿子出生后,随时需要我照顾,我这才感觉到,我对儿子的爱就像对女儿的爱一样深厚。

世界不就是这么运行的吗?我们会爱上另一个人,也许这个人也爱我们。如果幸运的话,两个人最初的情欲会变成一种更为奇特、强烈和持久的感情。心是满的,但很贪婪,它想要更多。因此,我们成了家,有了自己的孩子。我们爱孩子,孩子们也特别可爱。时间一天天过去,我们每个人都变了,但是,家人之间的依恋始终都在。

有一天,我重新读这些话时,特别希望我的内心和家里能够更加拥挤;我希望我能更加明白,爱是不受所有明确限制的束缚的,爱不会变老,也不会变成有限的爱。

世界是有规则的,但是,爱打破了所有的规则。

3

我起初写这本书的时候,想了解谜一样的爱,我想知道爱的秘密机制是什么。但现在我知道,这些问题没有答案。爱的魔法真的很神奇。

尾声　爱是无限的

我们虽然可以领略到爱的力量有多大，爱如何改变我们的生活，但是，我们无法解释爱为什么会产生，爱为什么会持久。

爱的神秘之处其实就是我们生活的神秘之处：我们依恋着一个自己根本不了解的、高于人类的、更大的力量，并受到自己无法克制的欲望的驱动。因为无法克制自己去爱，所以，我们不断失恋，又不断恋爱。至少，我感觉是这样的。最幸福的时刻就是环顾四周，看着生活中自己爱的那些人，想着心中爱的那些人，然后告诉自己，这就是最幸福的生活了。

参考文献

引言　习惯化与持久的爱

1. Arthur Rimbaud, *A Season in Hell*, "Hallucinations 1," as translated in Alan Badiou, *In Praise of Love* (New York: New Press, 2012).
2. Richard F. Thompson and William A. Spencer, "Habituation: A model phenomenon for the study of neuronal substrates of behavior," *Psychological Review* 73.1 (1966): 16.
3. Philip Brickman, Dan Coates, and Ronnie Janoff-Bulman, "Lottery winners and accident victims: Is happiness relative?," *Journal of Personality and Social Psychology* 36.8 (1978): 917.
4. Richard Thompson, "Habituation: A history," *Neurobiology of Learning and Memory*, 2008; and Mitch Griffin, Barry J. Babin, and Doan Modianos, "Shopping values of Russian consumers: The impact of habituation in a developing economy," *Journal of Retailing* 76.1 (2000): 33–52.
5. Lorne Campbell and Bruce J. Ellis, "Commitment, Love, and Mate Retention," in *The Handbook of Evolutionary Psychology*, ed. David Buss (New York: John Wiley & Sons, 2005).
6. Helen Fisher, *Why We Love: The Nature and Chemistry of Romantic Love* (New York: Macmillan, 2004); and Arthur Aron et al., "Reward, motivation, and emotion systems associated with early-stage intense romantic love," *Journal of Neurophysiology* 94.1 (2005): 327–37.
7. Andreas Bartels and Semir Zeki, "The neural correlates of maternal and romantic love," *NeuroImage*, November 2004; Andreas Bartels and Semir Zeki, "The neural basis of romantic love," *NeuroReport*, November 2000; and Helen Fisher, Arthur Aron, and Lucy L. Brown, "Romantic love: An fMRI study of a neural mechanism for mate choice," *Journal of Comparative Neurology* 493.1 (2005): 58–62.
8. E. E. Cummings, *No Thanks* (New York: Liveright, 1998), 61.

第一章 依恋关系：人们生活的动力

1. Emily Dickinson, *The Complete Poems* (Boston: Back Bay Books, 1976), 433.
2. Steven J. Haggbloom et al., "The 100 most eminent psychologists of the 20th century," *Review of General Psychology* 6.2 (2002): 139.
3. Kerry W. Buckley, *Mechanical Man: John Broadus Watson and the Beginnings of Behaviorism* (New York: Guilford Press, 1989), 1–3.
4. Ibid., 5.
5. Ibid., 7.
6. Ibid., 10–12.
7. Ibid., 15.
8. Ibid., 39.
9. Ibid., 40.
10. Ibid., 81.
11. John B. Watson, "Psychology as the behaviorist views it," *Psychological Review* 20 (1913): 158–77.
12. Ibid., 158.
13. Buckley, *Mechanical Man*, 75.
14. Ibid., 86.
15. John B. Watson and Rosalie Rayner, "Conditioned emotional reactions," *Journal of Experimental Psychology* 3.1 (1920): 1.
16. Ben Harris, "Whatever happened to Little Albert?," *American Psychologist* 34.2 (1979): 151.
17. Ibid.
18. Buckley, *Mechanical Man*, 124, 128.
19. Ann Hulbert, *Raising America* (New York: Knopf, 2003), 125.
20. John Watson and Rosalie Watson, *Psychological Care of Infant and Child* (New York: W. W. Norton, 1928), 82.
21. Ibid., 43.
22. http://www.jhu.edu/jhumag/0400web/35.html.
23. Mark Rilling, "John Watson's paradoxical struggle to explain Freud," *American Psychologist* 55.3 (2000): 301, http://www.ncbi.nlm.nih.gov/pubmed/10743249.
24. Suzan Van Dijken, *John Bowlby: His Early Life* (London: Free Association Books, 1998), 20.
25. Ibid., 21.
26. Ibid., 27.
27. John Bowlby, *Can I Leave My Baby?* (London: National Association

参考文献

for Mental Health, 1958), 7; and Frank C. P. van der Horst, *John Bowlby—from Psychoanalysis to Ethology: Unraveling the Roots of Attachment Theory* (New York: Wiley, 2011), 6.
28 Robert Karen, *Becoming Attached* (Oxford: Oxford University Press, 1994), 31.
29 Ibid.
30 Van Dijken, *John Bowlby*, 85.
31 Ibid., 90.
32 Ibid., 87.
33 Ibid., 51.
34 John Bowlby, "Forty-four juvenile thieves: Their characters and home life," *International Journal of Psychoanalysis* 25.19–52 (1944): 107–27.
35 Karen, *Becoming Attached*, 52.
36 Bowlby, "Forty-four juvenile thieves," 107–27.
37 http://www.bbc.co.uk/history/british/britain_wwtwo/evacuees_01.shtml.
38 John Bowlby, Emanuel Miller, and Donald W. Winnicott, "Evacuation of small children," *British Medical Journal* 2.4119 (1939): 1202, http://www.ncbi.nlm.nih.gov/pmc/articles/PMC2178618/?page=2.
39 Geoffrey G. Field, *Blood, Sweat, and Toil: Remaking the British Working Class, 1939-1945* (Oxford: Oxford University Press, 2011), 35.
40 John Bowlby, *The Making and Breaking of Affectional Bonds* (New York: Routledge Classics, 2005), 109.
41 Frank van der Horst and Rene van der Veer, "Changing attitudes towards the care of children in hospital: a new assessment of the influence of the work of Bowlby and Robertson in the UK, 1940–1970," *Attachment & Human Development* 11.2 (2009): 128.
42 Jeremy Holmes, *John Bowlby and Attachment Theory* (New York: Routledge, 1993), 37; and John Bowlby, *Maternal Care and Mental Health* (Geneva, Switzerland: World Health Organization, 1951), 59, http://whqlibdoc.who.int/monograph/WHO_MONO_2_(part1).pdf.
43 Bowlby, *Maternal Care and Mental Health*, 27.
44 John Sudbery, *Human Growth and Development: An Introduction for Social Workers* (New York: Routledge, 2010), 57.
45 John Bowlby, *The Making and Breaking of Affectional Bonds* (New York: Routledge, 2012), 61.
46 Bowlby, *Maternal Care and Mental Health*, 11.
47 Deborah Blum, *Love at Goon Park* (New York: Perseus, 2002), 231.

48 Ibid., 146.
49 Harry F. Harlow, "The nature of love," *American Psychologist* 13.12 (1958).
50 Ibid.
51 Ibid.
52 Blum, *Love at Goon Park*, 231.
53 A. N. O'Connell and N. F. Russo, eds., *Models of Achievement: Reflections of Eminent Women in Psychology* (New York: Columbia University Press, 1983), 200–19, http://www.psychology.sunysb.edu/attachment/pdf/mda_autobio.pdf.
54 Gregory A. Kimble and Michael Wertheimer, eds., *Portraits of Pioneers in Psychology*, vol. 5 (Mahwah, NJ: Erlbaum, 2003), http://www.psychology.sunysb.edu/attachment/pdf/mda_inge.pdf.
55 Inge Bretherton, "The origins of attachment theory: John Bowlby and Mary Ainsworth," *Developmental Psychology* 28.5 (1992): 759.
56 O'Connell and Russo, eds., *Models of Achievement*, 200–19.
57 Mary Ainsworth, "The development of infant-mother interaction among the Ganda," in *Determinants of Infant Behavior*, ed. B. M. Foss (New York: John Wiley & Sons), 67–104.
58 Karen, *Becoming Attached*, 134.
59 Mary D. Salter Ainsworth, *Infancy in Uganda: Infant Care and the Growth of Love* (Baltimore: Johns Hopkins Press, 1967).
60 Main, "Mary D. Salter Ainsworth: Tribute and portrait," 682–736.
61 Mary Ainsworth and B. A. Wittig, "Attachment and exploratory behavior of one-year-olds in a strange situation," in *Determinants of Infant Behavior, IV*, ed. B. M. Foss (London: Methuen, 1969), 111–36.
62 Bretherton, "Origins of attachment theory," 759.
63 Mary Ainsworth, Mary C. Blehar, Everett Waters, and Sally Wall, *Patterns of Attachment: A Psychological Study of the Strange Situation* (New York: Psychology Press, 2014).
64 Gottfried Spangler and Klaus E. Grossmann, "Biobehavioral organization in securely and insecurely attached infants," *Child Development* 64.5 (1993): 1439–50; and Ashley L. Hill-Soderlund et al., "Parasympathetic and sympathetic responses to the Strange Situation in infants and mothers from avoidant and securely attached dyads," *Developmental Psychobiology* 50.4 (2008): 361–76.
65 Inge Bretherton, "Mary Ainsworth: Insightful Observer and Courageous Theoretician," in *Portraits of Pioneers in Psychology*, vol. 5, ed. Gregory A. Kimble and Michael Wertheimer (Mahwah, NJ: Erlbaum, 2003),

参考文献

      http://www.psychology.sunysb.edu/attachment/pdf/mda_inge.pdf.
66 Ainsworth et al., *Patterns of Attachment*.
67 O'Connell and Russo, eds., *Models of Achievement*, 200–19.
68 Ibid.
69 Ainsworth et al., *Patterns of Attachment*.
70 M. D. S. Ainsworth, "Maternal sensitivity scales," 1969, http://www.psychology.sunysb.edu/attachment/measures/content/maternal%20sensitivity%20scales.pdf.
71 Ibid.
72 John Bowlby, *A Secure Base: Parent-Child Attachment and Healthy Human Development* (New York: Basic Books, 1988), 11.
73 Ibid.
74 Brooke C. Feeney, "The dependency paradox in close relationships: Accepting dependence promotes independence," *Journal of Personality and Social Psychology* 92.2 (2007): 268.
75 Bretherton, "Mary Ainsworth."
76 L. Alan Sroufe et al., *The Development of the Person: The Minnesota Study of Risk and Adaptation from Birth to Adulthood* (New York: Guilford Press, 2005), 52.
77 Ibid., 8.
78 Ibid.
79 Telephone interview, August 14, 2013.
80 Karen, *Becoming Attached*, 184.
81 Marinus Itzendoorn et al., "The relationship between quality of attachment in infancy and IQ in kindergarten," *Journal of Genetic Psychology* 1 (1988).
82 Richard Arend, Frederick Gove, and Alan Sroufe, "Continuity of individual adaptation from infancy to kindergarten: A predictive study of ego-resiliency and curiosity in preschoolers," *Child Development* 4 (1979); and Karen, *Becoming Attached*, 185.
83 Sroufe et al., *Development of the Person*, 126.
84 Ibid., 156.
85 Shane Jimerson et al., "A prospective longitudinal study of high school dropouts examining multiple predictors across development," *Journal of School Psychology* 38 (December 2000); and Sroufe et al., *Development of the Person*, 187.
86 Telephone interview, August 14, 2013.
87 K. Lee Raby et al., "The enduring predictive significance of early maternal sensitivity: Social and academic competence through age 32

years," *Child Development* 86.3 (2014).
88 http://www.cehd.umn.edu/icd/research/parent-child/docs/SRA%20 2010/Puig_SRA_2010.pdf.
89 K. Lee Raby et al., "Greater maternal insensitivity in childhood predicts greater electrodermal reactivity during conflict discussions with romantic partners in adulthood," *Psychological Science* 26.3 (2015).
90 Raby et al., "Enduring Predictive Significance."
91 Jeffry Simpson et al., "The impact of early interpersonal experience on adult romantic relationship functioning: Recent findings from the Minnesota Longitudinal Study of Risk and Adaptation," *Current Directions in Psychological Science* 20.6 (2011), http://www.psych.uncc.edu/acann/Simpson2011.pdf.
92 L. A. Sroufe et al., "Placing early attachment experiences in developmental context," in *Attachment from Infancy to Adulthood: The Major Longitudinal Studies*, ed. K. E. Grossmann, K. Grossman, and E. Waters (New York: Guilford Press, 2005), 63–64.
93 Ibid.
94 Sroufe et al., *Development of the Person*, 11.
95 Dong Liu et al., "Maternal care, hippocampal glucocorticoid receptors, and hypothalamic-pituitary-adrenal responses to stress," *Science* 277.5332 (1997): 1659–62.
96 Christian Caldji et al., "Maternal care during infancy regulates the development of neural systems mediating the expression of fearfulness in the rat," *Proceedings of the National Academy of Sciences* 95.9 (1998): 5335–40.
97 Carine I. Parent and Michael J. Meaney, "The influence of natural variations in maternal care on play fighting in the rat," *Developmental Psychobiology* 50.8 (2008): 767–76.
98 Liu et al., "Maternal care, hippocampal glucocorticoid receptors," 1659–62.
99 Marilee D. Zaharia et al., "The effects of early postnatal stimulation on Morris water-maze acquisition in adult mice: Genetic and maternal factors," *Psychopharmacology* 128.3 (1996): 227–39.
100 Charlotte M. Lindeyer, Michael J. Meaney, and Simon M. Reader, "Early maternal care predicts reliance on social learning about food in adult rats," *Developmental Psychobiology* 55.2 (2013): 168–75.
101 Dong Liu et al., "Maternal care, hippocampal synaptogenesis and cognitive development in rats," *Nature Neuroscience* 3.8 (2000): 799–806.
102 http://www.nature.com/neuro/journal/v7/n8/abs/nn1276.html; and

参考文献

Tamara B. Franklin et al., "Epigenetic transmission of the impact of early stress across generations," *Biological Psychiatry* 68.5 (2010): 408–15.

103 Anu-Katriina Pesonen et al., "Depressive symptoms in adults separated from their parents as children: A natural experiment during World War II," *American Journal of Epidemiology* 166.10 (2007): 1126–33.

104 Hanna Alastalo et al., "Cardiovascular health of Finnish war evacuees 60 years later," *Annals of Medicine* 41.1 (2009): 66–72.

105 Anu-Katriina Pesonen et al., "Childhood separation experience predicts HPA axis hormonal responses in late adulthood: A natural experiment of World War II," *Psychoneuroendocrinology* 35.5 (2010): 758–67.

106 Pesonen et al., "Depressive symptoms in adults," 1126–33.

107 Clancy Blair and C. Cybele Raver, "Child development in the context of adversity: Experiential canalization of brain and behavior," *American Psychologist* 67.4 (2012): 309.

108 George Vaillant, *Aging Well* (New York: Little, Brown, 2002), Appendix A.

109 George Vaillant, *Triumphs of Experience* (Cambridge, MA: Belknap Press, 2012), 67.

110 The precise criteria used to select Harvard students for the Grant Study have never been fully explained.

111 Vaillant, *Triumphs of Experience*, 65.

112 Ibid., 71–73.

113 Ibid., chap. 3, 78.

114 Ibid., 86.

115 Joshua Wolf Shenk, "What makes us happy?," *Atlantic*, June 2009, 36–53.

116 Ibid.

117 Vaillant, *Aging Well*, 97.

118 George Vaillant, *Adaptation to Life* (New York: Little, Brown, 1974), 38.

119 Vaillant, *Triumphs of Experience*, 86.

120 Interview at George Vaillant's home, July 8, 2013.

121 Vaillant, *Adaptation to Life*, 3.

122 Vaillant, *Triumphs of Experience*, 267–69.

123 Ibid., 52.

124 Ibid., 123.

125 Ibid., 134.

126 Ibid., 113.

爱的旅程

127 Ibid., 41.
128 Vaillant, *Adaptation to Life*, 306.
129 Ibid., 301.
130 Interview at George Vaillaint's home, July 8, 2013.
131 Vaillant, *Adaptation to Life*, 302.
132 Vaillant, *Aging Well*, 133.
133 Ibid., 133–39.
134 Vaillant, *Triumphs of Experience*, 27.
135 Shenk, "What makes us happy?," 36–53.
136 Vaillant, *Triumphs of Experience*, 179.
137 Mufid James Hannush, "John B. Watson remembered: An interview with James B. Watson," *Journal of the History of Behavioral Science* 23 (1987).
138 Buckley, *Mechanical Man*, 180–83.
139 Ibid.
140 Ibid.
141 Ibid.

插曲　痴恋的假象

1 Dorothy Tennov, *Love and Limerence* (Lanham, MD: Scarborough House, 1998), 82.
2 Ibid., 23–24.
3 Ibid., 19–20.
4 Ibid.
5 Ibid., 59.
6 Dorothy Tennov, *A Scientist Looks at Love and Calls It "Limerence": The Collected Works of Dorothy Tennov* (Greenwich, CT: Great American Publishing Society, 2005).
7 Tennov, *Love and Limerence*, 104.

第二章　爱与奉献

1 Dale Peterson, *Jane Goodall: The Woman Who Redefined Man* (Boston: Houghton Mifflin Harcourt, 2006), 619–20.
2 Jane Goodall, interviewed by Andrea Miller, *Shambala Sun*, July 2013.
3 Jane Goodall, *Through a Window: My Thirty Years with the Chimpanzees of Gombe* (Boston: Houghton Mifflin Harcourt, 2010), 245.
4 Konrad Z. Lorenz, "The companion in the bird's world," *Auk* 54.3 (1937): 245–73.
5 Deborah Blum, *Love at Goon Park* (New York: Perseus, 2002), 168.

参考文献

6 John Bowlby, *Can I Leave My Baby?* (London: National Association for Mental Health, 1958).
7 Suzan Van Dijken, *John Bowlby, His Early Life: A Biographical Journey into the Roots of Attachment Theory* (London: Free Association Books, 1998), 5.
8 Goodall, *Through a Window*, 245.
9 Anna Blackburn Wittman and L. Lewis Wall, "The evolutionary origins of obstructed labor: Bipedalism, encephalization, and the human obstetric dilemma," *Obstetrical & Gynecological Survey* 62.11 (2007): 739–48.
10 David F. Bjorklund, *Why Youth Is Not Wasted on the Young: Immaturity in Human Development* (New York: John Wiley & Sons, 2009), 51.
11 Hillard Kaplan, "Evolutionary and wealth flows theories of fertility: Empirical tests and new models," *Population and Development Review* 20.4 (1994): 753–91.
12 Jennifer Senior, *All Joy and No Fun* (New York: Ecco, 2014), 61.
13 Brian D. Doss et al., "The effect of the transition to parenthood on relationship quality: An 8-year prospective study," *Journal of Personality and Social Psychology* 96.3 (2009): 601.
14 Daniel Kahneman et al., "A survey method for characterizing daily life experience: The Day Reconstruction Method," *Science* 306.5702 (2004).
15 http://news.harvard.edu/gazette/story/2013/02/money-marriage-kids/.
16 Personal communication, November 2012.
17 Jeffrey S. Cramer, ed., *Walden: A Fully Annotated Edition* (New Haven, CT: Yale University Press, 2008); and http://thoreau.eserver.org/walden07.html.
18 http://www.bradleypdean.com/research_writings/Bean_Field_Article.pdf.
19 Cramer, *Walden*, 150.
20 John Bowlby, *A Secure Base* (New York: Basic Books, 1988), 2.
21 Kerstin Erlandsson et al., "Skin-to-skin care with the father after cesarean birth and its effect on newborn crying and prefeeding behavior," *Birth* 34.2 (2007): 105–14.
22 Catherine Tamis LeMonda et al., "Fathers and mothers at play with their 2 and 3 year olds: contributions to language and cognitive development," *Child development* 75.6 (2004): 1806–20; Jacinta Bronte-Tinkew et al., "Involvement among resident fathers and links to infant cognitive outcomes," *Journal of Family Issues* (2008); and

Michael Yogman, Daniel Kindlon, and Felton Earls, "Father involvement and cognitive/behavioral outcomes of preterm infants," *Journal of the American Academy of Child & Adolescent Psychiatry* 34.1 (1995): 58–66.

23 Jeffrey Rosenberg and W. Bradford Wilcox, *The Importance of Fathers in the Healthy Development of Children* (Washington, DC: US Department of Health and Human Services, 2006), 11.

24 Edward Tronick et al., "The infant's response to entrapment between contradictory messages in face-to-face interaction," *Journal of the American Academy of Child Psychiatry* 17.1 (1979): 1–13.

25 E. Tronick et al., "Infant emotions in normal and perturbated interactions" (paper presented at the biennial meeting of the Society for Research in Child Development, Denver, CO, April 1975).

26 Tronick et al., "Infant's response to entrapment," 1–13; and Daniel Stern, *The Interpersonal World of the Infant* (New York: Basic Books, 1985), 150.

27 Stern, *Interpersonal World*, 150.

28 Thomas Lewis, Fari Amini, and Richard Lannon, *A General Theory of Love* (New York: Random House, 2007), 61.

29 Donald Winnicott, "The capacity to be alone," *International Journal of Psycho-Analysis* 39 (1958): 416–20, http://icpla.edu/wp-content/uploads/2012/10/Winnicott-D.-The-Capacity-to-be-Alone.pdf.

30 Jonas Chatel-Goldman et al., "Touch increases autonomic coupling between romantic partners," *Frontiers in Behavioral Neuroscience* 8 (2014).

31 Stern, *Interpersonal World*, 152.

32 Margaret O'Brien Caughy, Keng-Yen Huang, and Julie Lima, "Patterns of conflict interaction in mother-toddler dyads: Differences between depressed and non-depressed mothers," *Journal of Child and Family Studies* 18.1 (2009): 10–20.

33 Roshi P. Kapleau, *The Three Pillars of Zen* (New York: Anchor, 2013), 11.

34 Carroll Lachnit, "The Sunday Profile: Adopting a New Outlook: Sharon Kaplan Roszia Has Made a Career of Building Families, but Her Own Experiences Have Changed Her Approach," *Los Angeles Times*, May 14, 1995, http://articles.latimes.com/print/1995-05-14/news/ls-705_1_adoptive-parent.

35 Personal interviews, November 10, 2013, and March 5, 2014.

36 Sigmund Freud, *Reflections on War and Death* (New York: Moffat, Yard,

参考文献

1918).
37 Rozsika Parker, *Mother Love, Mother Hate: The Power of Maternal Ambivalence* (New York: Basic Books, 1996), 133; and John Bowlby, *The Making and Breaking of Affectional Bonds* (New York: Routledge Classics, 2005), 10–15.
38 Parker, *Mother Love, Mother Hate*, 7.
39 Maurice Sendak, *Where the Wild Things Are* (New York: HarperCollins, 1984).
40 http://adoptionvoicesmagazine.com/adoptive-parents/adoption-makes-strange-relationships/#.UqjqKqSYZ74.
41 Jerome Kagan, *The Nature of the Child* (New York: Basic Books, 1994), 60–61.
42 Robert Karen, *Becoming Attached* (Oxford: Oxford University Press, 1994), 260.
43 Kagan, *Nature of the Child*, 62.
44 Karen, *Becoming Attached*, 261.
45 Klaus Grossmann, Karin Grossmann, and Everett Waters, eds., *Attachment from Infancy to Adulthood: The Major Longitudinal Studies* (New York: Guilford Press, 2005), 125.
46 Ibid., 130.
47 Karin Grossmann and Klaus E. Grossmann, "The impact of attachment to mother and father at an early age on children's psychosocial development through young adulthood," *Encyclopedia on Early Childhood Development*, 2005, 1–6, http://www.child-encyclopedia.com/Pages/PDF/GrossmannANGxp_rev.pdf.
48 K. Grossmann et al., "Maternal sensitivity and newborns' orientation responses as related to quality of attachment in northern Germany," *Monographs of the Society for Research in Child Development* 50.1–2 (1985): 233–56.
49 Karen, *Becoming Attached*, 264.
50 Suzanne M. Bianchi, "Family change and time allocation in American families," *The Annals of the American Academy of Political and Social Science* 638.1 (2011): 21–44.
51 Dong Liu et al., "Maternal care, hippocampal synaptogenesis and cognitive development in rats," *Nature Neuroscience* 3.8 (2000): 799–806.
52 James R. Flynn, *What Is Intelligence?: Beyond the Flynn Effect* (Cambridge: Cambridge University Press, 2007), 43, 104–5.
53 Richard Lynn, "What has caused the Flynn effect? Secular increases in the Development Quotients of infants," *Intelligence* 37.1 (2009):

16–24.
54 Senior, *All Joy and No Fun*, 128.
55 Dymphna C. van den Boom, "Neonatal irritability and the development of attachment," in *Temperament in Childhood*, ed. G. A. Kohnstamm et al. (New York: John Wiley & Sons, 1989), 299–318.
56 Karen, *Becoming Attached*, 304.
57 Dymphna C. van den Boom, "The influence of temperament and mothering on attachment and exploration: An experimental manipulation of sensitive responsiveness among lower-class mothers with irritable infants," *Child Development* 65.5 (1994): 1457–77.
58 Ibid., 1472.
59 Dante Cicchetti, Fred A. Rogosch, and Sheree L. Toth, "Fostering secure attachment in infants in maltreating families through preventive interventions," *Development and Psychopathology* 18.03 (2006): 623–49.
60 Ibid., 636.
61 Ibid., 637.
62 Richard Reeves and Kimberly Howard, "The parenting gap," Center on Children and Families at the Brookings Institution, 11, http://www.brookings.edu/research/papers/2013/09/09-parenting-gap-social-mobility-wellbeing-reeves.
63 Shanta R. Dube et al., "Adverse childhood experiences and personal alcohol abuse as an adult," *Addictive Behaviors* 27.5 (2002): 713–25.
64 Shanta R. Dube et al., "Childhood abuse, neglect, and household dysfunction and the risk of illicit drug use: The adverse childhood experiences study," *Pediatrics* 111.3 (2003): 564–72.
65 Ralph Waldo Emerson, *The Spiritual Emerson: Essential Writings by Ralph Waldo Emerson* (Boston: Beacon Press, 2003), 215.
66 Randall Jarrell, *No Other Book: Selected Essays* (New York: HarperCollins, 2000), 185.

第三章　婚姻计划

1 http://www.darwinproject.ac.uk/darwins-notes-on-marriage.
2 Ibid.
3 http://sites.duke.edu/theatrst130s02s2011mg3/files/2011/05/McPherson-et-al-Soc-Isolation-2006.pdf.
4 Robert D. Putnam, *Bowling Alone: The Collapse and Revival of American Community* (Simon & Schuster, 2001), 98–100.
5 Claire Cain Miller, "The Divorce Surge Is Over, but the Myth Lives

参考文献

On," *New York Times*, December 2, 2014, http://nyti.ms/1rSon3Y.
6 Michel Montaigne, *The Complete Essays of Montaigne* (Palo Alto, CA: Stanford University Press, 1958), 647.
7 Ibid.
8 K. Daniel O'Leary et al., "Is long-term love more than a rare phenomenon? If so, what are its correlates?," *Social Psychological and Personality Science* 3.2 (2012): 241–49.
9 Christine M. Proulx, Heather M. Helms, and Cheryl Buehler, "Marital quality and personal well-being: A meta-analysis." *Journal of Marriage and Family* 69.3 (2007): 585.
10 http://faculty.wcas.northwestern.edu/eli-finkel/FinkelAIF_AllOrNothingMarriage.mp4, at 15:45.
11 Cindy Hazan and Phillip Shaver, "Romantic love conceptualized as an attachment process," *Journal of Personality and Social Psychology* 52.3 (1987): 511.
12 Marco Del Giudice, "Sex differences in romantic attachment: A meta-analysis," *Personality and Social Psychology Bulletin* 37.2 (2011): 193–214.
13 Phillip Shaver and Mario Mikulincer, *Attachment in Adulthood: Structure, Dynamics and Change* (New York: Guilford Press, 2007), 308.
14 Ibid., 314.
15 Ibid., 301–23, 350–53.
16 Jeffry A. Simpson, William S. Rholes, and Julia S. Nelligan, "Support seeking and support giving within couples in an anxiety-provoking situation: The role of attachment styles," *Journal of Personality and Social Psychology* 62.3 (1992): 434.
17 http://psycnet.apa.org/journals/psp/62/3/434/.
18 John Bowlby, *A Secure Base* (New York: Basic Books, 1988), 61.
19 Cindy Hazan and Phillip R. Shaver, "Attachment as an organizational framework for research on close relationships," *Psychological Inquiry* 5.1 (1994): 1–22.
20 Ibid., 14.
21 Ellen Berscheid and Elaine (Walster) Hatfield, "A little bit about love," *Foundations of Interpersonal Attraction* 379 (1974).
22 Elaine Hatfield and G. William Walster, *A New Look at Love* (Lanham, MD: University Press of America, 1985), 9.
23 Bianca P. Acevedo et al., "Neural correlates of long-term intense romantic love," *Social Cognitive and Affective Neuroscience* (2011).
24 Edward Carr et al., "The cellular composition of the human immune system is shaped by age and cohabitation," *Nature Immunology* (2016).

25 Joseph Alpert, "Philematology: the science of kissing," *American Journal of Medicine* 126.6 (2013): 466.
26 Erich Fromm, *Art of loving* (New York: Continuum, 2000), vii.
27 Ibid., 97.
28 Tara Parker-Pope, *For Better* (New York: Plume, 2011), 275.
29 Scott Coltrane, "Research on household labor," *Journal of Marriage and the Family* 62.4 (2000).
30 John Gottman and Nan Silver, *What Makes Love Last?* (New York: Simon & Schuster, 2012), 101.
31 Duane W. Crawford et al., "Compatibility, leisure, and satisfaction in marital relationships," *Journal of Marriage and Family* 64.2 (2002): 433–49.
32 Daniel Wile, *After the Honeymoon: How Conflict Can Improve Your Relationship* (Daniel Wile Publisher, 2008).
33 John Gottman, *The Marriage Clinic* (New York: W. W. Norton, 1999), 56.
34 R. Chris Fraley and Phillip R. Shaver, "Adult romantic attachment: Theoretical developments, emerging controversies, and unanswered questions," *Review of General Psychology* 4.2 (2000): 132, 148.
35 Christina Stefanou and Marita McCabe, "Adult attachment and sexual functioning: A review of past research," *Journal of Sexual Medicine* 9 (2012).
36 Shaver and Mikulincer, *Attachment in Adulthood*, 356.
37 Ibid., 350.
38 George Loewenstein et al., "Does increased sexual frequency enhance happiness?," *Journal of Economic Behavior & Organization* 116 (2015): 206–18.
39 David G. Blanchflower and Andrew J. Oswald, "Money, sex and happiness: An empirical study," *Scandinavian Journal of Economics* 106.3 (2004): 393–415; and http://nyti.ms/1LlWuuw.
40 Amy Muise et al., "Keeping the spark alive: Being motivated to meet a partner's sexual needs sustains sexual desire in long-term romantic relationships," *Social Psychological and Personality Science*, August 2012.
41 Sue Johnson, *Hold Me Tight: Seven Conversations for a Lifetime of Love* (New York: Little, Brown, 2008), 185–86.
42 Ibid., 186–87.
43 Ibid., 7.
44 Amy Sohn, "First Comes Sex Talk with These Renegades of Couples Therapy," *New York Times*, July 1, 2015.

参考文献

45 Telephone interview with Farahad and Sameera Zama, September 7, 2013.
46 Stephanie Coontz, *Marriage, a History: How Love Conquered Marriage* (New York: Penguin, 2006), 6.
47 Ibid., 147.
48 Tulika Jaiswal, *Indian Arranged Marriages: A Social Psychological Perspective* (New York: Routledge, 2014), 1.
49 Ibid., 12.
50 Paul Yelsma and Kuriakose Athappilly, "Marital satisfaction and communication practices: Comparisons among Indian and American couples," *Journal of Comparative Family Studies* 19.1 (1988): 37–54; and Usha Gupta and Pushpa Singh, "An exploratory study of love and liking and type of marriages," *Indian Journal of Applied Psychology* 2 (1982); and http://www.scientificamerican.com/podcast/episode.cfm?id=arranged-marriages-can-be-real-love-10-03-11.
51 Robert Epstein, "How science can help you fall in love," *Scientific American Mind* 20.7 (2010): 26–33.
52 Pamela Regan et al., "Relationship outcomes in Indian-American love-based and arranged marriages," *Psychological Reports* 110 (2012).
53 Robert Epstein, Mayuri Pandit, and Mansi Thakar, "How love emerges in arranged marriages: Two cross-cultural studies," *Journal of Comparative Family Studies* 44.3 (2013).
54 http://www.nytimes.com/2009/06/07/fashion/07love.html?pagewanted=all.
55 http://www.jstor.org/discover/10.2307/3773618?uid=2&uid=4&sid=21102635755277.
56 *Plato's Symposium: A Translation by Seth Benardete with Commentaries by Allan Bloom and Seth Benardete* (University of Chicago Press, 2001), 21.
57 http://www2.warwick.ac.uk/fac/soc/economics/staff/phd_students/backus/girlfriend/why_i_dont_have_a_girlfriend.pdf.
58 C. Raymond Knee, "Implicit theories of relationships: Assessment and prediction of romantic relationship initiation, coping, and longevity," *Journal of Personality and Social Psychology* 74.2 (1998): 360.
59 Rebecca Fishbein. "Man behind 'Why I Don't Have a Girlfriend' theory to marry," Today.com, May 24, 2013.
60 Harville Hendrix, *Getting the Love You Want* (New York: Macmillan, 2009), 50.
61 Eli Finkel et al., "Online dating: A critical analysis from the perspec-

tive of psychological science," *Psychology Science in the Public Interest* 13 (2012); and Paul Eastwick and Eli Finkel, "When and why do ideal partner preferences affect the process of initiating and maintaining romantic relationships?," *Journal of Personality and Social Psychology* 101 (2011).
62 http://nyti.ms/19twg80.
63 Portia Dyrenforth et al., "Predicting relationship and life satisfaction from personality in nationally representative samples from three countries," *Journal of Personality and Social Psychology* 99.4 (2010).
64 http://www.pewinternet.org/2013/10/21/online-dating-relationships/.
65 Eli Finkel et al., "Online dating: A critical analysis from the perspective of psychological science," *Psychology Science in the Public Interest* 13 (2012).
66 http://www.scientificamerican.com/article.cfm?id=scientific-flaws-online-dating-sites&page=2.
67 Jordi Quoidbach, Daniel T. Gilbert, and Timothy D. Wilson, "The end of history illusion," *Science* 339.6115 (2013): 96–98.
68 Richard Jenkyns, *A Fine Brush on Ivory: An Appreciation of Jane Austen* (Oxford: Oxford University Press, 2007), ix.
69 Jane Austen, *Emma* (New York: W. W. Norton, 2000), 56.
70 Ibid., 77.
71 Ibid., 295–96.
72 Ibid., 15.
73 Ibid., 1.
74 Jane Austen, *Sense and Sensibility: An Annotated Edition*, ed. Patricia Meyers Sparks (Cambridge, MA: Belknap Press, 2013), 103.
75 Austen, *Emma*, 234.
76 Ibid.
77 William Deresiewicz, *A Jane Austen Education: How Six Novels Taught Me about Love, Friendship, and the Things That Really Matter* (New York: Penguin, 2011), 225.
78 Ibid., 223.
79 Claire Tomalin, *Jane Austen: A Life* (New York: Knopf, 1997), 183.
80 John Mordechai Gottman, Lynn Fainsilber Katz, and Carole Hooven, *Meta-emotion: How Families Communicate Emotionally* (New York: Psychology Press, 1997), 45–85.
81 Telephone interview, September 3, 2013.
82 Gottman, Katz, and Hooven, *Meta-emotion*, 45–85.
83 Gottman, *Marriage Clinic*, 320.

参考文献

84 Ibid., 307; and John Gottman et al., *What Predicts Divorce?* (Hillsdale, NJ: Lawrence Erlbaum Associates, 1996).
85 Gottman, Katz, and Hooven, *Meta-emotion*, 210.
86 Jane Austen, *Pride and Prejudice: An Annotated Edition* (Cambridge, MA: Belknap Press, 2010), 22.
87 Hannah Fry, *The Mathematics of Love* (Simon & Schuster/TED Books, 2015), 102–6.
88 http://greatergood.berkeley.edu/article/item/john_gottman_on_trust_and_betrayal.
89 http://www.nytimes.com/2015/02/08/opinion/sunday/in-defense-of-tinder.html?hp&action=click&pgtype=Homepage&module=c-column-top-span-region&region=c-column-top-span-region&WT.nav=c-column-top-span-region.
90 Jeffrey Eugenides, *The Marriage Plot* (New York: Farrar, Straus and Giroux, 2011), 22.
91 http://www.pemberley.com/janeinfo/brablt15.html.
92 William Farr, *Vital Statistics: A Memorial Volume of Selections from the Reports and Writings of William Farr* (London: Sanitary Institute, 1885), 396.
93 As cited in Wolfgang Stroebe and Margaret S. Stroebe, *Bereavement and Health: The Psychological and Physical Consequences of Partner Loss* (Cambridge: Cambridge University Press, 1987), 3.
94 http://www.nytimes.com/2010/04/18/magazine/18marriage-t.html; Norman J. Johnson et al., "Marital status and mortality: The national longitudinal mortality study," *Annals of Epidemiology* 10.4 (2000): 224–38; and Robert M. Kaplan and Richard G. Kronick, "Marital status and longevity in the United States population," *Journal of Epidemiology and Community Health* 60.9 (2006): 760–65.
95 James Coyne, et al., "Prognostic importance of marital quality for survival of congestive heart failure," *The American Journal of Cardiology* 88 (2001): 526–29.
96 Walter Grove, Michael Hughes, and Carolyn Briggs Style, "Does marriage have positive effects on the psychological well-being of the individual?," *Journal of Health and Social Behavior* 24 (1983); http://wrap.warwick.ac.uk/315/1/WRAP_Oswald_finaljpubecwellbeingjune2002.pdf; and Christopher Peterson et al., "Orientations to happiness and life satisfaction: The full life versus the empty life," *Journal of Happiness Studies* 6 (2005).
97 Martin Seligman, *Authentic Happiness* (New York: Atria Books, 2003), 187; and Eli J. Finkel et al., "A brief intervention to promote conflict

reappraisal preserves marital quality over time," *Psychological Science* 24.8 (2013): 1595–1601.

98 Shawn Grover and John F. Helliwell, *How's Life at Home? New Evidence on Marriage and the Set Point for Happiness*, no. 20794 (Cambridge, MA: National Bureau of Economic Research, 2014).

99 Meena Kumari et al., "Association of diurnal patterns in salivary cortisol with all-cause and cardiovascular mortality: Findings from the Whitehall II study," *Journal of Clinical Endocrinology & Metabolism* 96.5 (2011): 1478–85; and Michael R. Jarcho et al., "Dysregulated diurnal cortisol pattern is associated with glucocorticoid resistance in women with major depressive disorder," *Biological Psychology* 93.1 (2013): 150–58; and Ruth A. Hackett, Andrew Steptoe, and Meena Kumari, "Association of diurnal patterns in salivary cortisol with type 2 diabetes in the Whitehall II study," *Journal of Clinical Endocrinology & Metabolism* 99.12 (2014): 4625–31.

100 Richard B. Slatcher, Emre Selcuk, and Anthony D. Ong, "Perceived partner responsiveness predicts diurnal cortisol profiles 10 years later," *Psychological Science* (2015), doi:10.1177/0956797615575022.

101 Nicholas Christakis and Paul Allison, "Mortality after the hospitalization of a spouse," *New England Journal of Medicine*, February 16, 2006; and Felix Elwert and Nicholas Christakis, "The effect of widowhood on mortality by the causes of death of both spouses," *American Journal of Public Health* 98 (2008).

102 Charles Darwin, Frederick Burkhardt, and Sydney Smith, *The Correspondence of Charles Darwin*, vol. 5 (Cambridge: Cambridge University Press, 1990), 24.

103 Francis Darwin, "Reminiscences of the everyday life of my father," in *The Autobiography of Charles Darwin* (Cambridge: Icon, 2003), 97–98.

104 Deborah Heiligman, *Charles and Emma: The Darwins' Leap of Faith* (London: Macmillan, 2009), 200.

105 Adrian Desmond and James Moore, *Darwin* (London: Penguin, 1991), 662.

106 Ibid., 661.

插曲 离婚

1 John Updike, *The Early Stories* (New York: Knopf, 2003), 441.
2 Ibid., 372.
3 Adam Begley, *Updike* (New York: HarperCollins, 2014), 236–38.
4 John Updike, "Why Write?," in *Picked-Up Pieces* (New York: Knopf,

1975), 31.
5 John Updike, *Endpoint* (New York: Knopf, 2009), p. 10.
6 Begley, *Updike*, 351.
7 Updike, *Early Stories*, 792.
8 Ibid., 797.
9 Ibid., 798.
10 Begley, *Updike*, 356.
11 John Updike, *Couples* (New York: Random House, 1996), 111.
12 http://www.census.gov/prod/2011pubs/11statab/vitstat.pdf.
13 E. Mavis Hetherington and John Kelly, *For Better or for Worse: Divorce Reconsidered* (New York: W. W. Norton, 2003), 40.
14 Ibid., 7.
15 Ibid., 3.
16 I. L. Wooten, "Hetherington's groundbreaking work shows how families cope with divorce," retrieved from http://www.virginia.edu/insideuva/2000/09/hetherington.html.
17 Ibid.
18 Hetherington and Kelly, *For Better or for Worse*, 5.
19 Howard Friedman and Leslie Martin, *The Longevity Project* (New York: Hudson Street Press, 2011), 83.
20 Ibid., 80.
21 Judith S. Wallerstein and Sandra Blakeslee, *Second Chances: Men, Women, and Children a Decade after Divorce* (Boston: Ticknor & Fields, 1989), xvii.
22 Ibid.
23 Stephanie Coontz, *Marriage, a History: How Love Conquered Marriage* (New York: Penguin, 2006), 121.
24 George Vaillant, *Triumphs of Experience* (Cambridge, MA: Belknap Press, 2012), 196.
25 Ibid., 197.
26 Ibid., 198.
27 Ibid., 220.
28 Updike, *Early Stories*, 441.

第四章　信仰的力量

1 J. David Hacker, "A census-based count of the Civil War dead," *Civil War History* 57.4 (2011): 307–48.
2 Drew Gilpin Faust, *This Republic of Suffering: Death and the American Civil War* (New York: Knopf, 2008).
3 Ibid., 171.

4 Ibid., 186.
5 Elizabeth Stuart Phelps, *The Gates Ajar* (Boston: Fields, Osgood, 1870), 49.
6 Faust, *This Republic of Suffering*, 185.
7 Randall M. Miller, Harry S. Trout, and Charles Reagan Wilson, eds., *Religion and the American Civil War* (Oxford: Oxford University Press, 1998), 31.
8 Phelps, *Gates Ajar*, 51.
9 William James, *The Varieties of Religious Experience*, vol. 13 (Cambridge, MA: Harvard University Press, 1985), chap. 20.
10 Ibid., chap. 14.
11 Ibid.
12 Ibid., chap. 18.
13 Lee A. Kirkpatrick, *Attachment, Evolution, and the Psychology of Religion* (New York: Guilford Press, 2005).
14 Ibid., 67.
15 G. D. Kaufman, *The Theological Imagination: Constructing the Concept of God* (Philadelphia: Westminster, 1981), 67.
16 Ibid.
17 Andreas Birgegard and Pehr Granqvist, "The correspondence between attachment to parents and God: Three experiments using subliminal separation cues," *Personality and Social Psychology Bulletin* 30.9 (2004): 1122–35.
18 Pehr Granqvist, Cecilia Ljungdahl, and Jane R. Dickie, "God is nowhere, God is now here: Attachment activation, security of attachment, and God's perceived closeness among 5–7-year-old children from religious and non-religious homes," *Attachment & Human Development* 9.1 (2007): 55–71.
19 Pehr Granqvist et al., "Experimental findings on God as an attachment figure: Normative processes and moderating effects of internal working models," *Journal of Personality and Social Psychology* 103.5 (2012): 804.
20 Nicholas Epley et al., "Creating social connection through inferential reproduction loneliness and perceived agency in gadgets, gods, and greyhounds," *Psychological Science* 19.2 (2008): 114–20.
21 David Hacker, "A census-based count of the civil war dead," *Civil War History* 57.4 (2011): 307–48.
22 Thomas McDermott, *Filled With All the Fullness of God: An Introduction to Catholic Spirituality*. (New York: Bloomsbury, 2013), 15.
23 George E. Vaillant, *Adaptation to Life* (Boston: Little, Brown, 1977), 253.

参考文献

24 George E. Vaillant, *Triumphs of Experience: The Men of the Harvard Grant Study* (Cambridge, MA: Harvard University Press, 2012).
25 Vaillant, *Adaptation to life*, 251–55.
26 George Vaillant, *Spiritual Evolution: A Scientific Defense of Faith* (New York: Random House Digital, 2008), 83.
27 George E. Vaillant, *Aging Well: Surprising Guideposts to a Happier Life from the Landmark Study of Adult Development* (New York: Hachette Digital, 2008), 271.
28 Vaillant, *Adaptation to Life*, 257.
29 Vaillant, *Triumphs of Experience*, 48.
30 Ibid.
31 Ibid., 49.
32 Ibid., 48.
33 Daniel N. McIntosh, Roxane Cohen Silver, and Camille B. Wortman, "Religion's role in adjustment to a negative life event: Coping with the loss of a child," *Journal of Personality and Social Psychology* 65.4 (1993): 812.
34 Pehr Granqvist and Lee A. Kirkpatrick, "Religious conversion and perceived childhood attachment: A meta-analysis," *International Journal for the Psychology of Religion* 14.4 (2004): 235.
35 Ibid., 226.
36 T. M. Luhrmann, *When God Talks Back: Understanding the American Evangelical Relationship with God* (New York: Random House Digital, 2012), 41.
37 Ibid., 60.
38 T. M. Luhrmann, Howard Nusbaum, and Ronald Thisted. ""Lord, teach us to pray": Prayer practice affects cognitive processing." *Journal of Cognition and Culture* 13.1–2 (2013): 159–77.
39 Lynn Underwood, *Spiritual Connection in Daily Life* (West Conshohocken, PA: Templeton Press, 2013), 107–9.
40 Lee A. Kirkpatrick and Phillip R. Shaver, "An attachment-theoretical approach to romantic love and religious belief," *Personality and Social Psychology Bulletin* 18.3 (1992): 266–75.
41 Kirkpatrick, *Attachment, Evolution*, 69.
42 http://www.nytimes.com/2010/04/20/health/20drunk.html.
43 Robert Thomsen, *Bill W.: The Absorbing and Deeply Moving Life Story of Bill Wilson, Co-founder of Alcoholics Anonymous* (Center City, MN: Hazelden Publishing, 2010), 222–24.
44 *The Big Book*, fourth ed. (Alcoholics Anonymous World Services, 2002), 10.

45 Ernest Kurtz, *Not God: A History of Alcoholics Anonymous* (Center City, MN: Hazelden Publishing, 2013), 311.
46 Ibid., 20.
47 Ibid., 20.
48 Ibid., 21.
49 Ibid., 23.
50 Ibid., 29.
51 Rudolf H. Moos and Bernice S. Moos, "Long-term influence of duration and frequency of participation in Alcoholics Anonymous on individuals with alcohol use disorders," *Journal of Consulting and Clinical Psychology* 72.1 (2004): 81.
52 Paul E. Bebbington, "The efficacy of Alcoholics Anonymous: The elusiveness of hard data," *British Journal of Psychiatry* 128.6 (1976): 572–80; and Lee Ann Kaskutas, "Alcoholics Anonymous effectiveness: Faith meets science." *Journal of Addictive Diseases* 28.2 (2009): 145–57.
53 Charlotte Davis Kasl, *Many Roads, One Journey: Moving beyond the Twelve Steps* (New York: HarperPerennial, 1992), 10.
54 Rudolf H. Moos and Bernice S. Moos, "Participation in treatment and Alcoholics Anonymous: A 16-year follow-up of initially untreated individuals," *Journal of Clinical Psychology* 62.6 (2006): 735–50.
55 Scott Tonigan, Radka Toscova, and William R. Miller. "Meta-analysis of the literature on Alcoholics Anonymous: sample and study characteristics moderate findings." *Journal of Studies on Alcohol* 57.1 (1996): 65–72.
56 Vaillant, *Triumphs of Experience*, 315.
57 Ibid., 314.
58 Personal correspondence, "Positive Emotions and the Success of AA Full Draft."
59 George E. Vaillant, *The Natural History of Alcoholism Revisited* (Cambridge, MA: Harvard University Press, 2009), 243.
60 J. Scott Tonigan, Kristina N. Rynes, and Barbara S. McCrady, "Spirituality as a change mechanism in 12-step programs: A replication, extension, and refinement," *Substance Use & Misuse* 48.12 (2013): 1161–73.
61 Matthew J. Raphael, *Bill W. and Mr. Wilson: The Legend and Life of AA's Cofounder* (Amherst: University of Massachusetts Press, 2002), 92.
62 Ibid.
63 Vaillant, *Natural History of Alcoholism Revisited*, 244.
64 Maria E. Pagano et al., "Helping other alcoholics in Alcoholics

参考文献

Anonymous and drinking outcomes: Findings from Project MATCH," *Journal of Studies on Alcohol* 65.6 (2004): 766.
65 David Foster Wallace, *Infinite Jest* (Boston: Back Bay Books, 2006), 369.
66 Daniel T. Max, *Every Love Story Is a Ghost Story: A Life of David Foster Wallace* (New York: Penguin, 2012), 315.
67 Simone Weil, *Gravity and Grace* (Lincoln: University of Nebraska Press, 1997), 200.
68 Christian Wiman, "Gazing into the abyss: The sudden appearance of love and the galvanizing prospect of death lead a young poet back to poetry and a 'hope toward God,'" *American Scholar* (2007): 61–65.
69 Christian Wiman, *Ambition and Survival: Becoming a Poet* (Port Townsend, WA: Copper Canyon Press, 2007), 241.
70 Ibid., 241–42.
71 Christian Wiman, *My Bright Abyss: Meditation of a Modern Believer* (New York: Farrar, Straus and Giroux, 2013), 68.
72 Wiman, *Ambition and Survival*, 243.
73 Wiman, *My Bright Abyss*, 68.
74 http://www.onbeing.org/program/remembering-god/transcript/4537#main_content.
75 Wiman, *My Bright Abyss*, 67.
76 Ibid., 68.
77 Ibid., 146.
78 Ibid., 3.

插曲　失爱

1 Harold Bloom, *The Invention of the Human* (New York: Riverhead Books, 1999), 88.
2 Megan Laslocky, *The Little Book of Heartbreak* (New York: Plume, 2012).
3 Jack Mearns, "Coping with a breakup: Negative mood regulation expectancies and depression following the end of a romantic relationship," *Journal of Personality and Social Psychology* 60.2 (1991): 327.
4 Abhiram Prasad, Amir Lerman, and Charanjit S. Rihal, "Apical ballooning syndrome (takotsubo or stress cardiomyopathy): A mimic of acute myocardial infarction," *American Heart Journal* 155.3 (2008): 408–17.
5 Stephen Joseph, *What Doesn't Kill Us: The New Psychology of Posttraumatic Growth* (New York: Basic Books), 19.
6 Ibid., 3.
7 Michael D. Matthews, *Head Strong: How Psychology Is Revolutionizing*

爱的旅程

War (New York: Oxford University Press, 2013), 74.
8 Ibid., 74–75.
9 Richard Tedeschi and Lawrence Calhoun, "Posttraumatic growth: Conceptual foundations and empirical evidence," *Psychological Inquiry* 15.1 (2004): 1–18.
10 Ibid.; Lawrence G. Calhoun and Richard G. Tedeschi, *Handbook of Posttraumatic Growth: Research and Practice* (New York: Routledge, 2014).
11 Jim Rendon, "Post-Traumatic Stress's Surprisingly Positive Flip Side," *New York Times Magazine*, March 22, 2012.

第五章　回忆：关于爱的故事

1 Michel Montaigne, *The Complete Essays of Montaigne* (Palo Alto, CA: Stanford University Press, 1958), 139.
2 Donald Murdoch Frame, *Montaigne: A Biography* (New York: Harcourt Brace, 1965), 74.
3 Montaigne, *Complete Essays*, 139.
4 Ibid.
5 Frame, *Montaigne*, 74–75.
6 Ibid., 77–80.
7 Sarah Bakewell, *How to Live, or, A Life of Montaigne* (New York: Other Press, 2010), 107.
8 Frame, *Montaigne*, 83.
9 Bakewell, *How to Live*, 108.
10 Montaigne, *Complete Essays*, 752.
11 Karim Nader and Oliver Hardt, "A single standard for memory: The case for reconsolidation," *Nature Neuroscience Reviews*, March 2009.
12 Frederic C. Bartlett, "Some experiments on the reproduction of folk-stories," *Folklore* 31.1 (1920): 30–47.
13 Frederic C. Bartlett, *Remembering: A Study in Experimental and Social Psychology*, vol. 14 (Cambridge: Cambridge University Press, 1995), 213.
14 Michel de Montaigne, *Essays of Montaigne*, trans. Charles Cotton, http://archive.org/details/essaysofmontaign00mont, 34–37.
15 Sigmund Freud, *Civilization and Its Discontents* (New York: W. W. Norton, 2005), 34.
16 Sigmund Freud, *On the History of the Psycho-analytic Movement* (New York: W. W. Norton, 1989).
17 Glenn Roisman et al., "Earned-secure attachment status in retrospect and prospect," *Child Development*, July 2002.
18 Daniel J. Siegel, *The Developing Mind*, vol. 296 (New York: Guilford

Press, 1999), 118–20.
19 John Mordechai Gottman, John Gottman, and Nan Silver, *What Makes Love Last?: How to Build Trust and Avoid Betrayal* (New York: Simon & Schuster, 2013), 215.
20 Ibid., 216.
21 Ibid., 217.
22 Kim T. Buehlman, John M. Gottman, and Lynn F. Katz, "How a couple views their past predicts their future: Predicting divorce from an oral history interview," *Journal of Family Psychology* 5.3–4 (1992): 295.
23 Montaigne, *Complete Essays*, 178.
24 Ullrich Langer, ed., *The Cambridge Companion to Montaigne* (Cambridge: Cambridge University Press, 2005), 173.
25 Thomas Newkirk, "Montaigne's revisions," *Rhetoric Review* 24.3 (2005): 298–315.
26 Virginia Woolf, *The Common Reader*, First Series (Boston: Mariner Books, 2002), 66.
27 Montaigne, *Complete Essays*, 611.
28 Bakewell, *How to Live*, 43.
29 James W. Pennebaker, *Opening Up: The Healing Power of Expressing Emotions* (New York: Guilford Publications, 1997), 8.
30 Ibid., 10.
31 Ibid., 32.
32 Ibid., 33.
33 James Pennebaker, "Writing about emotional experiences as a therapeutic process," *Psychological Science* 3 (May 1997); and Keith J. Petrie et al., "Disclosure of trauma and immune response to a hepatitis B vaccination program," *Journal of Consulting and Clinical Psychology* 63.5 (1995): 787.
34 Pennebaker, *Opening Up*, 103.
35 Ibid.
36 Adam Begley, *Updike* (New York: HarperCollins, 2014), 14.
37 Erik Homburger Erikson, *Identity and the Life Cycle*, vol. 1 (W. W. Norton, 1980), 104.
38 Robyn Fivush, Jennifer G. Bohanek, and Marshall Duke, "The intergenerational self: Subjective perspective and family history," in *Self Continuity: Individual and Collective Perspectives*, ed. Fabio Sani (Mahwah, NJ: Erlbaum, 2008).
39 http://www.huffingtonpost.com/marshall-p-duke/the-stories-that-bind-us-_b_2918975.html.
40 Jennifer Bohanek, Robyn Fivush, Widaad Zaman, Caitlin E. Lepore,

爱的旅程

Shela Merchant, and Marshall P. Duke. "Narrative interaction in family dinnertime conversations." *Merrill-Palmer Quarterly* (Wayne State University Press) 55, no. 4 (2009): 488.
41 Fivush, Bohanek, and Duke, "Intergenerational self."
42 Robyn Fivush et al., "The power of family history in adolescent identity and well-being," *Journal of Family Life*, February 2010.
43 Fivush, Bohanek, and Duke, "Intergenerational self."
44 Sandra L. Hofferth and John F. Sandberg, "How American children spend their time," *Journal of Marriage and Family* 63.2 (2001): 295–308; and John F. Sandberg and Sandra L. Hofferth, "Changes in children's time with parents: United States, 1981–1997," *Demography* 38.3 (2001): 423–36.
45 "The importance of family dinners," National Center on Addiction and Substance Abuse at Columbia University, 2007, http://www.casa columbia.org/newsroom/press-releases/2007-family-dinners-4.
46 Marshall P. Duke et al., "Of ketchup and kin: Dinnertime conversations as a major source of family knowledge, family adjustment, and family resilience," Emory Center for Myth and Ritual in American Life Working Paper no. 26 (May 2003); Sandra L. Hofferth and John F. Sandberg, "How American children spend their time," *Journal of Marriage and Family* 63.2 (2001): 295–308; and John F. Sandberg and Sandra L. Hofferth, "Changes in children's time with parents: United States, 1981–1997," *Demography* 38.3 (2001): 423–36.
47 Kathleen Christensen and Barbara L. Schneider, eds., *Workplace Flexibility: Realigning 20th-Century Jobs for a 21st-Century Workforce* (Ithaca, NY: ILR Press, 2010), 63–65.
48 Dan McAdams, *The Redemptive Self* (Oxford: Oxford University Press, 2007), 5.
49 Dan P. McAdams, "Narrating the generative life," *Psychological Science*, 2015; and Dan P. McAdams, "The positive psychology of adult generativity: Caring for the next generation and constructing a redemptive life," in *Positive Psychology*, ed. Jan D. Sinnott (New York: Springer, 2013), 191–205.
50 Dan P. McAdams, "The redemptive self: Generativity and the stories Americans live by," *Research in Human Development* 3.2–3 (2006): 81–100, https://www.sesp.northwestern.edu/docs/publications/954596231490a0bf9677c7.pdf, 90.
51 McAdams, *Redemptive Self*, 10.
52 Jennifer Bohanek et al., "Narrative interaction in family dinnertime

参考文献

conversations," *Merrill-Palmer Quarterly* 4 (2009); and R. Fivush, J. G. Bohanek, and W. Zaman, "Personal and intergenerational narratives in relation to adolescents' well-being," *New Directions for Child and Adolescent Development* 131 (2010): 45–57.

53 Elizabeth Kurylo, "Profile: Marshall Duke," Emory Center for Myth and Ritual in American Life, accessed December 2013, http://web.archive.org/web/20051121090343/http://www.marial.emory.edu/faculty/profiles/duke.html.

插曲 爱的对立面

1 Nan Bauer Maglin, ed., *Cut Loose:(Mostly) Older Women Talk about the End of (Mostly) Long-Term Relationships* (New Brunswick, NJ: Rutgers University Press, 2006), 188.
2 William Shirer, *Love and Hatred: The Stormy Marriage of Leo and Sonya Tolstoy* (New York: Simon & Schuster, 1994), 57.
3 Ibid., 33.
4 Ibid., 32.
5 Reginald Frank Christian, ed., *Tolstoy's Diaries* (New York: HarperCollins, 1994), entry: January 15, 1863.
6 Shirer, *Love and Hatred*, 361.
7 Fyodor Dostoyevsky, *The Brothers Karamazov* (Mineola, NY: Dover, 2005), 45.
8 Susan Ratcliffe, *Oxford Dictionary of Quotations by Subject* (Oxford: Oxford University Press, 2010), 249.

第六章 坚毅：如何让爱持久

1 Robert Frost, *The Collected Prose of Robert Frost*, ed. Mark Richardson (Cambridge, MA: Belknap Press, 2008), 147.
2 http://www.viktorfrankl.org/e/chronology.html.
3 Viktor E. Frankl, *Man's Search for Meaning* (Boston: Beacon Press, 2006), 9.
4 Haddon Klingberg, *When Life Calls Out to Us: The Love and Lifework of Viktor and Elly Frankl* (New York: Doubleday Books, 2001), 104.
5 Ibid., 112.
6 Ibid., 117.
7 Frankl, *Man's Search for Meaning* (New York: Simon & Schuster, 1985), 14.
8 Ibid., 37.

9   Telephone interviews, April 2, 2012, and June 1, 2012.
10 Michael D. Matthews, *Head Strong: How Psychology Is Revolutionizing War* (New York: Oxford University Press, 2013), 17.
11 Charles Henning, "Army Officer Shortages: Background and Issues for Congress," CRS Report for Congress; http://www.fas.org/sgp/crs/natsec/RL33518.pdf.
12 Personal interviews, March 1–4, 2012, and December 5, 2012.
13 Paul R. Sackett, Sheldon Zedeck, and Larry Fogli, "Relations between measures of typical and maximum job performance," *Journal of Applied Psychology* 73.3 (1988): 482; and Paul R. Sackett, "Revisiting the origins of the typical-maximum performance distinction," *Human Performance* 20.3 (2007): 179–85.
14 Personal interview, March 29, 2012.
15 Viktor Frankl, *Man's Search for Meaning: Gift Edition* (Boston: Beacon Press, 2014), 159.
16 Klingberg, *When Life Calls Out to Us*, 151.
17 Viktor E. Frankl, *The Doctor and the Soul: From Psychotherapy to Logotherapy* (New York: Vintage, 1986), 95.
18 Ibid., 98.
19 Ibid., 98.
20 Klingberg, *When Life Calls Out to Us*, 2.
21 Ibid.
22 Frankl, *Man's Search for Meaning*, 79.
23 Klingberg, *When Life Calls Out to Us*, 238.
24 Roy F. Baumeister et al., "Some key differences between a happy life and a meaningful life," *Journal of Positive Psychology* 8.6 (2013): 505–16.
25 Frankl, *Man's Search for Meaning*, 105.
26 Hans Selye, *The Stress of Life*, rev. ed. (New York: McGraw-Hill, 1976).
27 Katherine R. Von Culin, Eli Tsukayama, and Angela L. Duckworth, "Unpacking grit: Motivational correlates of perseverance and passion for long-term goals," *Journal of Positive Psychology*, ahead-of-print (2014): 1–7.
28 Warren W. Willingham, *Success in College: The Role of Personal Qualities and Academic Ability* (New York: College Board Publications, 1985).
29 Ibid., 90.
30 Willingham recommended a five-point scale based on extracurricular achievement. Ibid., 213.
31 Angela L. Duckworth et al., "Grit: Perseverance and passion for

参考文献

long-term goals," *Journal of Personality and Social Psychology* 92.6 (2007): 1087.
32 Ibid.
33 Lauren Eskreis-Winkler et al., "The grit effect: Predicting retention in the military, the workplace, school and marriage," *Name: Frontiers in Psychology* 5 (2014): 36.
34 Ibid.
35 Here's a recent PowerPoint presentation of Duckworth's forthcoming data: http://www.corpu.com/documents/Angela_Duckworth_True _Grit.pdf.
36 Duckworth et al., "Grit," 1087.
37 Eskreis-Winkler et al., "Grit effect," 36.
38 John Gottman and Lowell J. Krokoff, "Marital interaction and satisfaction: a longitudinal view," *Journal of Consulting and Clinical Psychology* 57.1 (1989): 47.
39 John Gottman, *Why Marriages Succeed or Fail* (New York: Simon & Schuster, 1995), 66.
40 George E. Vaillant, *Triumphs of Experience: The Men of the Harvard Grant Study* (Cambridge, MA: Harvard University Press, 2012), 73.
41 Ibid.
42 Ibid., 50.
43 Mario Mikulincer and Phillip R. Shaver, *Attachment in Adulthood: Structure, Dynamics, and Change* (New York: Guilford Press, 2007), 201.
44 As cited in Neil Strauss, *The Truth: An Uncomfortable Book about Relationships* (New York: Dey Street Press, 2015), 405.
45 Cindy Hazan and Phillip Shaver, "Love and work: An attachment-theoretical perspective," *Journal of Personality and Social Psychology* 59.2 (1990).
46 I want to thank Professor Matthews for sharing his data. "Character Strengths and Post-Adversity Growth in Combat Leaders."
47 Giora Zakin, Zahava Solomon, and Yuval Neria, "Hardiness, attachment style, and long term psychological distress among Israeli POWs and combat veterans," *Personality and Individual Differences* 34.5 (2003): 819–29; and Zahava Solomon et al., "Coping with war captivity: The role of attachment style," *European Journal of Personality* 12.4 (1998): 271–85.
48 Zahava Solomon et al., "Coping with war captivity: The role of attachment style," *European Journal of Personality* 12.4 (1998): 271–85.
49 Von Culin, Tsukayama, and Duckworth, "Unpacking grit," 1–7.

爱的旅程

50　Rainer Maria Rilke, *Letters to a Young Poet*, trans. Stephen Mitchell (New York: Merchant Books, 2012), 41.
51　Viktor E. Frankl, "Logotherapy in a Nutshell," in *Man's Search for Meaning* (Simon & Schuster, 1985), 103.
52　Anna Redsand, *Viktor Frankl: A Life Worth Living* (Boston: Clarion Books, 2006), 114.
53　Frankl, *Man's Search for Meaning* (Boston: Beacon Press, 2006), 165.
54　Klingberg, *When Life Calls Out to Us*, 297.
55　Ibid., 214.
56　Ibid., 288.
57　Ibid., 330–31.
58　Ibid., 335.

尾声　爱是无限的

1　I got the evocative phrase "middle of things" from Andrew Solomon's talk at the Whiting Writers' Awards on March 5, 2015.
2　George E. Vaillant, *Triumphs of Experience: The Men of the Harvard Grant Study* (Cambridge, MA: Harvard University Press, 2012), 52.